3 4028 07669 1196
HARRIS COUNTY PUBLIC LIBRARY

YA Sp Waters
Waters, Daniel
Generacion dead

$21.99
ocn654826486
1a ed.   03/30/2011

GENERACIÓN

Dead

GENERACIÓN

Dead

DANIEL WATERS

Traducción de Pilar Ramírez Tello

Título original: *Generation Dead*
Autor: Daniel Waters

Publicado originalmente por Hyperion Books, NY

© del texto, Daniel Waters, 2008
© de la traducción, Pilar Ramírez Tello, 2010
Diseño de cubierta: Elizabeth H. Clark
Fotografía de cubierta: Ali Smith
Adaptación cubierta: Aura digit
Fotocomposición: Víctor Igual, S.L.

© de esta edición, RBA Libros, S.A., 2010
Pérez Galdós, 36 08012 Barcelona
www.rbalibros.com / rba-libros@rba.es

Primera edición: marzo 2010

Los derechos de traducción y reproducción están reservados en todos los países.
Queda prohibida cualquier reproducción, completa o parcial, de esta obra.
Cualquier copia o reproducción mediante el procedimiento que sea constituye
un delito sujeto a penas previstas por la ley de la Propiedad Intelectual.

Ref: MONL005
ISBN: 978-84-272-001-42
Depósito legal: B-12.018-2010
Impreso por: Liberdúplex

Para Kim, una historia de amor.

1

HOEBE Y SUS AMIGOS CON-
tuvieron el aliento cuando la
chica muerta vestida con falda
de cuadros pasó junto a su mesa en el comedor. Al moverse dejaba tras de sí una fresca brisa que parecía posarse en la piel e
impregnar el pelo. La observaron avanzar y Phoebe, como siempre, pensó que sabía lo que pensaba todo el mundo; bueno, todo
el mundo menos la chica muerta.

Margi, que estaba frente a ella, sacudió la cabeza, lo que hizo
que los pendientes plateados con forma de lágrima le bailaran
entre las puntas rosa chillón del pelo.

—Ni siquiera yo me pongo faldas tan cortas —comentó antes de darle un trago al vaso de leche.

—Gracias a Dios —repuso Adam, que estaba a dos asientos
de ella.

Phoebe se arriesgó a mirar a la chica, que tenía unas largas
piernas de color blanco azulado. Las luces fluorescentes favore-
cían a los muertos, que parecían esculpidos en bloques perfectos

de mármol blanco puro. La chica se sentó en la mesa más alejada, sola y sin comida, como solían hacer los muertos a la hora del almuerzo.

A veces Phoebe decía en broma que tenía poderes psíquicos, no útiles, como ser capaz de averiguar si un niño se había caído a un pozo o algo por el estilo, sino más bien como poder predecir lo que su madre prepararía para la cena o cuántas pulseras se pondría Margi ese día. Si existían tales «poderes», eran más telepatéticos que telepáticos.

En cuanto vio a la chica muerta con la minifalda, supo que Margi empezaría a parlotear sobre zombis, tema que a ella no le apetecía nada tocar.

—He oído que a Tommy Williams se le cayó el ojo en su clase —dijo Margi, como si la hubiese escuchado—. Dicen que estornudó o algo y plof, se le cayó en la mesa.

Phoebe tragó saliva y dejó su sándwich de ensalada de huevo sobre el papel encerado en el que venía envuelto.

—Los zombis no estornudan —le dijo Adam, sin dejar de masticar su bocata de albóndigas—. Los zombis no respiran, así que no pueden estornudar.

Las chicas bajaron la cabeza y miraron a su alrededor para ver si alguien había oído el vozarrón de Adam. La palabra «zombi» ya no se decía en público, por mucho que fueras la estrella del equipo de fútbol americano del instituto.

—Se supone que no puedes llamarlos zombis, Adam —susurró Margi, entre dientes.

—Zombis, cabezas muertas, cadavéricos... —repuso él, encogiéndose de hombros, unos hombros enormes—. ¿Qué más da? A ellos no les importa. No tienen sentimientos, así que no podemos herirlos.

Phoebe se preguntó si sería cierto que Tommy Williams y la chica de la falda de cuadros no tenían sentimientos. Los científicos todavía no lo veían muy claro.

Intentó imaginarse cómo se sentiría ella si perdiese un ojo, sobre todo si fuese en público. Y en plena clase, encima.

—Sabes que pueden expulsarte por decir esas cosas, Adam —lo regañaba Margi—. Se supone que debes llamarlos personas con discapacidad vital.

Adam soltó un bufido con la boca llena de leche. Antes, diez años atrás, hacer aquello habría sido el colmo de la monstruosidad biológica en el instituto Oakvale High, pero, en la actualidad, era una chorrada comparado con perder un ojo en clase.

—Discapacidad vital —repitió Adam, después de recuperarse—. Vosotras dos sí que tenéis discapacidad vital. Ellos están muertos y punto.

Se levantó, y su enorme cuerpo proyectó una larga sombra sobre la comida intacta de las chicas; después dejó la bandeja vacía en la cinta transportadora que recogía los platos y la basura. Phoebe se quedó mirando su precioso sándwich de ensalada de huevo y lamentó no seguir teniendo ganas de comérselo.

La taquilla se abrió al tercer intento. Phoebe suponía que su incapacidad para recordar la combinación de tres dígitos no auguraba nada bueno para la inminente clase de álgebra, que era justo después de la hora de comer. Le hacía ruido el estómago e intentó convencerse de que las punzadas de hambre la mantendrían alerta, como un lince en invierno entre presa y presa.

«Sí, claro», pensó.

Tommy Williams estaba en su clase de álgebra.

La puerta de su taquilla tembló con una vibración metálica. Dentro tenía fotografías de bandas como los Creeps, los Killdeaths, Seraphim Shade, los Rosedales, Slipknot y los Misfits, músicos que se vestían como muertos vivientes antes de que hubiese muertos viviendo de verdad. Había una foto de Margi, Colette y ella en los buenos tiempos, todas muy góticas con ropa, lápiz de ojos y botas negras en la puerta del cine de Winford, listas para ser las primeras en entrar al estreno de una película de terror superimportante de la que ni siquiera se acordaba. Phoebe, la más alta, estaba en el centro, y el largo pelo negro le tapaba un lado de la cara, que era pálida por naturaleza; el ojo que le quedaba al aire estaba cerrado, porque se reía de algún comentario vulgar que Margi acababa de hacer. Colette llevaba los ojos pintados como si fuese una princesa egipcia, con una única línea gruesa de maquillaje en cada rabillo. Colette y Margi también se reían.

Junto a ellas había una foto de su perro, *Gargoyle*. *Gar* era un terrier galés que no daba ni la mitad de miedo de lo que podría suponerse, teniendo en cuenta la gárgola que le daba nombre.

Además de las fotos, en la puerta, frente al estante con el libro de álgebra, tenía un espejo. Se vio la comisura de los labios manchada de pintalabios violeta. La melena, normalmente color negro azabache, reluciente, de punta y alborotada, en aquellos momentos estaba apagada, sin volumen y descuidada.

Tenía cara de susto.

La mancha de pintalabios era el único defecto que podía arreglar, así que se la limpió antes de dirigirse a la clase de la señora Rodríguez, al final del pasillo. Llegó a la vez que Tommy Williams y comprobó con alivio que el chico seguía teniendo los dos ojos en su sitio. Él le dedicó la típica mirada vacía de las personas con discapacidad vital.

Phoebe sintió como si unas plumas heladas le bailasen en la espalda. Aquella mirada era insondable, si caía en ella nunca tocaría el fondo. Quizá Tommy pudiera atravesarla con los ojos y llegar hasta su corazón. ¿Podría hacerlo? ¿Se daría cuenta de que se estaba preguntando si de verdad se le había caído el ojo en clase?

Tommy le hizo un gesto, invitándola a entrar delante de él. Contuvo el aliento cuando el chico levantó el brazo; se dio cuenta porque también se había detenido otra de sus funciones vitales básicas, es decir, el corazón. Ella sonrió. Lo hizo por reflejo; la cortesía no era algo habitual en los pasillos de Oakvale High. Entró en el aula, casi segura de que Tommy estaba intentando devolverle la sonrisa. ¿No había visto un ligero movimiento en la comisura de los labios y un brevísimo brillo en sus ojos muertos y apagados?

Se sentó en su sitio, recuperando la respiración y las pulsaciones; y no unas pulsaciones cualquiera, sino aceleradas.

No sabía mucho de Tommy Williams. Sabía que había llegado a Oakvale High en mayo, unas semanas antes del final de las clases. El programa para discapacitados vitales de Oakvale empezaba a ganarse una buena reputación, lo bastante buena para que las familias con chicos afectados se mudasen a Oakvale desde las poblaciones cercanas. El padre de Phoebe le enseñó un artículo que había salido en el *Winford Bulletin*, en el que decían que la población de discapacitados vitales de Oakvale High se había doblado en un año. En su curso tenían al menos siete, de unos ciento veinte.

El álgebra no se le daba mal, normalmente terminaba los deberes del día siguiente mientras la señora Rodríguez intentaba sacarles las respuestas a los compañeros que lo llevaban peor. Podía dejar que su mente entrara y saliera de clase, igual que la música de la radio de un coche en movimiento entraba por la ventana abierta de un dormitorio.

Se preguntó cómo habría muerto Tommy Williams.

Le miró la nuca, el pelo rubio grisáceo, y volvió a pensar, de nuevo, en la muerte. Empezó con cosas banales: ¿tendrán que cortarse el pelo las personas con discapacidad vital? La respuesta era que sí, porque tanto el pelo como las uñas seguían creciendo. Después pasó a temas de mayor complejidad filosófica: ¿cómo es estar muerto? ¿Cómo es tener discapacidad vital?

Aquellas preguntas ocupaban la mente de Phoebe cuando era más pequeña, mucho antes de que el mundo hubiese oído hablar de los discapacitados vitales. Miró por la ventana e intentó pensar en un tiempo en el que los adolescentes muertos todavía no hubiesen empezado a levantarse de las camillas del depósito y los lechos de muerte. No hacía tanto de aquello; tenía catorce años cuando vio la primera grabación de un zombi... de una persona con discapacidad vital sentada entre sus padres en un programa de entrevistas de la CNN. Los padres de Phoebe siempre la hacían salir de la habitación cuando ponían el vídeo de

Dallas Jones. Aquel vídeo era como la grabación del asesinato de Kennedy para su generación, ya que mostraba a Dallas, el primer zombi, morir y volver a la «vida».

Un perro pasó arrastrando una correa rota por el campo, al otro lado de la ventana, y Phoebe se preguntó por qué la incapacidad vital parecía sucederle sólo a los adolescentes. Y, en concreto, a los adolescentes estadounidenses. Los perros no volvían, ni tampoco los monos o los peces de colores, ni los ancianos, ni los niños pequeños. Al parecer, tampoco lo hacían los adolescentes de Uzbekistán, Burkina Faso, Suecia o Papúa Nueva Guinea, por algún motivo. Sin embargo, los chicos de Oklahoma, Rockaway Beach, la Gran Manzana, Arkansas y Nueva Orleans tenían, al menos, alguna probabilidad de acabar como discapacitados vitales, siempre que la palmaran durante los delicados años de la adolescencia. La última teoría de la Fórmula Frankenstein era que una mezcla de hormonas adolescentes y conservantes de comida rápida ofrecía las condiciones idóneas para la discapacidad. La comunidad médica seguía probando la teoría, después de abandonar a regañadientes la hipótesis de los fluorocarburos y la de los patrones cerebrales que se reconectaban por culpa de los juegos de acción en primera persona.

En la calle, el perro levantó una pata trasera llena de pelo apelmazado para orinarse en las barras donde estaban encadenadas varias bicicletas. «¿Van los muertos al baño? No comen ni beben, así que, al parecer, no.»

Entonces, la señora Rodríguez hizo algo extraño, lo bastante extraño para interrumpir el hilo de los pensamientos de Phoebe:

le preguntó a Tommy por la respuesta a un problema, a pesar de que él no había levantado la (pálida) mano.

Tommy alzó la mirada. Hubo una pausa en la que todo el mundo contuvo el aliento; siempre ocurría cuando se le preguntaba algo a un muerto.

Los muertos podían pensar y comunicarse; podían razonar y, muy de vez en cuando, incluso eran capaces de iniciar una conversación. Sin embargo, lo hacían muy, muy despacio... Una persona con discapacidad vital podía tardar diez minutos en procesar una pregunta, aunque fuese tan sencilla como la planteada por la señora Rodríguez, y otros cinco en responderla.

Phoebe intentó evaluar en secreto la reacción de sus compañeros. Algunos parecían súbitamente absortos en sus libros de texto, cualquier cosa con tal de evitar la realidad (o la irrealidad) que representaba el chico muerto. Otros, como Pete Martinsburg, que asistía a álgebra I por segundo año consecutivo y al que sólo le interesaban los deportes y las chicas, lo observaban embelesados. Pete miraba a Tommy con la misma cara de alegría maniaca que había puesto la semana anterior, después de hacer tropezar a Norm Lathrop y ver cómo caía sobre unos enormes cubos de basura de caucho a la hora de comer.

—Ciento setenta y cuatro —respondió Tommy, en tono vacilante y sin inflexión. Oyendo su voz resultaba imposible saber si creía que su respuesta era correcta o incorrecta, así que toda la clase miró a la señora Rodríguez para comprobar su reacción.

—Correcto, Thomas —dijo ella, satisfecha.

Phoebe se dio cuenta de que siempre llamaba a los discapacitados vitales por su nombre propio completo, cosa que no solía hacer con los chicos «normales». Cuando llamaba a Peter Martinsburg, cosa que solía pasar a menudo, normalmente para regañarlo, se refería a él como Pete. A Phoebe le alegró ver que al susodicho se le borraba la sonrisa maliciosa de la cara.

La señora Rodríguez siguió con su clase como si hacer una pregunta a un chico muerto no fuese nada del otro mundo, y, en general, los alumnos reaccionaron del mismo modo.

Sin embargo, Phoebe se dio cuenta de que Tommy no volvió a mirar sus papeles, sino que mantuvo la cabeza alta durante el resto de la clase.

Margi estaba esperándola en la puerta después de álgebra.

—¿Cómo has llegado tan deprisa? —le preguntó su amiga. Margi la cogió del brazo y la llevó a un lado.

—¡Chisss! Por fin domino el arte de la bilocación; en realidad, voy de camino a nuestra clase de lengua en estos precisos instantes.

—Yo también, vamos —respondió Phoebe, entre risas.

—Espera un momento —repuso Margi—. Quiero ver a ese discapacitado vital.

—No sé quién te dijo lo del ojo, pero te estaba tomando el pelo. Todavía tiene los dos —susurró Phoebe, y entonces Tommy salió del aula, el último en hacerlo.

—Tengo algo todavía mejor. He oído que se ha apuntado a las pruebas para el equipo de fútbol americano. Se supone que empieza las pruebas mañana.

Phoebe miró a su amiga y se preguntó cómo era posible que siempre supiera lo que pasaba con los chicos muertos.

—No me mires así, Pheebes. Oí al entrenador Konrathy discutir con la directora Kim. No quería dejar que el chico muerto hiciese las pruebas, pero Kim lo ha obligado.

—¿En serio?

—En serio. ¿Te lo imaginas? ¿Jugar con un muerto viviente? ¿Tener que ducharse con uno de ellos? Brrr.

¿Necesitaban ducharse los muertos? No eran cadáveres putrefactos, como en las películas, ni tampoco sudaban. Tampoco parecían oler a nada; al menos, no olían a nada muerto.

—Creo que podría jugar —comentó Phoebe, observándolo caminar por el pasillo.

—¿Qué quieres decir?

—Bueno, tiene cuerpo para hacerlo.

—Phoebe —dijo Margi, haciendo una mueca—, ¡puaj!

—Es la verdad. Bueno, tía, es guapo.

—Sí, si no estuviese, bueno, tía..., muerto. Puaj, otra vez. Venga, tenemos que ir a clase.

—¿Y lo de la bilocación?

—No me sale cuando me acribillan a preguntas. Vamos.

Cuando sonó el timbre que ponía fin a las clases, Phoebe fue a coger el autobús, pero hizo una parada por el camino. Adam estaba metiendo libros de manera sistemática en su taquilla; levantaba media pila con una de sus grandes manos.

—Hola —le dijo ella—, he oído que un cadavérico va a intentar entrar en tu preciado equipo de fútbol.

—¿Ah, sí? —preguntó él, sin apartar la mirada de su tarea—. Pues vale, siempre que sepa jugar.

Phoebe sonrió. Adam era una monada, siempre intentaba comportarse como un machote cuando ella estaba delante. Se preguntó si se daría cuenta o sería algo inconsciente.

—Oye, ¿podrías llevarme a casa mañana? Quiero quedarme a estudiar en la biblioteca.

—Claro, si no te importa esperar a que termine el entrenamiento —respondió él, cerrando la taquilla—. Y si el PDT no me retira mis privilegios automovilísticos.

PDT era el apelativo «cariñoso» que Adam usaba para referirse a su padrastro, que se llevaba tan bien con él como él con la línea de defensa de la academia Winford.

—Genial —respondió ella—. Hasta luego. Tengo que coger el bus.

Adam asintió. Si tenía alguna opinión sobre la idea de jugar al fútbol con el chico discapacitado, no dio muestras de ello. Había madurado mucho durante el verano; quizá fuese por el kárate.

—¿Viene Daffy?

Phoebe se rió. Adam era más maduro con todos, salvo con Daffy, su apodo para Margi; el nombre original del Pato Lucas en inglés.

—No lo creo.

—Vale, hasta luego.

—Nos vemos.

Lo observó alejarse. Aunque lo conocía desde que se había mudado de pequeña a la casa de al lado, Adam no era el mismo de entonces; se notaba en la forma de andar, en la forma de hablar, en la forma en que se le había afinado el rostro para dejar al descubierto una mandíbula fuerte y angulosa. Siempre había sido grande de cintura para arriba, pero aquella parte de su cuerpo se había ensanchado hasta convertirse en una amplia uve que salía desde la cintura. Phoebe sonrió: si era por el kárate, bienvenido fuera.

Estuvo a punto de perder el autobús a casa. Colette ya estaba sentada sola, mirando al frente a través del parabrisas. Phoebe la vio y volvió a sentir en el pecho la misma punzada de tristeza y vergüenza de siempre.

Había crecido con Colette Beauvoir, al menos hasta que Colette dejó de crecer, el día que se ahogó en el lago Oxoboxo, el verano anterior. Colette tendría quince años para siempre, pero tampoco eran los mismos quince años de antes. Phoebe intentó hablar con ella una vez, y la experiencia la perturbó tanto que no volvió a intentarlo. Aquello había sucedido hacía meses. Margi lo llevaba aún peor; se levantaba del asiento y se iba si Colette entraba en el mismo cuarto. Aunque Margi era una cotorra, no soportaba hablar de lo sucedido con Colette.

Los muertos se sentaban solos. Los dejaban salir cinco minutos antes de clase para que llegasen a tiempo al autobús. Phoebe pasaba todos los días lectivos por delante de Colette, sola en su asiento del autobús, y se preguntaba si recordaría lo mucho que se divertían antes escuchando en su sótano los viejos discos de The Cure y Dead Kennedys del hermano de Colette.

—Colette. —Eran las primeras palabras que Phoebe le dirigía desde su fallida conversación. Todavía tenía el recuerdo de las lágrimas fresco en la memoria.

Colette se volvió, y Phoebe quiso pensar que le había llamado la atención el sonido de su nombre y no sólo el ruido. Miró a Phoebe con aquellos ojos fijos y vacíos, y Phoebe sopesó la idea de sentarse junto a ella. Abrió la boca para decir..., ¿el qué? ¿Lo mucho que lo sentía? ¿Lo mucho que la echaba de menos?

Perdió el valor y siguió hacia el fondo del autobús, donde estaba Margi, con las palabras que pensaba decir atascadas en la garganta. Colette volvió la cabeza al frente muy despacio, como una puerta con una bisagra oxidada.

Margi estaba absorta en su iPod o, al menos, fingía estarlo. Colette era como un punto negro en el sol para ella; nunca hablaba de su antigua amiga, ni siquiera reconocía su existencia.

—¿Sabías que se ha muerto el bajista de Grave Mistake? —comentó—. Ataque cardiaco por sobredosis de heroína.

—¿Sí? —preguntó Phoebe, secándose los ojos—. ¿Crees que volverá?

—Me parece que es demasiado viejo —respondió Margi, sacudiendo la cabeza—. Como veintidós o veintitrés.

—Qué pena. Supongo que lo sabremos en un par de días.

Tommy Williams fue el último en subir al autobús. Había muchos asientos libres.

Se detuvo al lado de Colette, la miró y se sentó a su lado.

«Qué raro», pensó Phoebe. Iba a decírselo a Margi, pero ella estaba concentrada en su iPod y procuraba con todas sus fuerzas no darse cuenta de nada que tuviese que ver con su amiga muerta.

2

PETE MARTINSBURG DIS-
frutaba con el sutil silencio que
se hacía en el vestuario cada vez
que TC Stavis y él entraban en el cuarto. Le gustaba la forma
en que Denny McKenzie, su *quarterback* guaperas de último
curso, se apartaba para dejarlo pasar. Le gustaba que los chicos
nuevos no se atreviesen a mirarlo a los ojos.

Al ser el macho alfa, sabía que el mejor sitio para reforzar su
posición era en el vestuario, antes del entrenamiento.

—Lelo Man —dijo Pete, dándole una palmada a Adam en la
espalda con mucho teatro, mientras el otro chico se ataba los
cordones. Adam era el más grande del equipo, con unos cuantos
centímetros y mucho más músculo que Stavis, así que una de-
mostración de fuerza con él era una buena forma de demostrar-
les a todos cuál era la jerarquía del grupo—. ¿Qué te cuentas?

Notó que Adam tensaba los hombros para encogerlos.

—Lo mismo de siempre, Pete. ¿Y tú?

—Lo mismo, más salido que una esquina. ¿Vas a conseguirme una cita con esa tía rara con la que vas por ahí o qué? ¿Morticia Pantisnegros?

—No.

—Deja que pase una noche conmigo, verás como vuelve a vestir de colores —respondió Pete, entre risas.

—No os llevaríais bien.

—Ah, ¿así que reconoces que ahora sois amigos?

Adam no contestó, y Pete disfrutó viendo cómo al chicarrón se le ponían rojos el cuello y las orejas. Sólo había que encontrar los puntos débiles.

—¿Quién es Morticia Pantisnegros? —preguntó Stavis—. ¿Estáis hablando de la nueva profesora de arte?

—No, imbécil, Phoebe como se llame, una de esas tías góticas. A nuestro amigo Lelo Man le gustan pálidas y terroríficas.

Stavis frunció el ceño, señal de que se estaba concentrando, como bien sabía Pete.

—¿Es la flacucha del pelo largo negro, la que parece como china, o la bajita tetona que lleva demasiada bisutería?

—La primera —respondió Pete; le gustaba ver que la conversación hacía que Adam pusiera cara de haberse comido un sándwich de jalapeños—. ¿Por qué? ¿Te interesa?

—Claro. Las botas me ponen, y ella siempre lleva unas de tacón. Y vestidos. Bueno, y me quedo con la otra también, joder. Un dos por uno.

Adam le echó una mirada que habría silenciado a cualquier otra persona de la sala, pero Stavis era demasiado tonto para darse cuenta o demasiado grande para que le importase. Pete le dio a Adam con el calcetín en el hombro.

—Tranquilo, hombretón —le dijo.

—Sois muy graciosos los dos —repuso Adam—. Me parto.

—¿No te parece que el tema gótico ya no tiene sentido? —le preguntó Pete, sonriendo—. Bueno, ¿por qué ir por ahí como si estuvieras muerto cuando podrías estar muerto y seguir yendo por ahí?

—Es más que eso.

—¿Sí? ¿Como qué?

—No lo sé, música, moda, lo que sea.

—¿Moda, eh? —repitió Pete—. Pues esa moda es un asco. Debería ponerse algo de color en las mejillas y empezar a vestirse como una chica normal. Parece una puñetera hamburguesa de gusanos, ¿sabes? Uno de esos zombis.

—Entonces no deberías perder el tiempo con ella —respondió Adam.

—Lo contrario, tío. Quiero convertirla antes de que sea demasiado tarde. Además —añadió, mirando a Adam con una sonrisa—, tú y yo sabemos que es virgen.

Pete se rió y se sentó a su lado, y, por el rabillo del ojo, vio que el renacuajo de Thornton Harrowwood los miraba. El chico no había jugado ni en primer ni en segundo curso.

—¿Te puedo ayudar en algo? —le preguntó Pete, con un tono muy poco amistoso. El chico sacudió la greñuda cabeza, asustado, y apartó la vista. Pete se rió entre dientes y se volvió hacia Adam.

—¿Has entrenado este verano, Lelo Man? —Pete sabía que algo había cambiado entre su amigo y él durante el verano, pero no tenía ni idea de qué. Lelo Man, TC y él habían sido como los tres mosqueteros, la Banda del Dolor, durante todo el instituto.

Sin embargo, desde el comienzo de los entrenamientos de fútbol, apenas habían mantenido una conversación completa.

—Un poco. Fui a clases de kárate.

—Se nota, se nota. Parece que has adelgazado unos kilos y estás un poco más musculoso.

—Gracias, ¿es que quieres acostarte conmigo?

Pete se rió y se quitó la camiseta. Él también había estado ejercitándose durante el verano, y los resultados se notaban en la definición del pecho y el abdomen, líneas que se marcaban más todavía gracias al bronceado que había procurado conseguir. Tensó los músculos de los brazos, por si alguno de los aspirantes lo estaba mirando.

—Lo haría, pero todavía no me he recuperado del verano.

—Dobló la camiseta y la volvió a doblar una segunda vez cuando vio que la primera no había quedado bien—. ¿No quieres oír lo que hice?

—Claro —respondió Adam, suspirando—. ¿Qué hiciste este verano? ¿Fuiste a visitar a tu padre otra vez?

—Sí, estuve en California todo el verano, tirándome a universitarias en la playa.

—Suena genial —dijo Adam, bostezando.

—Lo fue —le aseguró Pete, como si no notase su desinterés—. Era como si no se acabasen nunca, tío. Bebida, fiestas y sexo, sexo, sexo. Eso sí que fue un verano sin fin.

—Vaya.

Adam no vio el ceño fruncido de Pete porque, al parecer, sus zapatillas eran más interesantes que las historias de su amigo. Eso fastidió a Pete; por una vez, las historias eran ciertas, al menos en parte. Había estado con multitud de universitarias amistosas aquel verano, aunque dejó un detalle esencial al margen: la mayoría de las chicas con las que había pasado el rato eran amigas de la última novia de su padre, Cammy..., que también era universitaria. Daba igual. El silencio de Adam empezaba a frustrarlo. Tuvo que doblar la camiseta tres veces antes de dejarla como quería.

—¿Es cosa mía o este infierno de sitio está lleno de chicos muertos?

—No es cosa tuya —comentó Stavis—. Hay como quince este año, los he contado.

—Bien por ti —respondió Pete, dándole un puñetazo en la parte blanda del hombro—. Sigue así y quizá apruebes matemáticas este año.

La sonrisa de TC era una ranura torcida en su cara redonda y blanda.

—Este año hay más chicos muertos —añadió Adam, sin apartar la mirada de los cordones—. Salió un artículo en el periódico que decía que era un buen colegio para los discapacitados vitales. Algunos vienen en autobús desde Winford.

—Justo lo que necesitábamos —repuso Pete—, un puñado de cadavéricos arrastrando los pies por el patio. A lo mejor este sitio es el infierno de verdad.

—El infierno en la tierra —dijo TC, metiendo las zapatillas y los pantalones en su taquilla. Pete pensó que el chico no tenía remedio; era un vago con sobrepeso y forma de barril al que le colgaban las carnes por todas partes.

—Los chicos muertos se están levantando por todo el país —añadió un corredor de segundo curso llamado Harris Morgan.

«No todos», pensó Pete, mirándolo de reojo. Julie no había vuelto.

Harris captó su mirada y se asustó. Había estado olisqueando alrededor de Pete y TC desde que comenzaron los entrenamientos, a finales de agosto, y Pete se imaginaba que quería unirse a la Banda del Dolor. Decidió regalarle al chico una risita y un asentimiento. Como Lelo Man se estaba portando como un blandengue, no le vendría mal aumentar las filas.

—¿Habéis visto a esa chica muerta? —preguntó TC, cuya barriga colgaba por la parte delantera y los laterales de los calzoncillos—. ¿La de la falda?

—Sí, la he visto —contestó Pete—. Y creo que sería capaz de revivirla, ya me entendéis. —TC y Harris soltaron unas risas forzadas—. Si los muertos no me diesen tanto asco. —Su público guardó silencio, como si le hubiese dado una orden—. Oye, Adam —añadió, acercándose mucho para que sólo él pudiera oírlo—, ¿sabes ya quién va a intentar unirse al equipo este año?

—¿Thorny? ¿El chico al que acabas de matar de miedo?

—No —respondió Pete. Estaba claro que iba a tener que trabajarse a Adam un poco aquel año. No estaba captando las señales de defensa como antes—. Otro.

El otro lo miró, a la espera. Había algo más. Adam solía ser un chico nervioso, torpe y desgarbado, incómodo con su cuerpo, pero, de repente, tenía una confianza y un aplomo poco común en la mayoría de los chicos de su edad. Pete pensó que Adam se estaba volviendo como él. Esbozó una sonrisa de conspirador, esperando que recordase los viejos tiempos, cuando el grandote le ofrecía su lealtad incondicional en vez de darle problemas.

—Alguien muerto.

—Oh —repuso Adam. Después flexionó el tobillo y decidió que no le gustaba cómo había atado el cordón de la zapatilla izquierda.

—¿Oh? ¿Oh? —Miró a Stavis y puso la mueca universal de «estoy hablando con un imbécil». Stavis sonrió y sacudió la cabeza—. ¿Es lo único que tienes que decir?

—¿Qué se supone que tengo que decir, Pete?

Pete frunció el ceño: ahí estaba otra vez aquella actitud.

—¿No te importa que un chico muerto se una al equipo?

—Me da igual que lo haga o no.

Pete tenía mal genio, pero se le daba bien controlarlo, convertirlo en algo útil. Quería pegar a Adam, por muy gigante que fuese. Tiempo atrás, podría haberle dado de tortas y el otro lo habría aceptado. Sin embargo, por aquel entonces, Adam no estaba tan musculoso, y Pete no estaba seguro de que fuera el mejor momento para probar su solidez.

—Bueno, al entrenador sí le importa, y mucho. Lo he oído discutir con la directora Kimchi por eso. —Kimchi era su apodo para la señorita Kim, la muy querida directora de Oakvale High.

—¿De verdad?

—Sí. Lo ha intentado todo. Que no era justo para los demás chicos, que los entrenamientos ya habían empezado, bla, bla, bla. Pero ella no se lo tragó.

—Pues nada, supongo que tendrá que jugar —respondió Adam, levantándose.

—Pues supongo que nosotros tendremos algo que decir al respecto —dijo Pete, levantándose con él. Adam esperó a que siguiera, y Pete flexionó la mano—. El entrenador quiere que saquemos al chico muerto del marcador.

—¿Eso ha dicho?

—No con esas palabras, pero el significado estaba bastante claro.

—Voy a jugar —le aseguró Adam—, pero no me apuntaré a ningún complot de asesinato.

—¿Ah, no? —preguntó Pete, esbozando una amplia sonrisa—. ¿No como el año pasado? —Adam lo miró, y la rabia se asomó a través de su máscara impasible. Pete le enseñó los dientes—. ¿No como con Gino Manetti?

Adam no contestó, le dio un último tirón a cada cordón y pareció satisfecho con los resultados.

—Me temo que no podremos seguir juntos este año, Pete —dijo.

—Así, sin más, ¿no?

—Sin más.

—¿Es por algo que he dicho? ¿Te has mosqueado porque he hablado de Pantisnegros?

—No es por lo que dices, Pete, sino más bien por lo que eres.

Pete lo miró y sintió que la rabia le hacía cerrar los puños.

—Lo que soy —repitió—, ¿me lo explicas?

Adam recogió su casco del banco y le dio con el hombro para que lo dejase pasar.

Pete lo llamó gilipollas entre dientes, pero lo bastante alto para que todos lo oyesen.

Gino Manetti era el corredor estrella de los Winford Academy Warriors. En un partido en el que Manetti ya había conseguido tres *touchdowns* contra los Badgers, Adam acabó con su temporada (y con su carrera) con un golpe tardío e ilegal en la rodilla.

El entrenador Konrathy se lo había ordenado.

«No con esas palabras», pensó Pete, quitándose los vaqueros, pero el significado estaba claro. Stavis y él habían zurrado a otros chicos antes a petición de Konrathy; por algo los llamaban la Banda del Dolor. Sin embargo, ninguno de ellos había herido a nadie de forma tan permanente antes de aquello.

Pete pensó en el chico del politécnico al que había dejado inconsciente al final de la última temporada. Se había reído a carcajadas cuando leyó el artículo sobre el partido en el periódico al día siguiente y descubrió que le había roto la clavícula. La noticia le levantó el ánimo durante varios días.

Pero a Adam no. Adam no volvió a ser el mismo después de golpear a Manetti.

—Vuelve aquí, Layman —le dijo el entrenador, empujando a Adam de vuelta al vestuario. Pete se dio cuenta de que si el chico no hubiese querido moverse, Konrathy no habría podido empujarlo. Adam había cambiado.

—Tengo que hacer un anuncio y quiero que lo oiga todo el equipo.

—¿Es por el chico muerto, entrenador? —preguntó Stavis.

—Sí, es por el chico muerto —respondió el entrenador, con el tono sarcástico que reservaba para los jugadores más estúpidos—. Pero nunca jamás lo llames así si él puede oírlo, ¿entiendes? Tenemos que referirnos a ellos como discapacitados vitales,

¿vale? Nada de chico muerto, ni zombi, ni comida para gusanos, ni engendro del diablo. Discapacitado vital. Repetid conmigo: discapacitado vital. —Pete vio cómo los otros chicos del vestuario lo repetían—. Quiero que sepáis que la decisión de incluir a este chico... —Se quitó su gorra de los Badgers y se pasó la mano por el espeso pelo, cortado a cepillo—, a este discapacitado vital, no tiene nada que ver conmigo. Me han ordenado permitir que entre en el equipo. Así que ya está, vendrá al entrenamiento mañana. Ahora daos prisa y salid al campo echando leches.

Pete lo vio volverse y empezar a subir las escaleras.

No quería tener a ningún sucio muerto en el vestuario con él. No quería tener chicos muertos a su lado por ninguna parte, ni en el instituto, ni en las clases, ni en el campo de fútbol. Quería a todos los muertos de vuelta en sus tumbas, donde debían estar.

Como Julie.

Quizá si Julie hubiese vuelto... Quizá si hubiese vuelto pensaría de otro modo y habría aprendido a soportarlos, a pesar de sus miradas vacías y sus voces lentas y roncas. Sin embargo, ella no había vuelto, salvo en sus sueños. Y desde que los muertos habían empezado a despertarse, cuando la veía en sueños, en aquel sitio tan secreto, la veía cambiada. No era la chica a la que había cogido de la mano en el lago, ni la primera chica a la que había besado junto a los pinos. No era su primer y único amor.

Era un monstruo. Era un monstruo como el que estaba a punto de ponerse hombreras y casco para salir al campo con él.

3

L PDT EMPUJÓ EL TELÉFONO hacia el pecho de Adam, con la mano que no sujetaba la cerveza.

—Es una chica —le dijo.

Adam respiró hondo y cogió el teléfono antes de que cayera al suelo. Los nudillos del PDT le habían dejado manchas de aceite en la camiseta nueva. Lo observó volver al salón, donde la madre de Adam estaba sentada con uno de sus hermanastros viendo series de risa en la cadena Fox. Respirar hondo ayudaba.

—Hola.

—Hola, Adam —respondió Phoebe—, ¿qué tal el entrenamiento?

El chico siguió concentrándose en la respiración cuando oyó al PDT gritarle a su madre que le llevase patatas fritas, las patatas fritas que él acababa de dejarse en la cocina al ir a por su segunda cerveza. Que Dios bendiga a América.

—¿Adam?

—Hola, Pheeble. Lo siento, estaba disfrutando de un encuentro doméstico con el PDT.

—Vaya, lo siento.

—Yo también. ¿Qué tal? El entrenamiento me ha dejado hecho polvo, acabo de llegar a casa. Me he pasado un buen rato sudando y dándome golpes en un campo embarrado, dirigido por un hombre que parece el hermano gemelo perdido del PDT en persona. ¿Y tú? —Su madre pasó junto a él, sonrió y le dio una palmadita en el hombro.

—Estaba oyendo música, haciendo deberes, ya sabes.

—Deja que lo adivine, la canción que estás escuchando en estos momentos tiene en el título alguna de estas tres palabras: *sorrowful*, *rain* o *death*.

Phoebe se rió, y el sonido de su risa lo relajó lo bastante para dejar de utilizar la técnica de respiración del maestro Griffin. Pete, Gino Manetti, la hostilidad constante del PDT... Aquella risa lo borraba todo.

—*The Empty Chambers of My Heart*, de Endless Sorrow, en realidad.

—Casi.

—Me he dado cuenta de que entre tus tres palabras siempre está *death*.

—Es que es la apuesta más segura. —A Adam le gustaba gran parte de la música que Pheeble y Daffy escuchaban, al menos las canciones más rápidas y con guitarras. Los temas góticos no servían más que para hacerlo pensar en cosas en las que no quería pensar.

—Puede que sea cierto. Oye, ¿ha ido Tommy Williams al entrenamiento de hoy?

—¿Williams? Es el chico muerto, ¿no?

—Sí, Adam, es el chico muerto.

—Ah. No, el entrenador dice que empieza mañana. No le hace mucha gracia la idea.

—Margi me dijo que lo oyó discutir con la directora Kim.

—A mí también me lo han dicho —respondió Adam. El coche de su hermanastro John entró rugiendo en el camino de entrada a la casa—. Pete.

—Ah, sí, Pete. Seguro que está encantado.

—¿Por qué lo dices?

—Quizá porque he visto cómo tu colega Pete acosa y molesta a todo el mundo desde que se mudó aquí, salvo a ti y a su pequeña banda de amiguetes.

—Pete tiene problemas —respondió Adam—. Creo que este año no hablaremos mucho.

La oyó suspirar a través del teléfono o, al menos, eso le pareció. De repente, Phoebe parecía demasiado interesada en aquel chico muerto. Johnny entró en casa y le dio un puñetazo en el hombro, justo donde su madre le había dado antes la palmadita. Adam respondió con una colleja en la nuca mientras el chico iba a unirse al resto de los no-Layman que veían la televisión.

—¿De verdad? ¿Por qué no?

—Pete y yo seguimos caminos divergentes.

—No sabes cómo me alegro de que empezases con el kárate, Adam —repuso Phoebe, y su amigo notó que sonreía.

—¿Sí? ¿Y eso?

—Estás distinto. Bueno, no distinto, sino que eres más tú que nunca. No sé cómo explicártelo.

A él le parecía que lo había explicado perfectamente, aunque no lo dijo.

—Eso es bueno, ¿no?

—Es genial. Quizá hasta puedas empezar a saludarme en los pasillos cuando estés con una de tus pequeñas animadoras.

—No cuentes con ello, serán pequeñas, pero tienen unos estándares de calidad muy altos.

—Salvo en hombres —respondió ella, y los dos se rieron—. Entonces, ¿puedes llevarme mañana?

—Sí —respondió, bajando la voz—. El PDT me va a dejar usar la camioneta.

—¿Esa cosa marrón destrozada? Qué generoso. ¿Qué ha pasado?

—Mi madre ha estado calentándole la cabeza. Creo que comentó que era un poco injusto que tuviésemos seis vehículos y yo fuese el único que no pudiera conducir ninguno.

—Sí, vuestro patio parece un concesionario de coches usados. O de coches muy usados, como dice mi padre.

Oyó el tono cantarín de su voz, el que ponía cuando estaba alegre, y cerró los ojos para imaginarse su expresión, el ojo verde que se asomaba para mirarlo a través de la cortina de pelo negro azabache.

—Debe de molestarle bastante. Somos como un estereotipo cutre. —Vio en su cabeza al señor Kendall llegando tarde del trabajo y frunciendo el ceño ante la cosecha semanal de vehículos en rehabilitación que abarrotaban la entrada y el patio del vecino.

—La verdad es que le da igual. Si alguna vez nos mudamos,

seguramente le pedirá al PDT que lo limpie todo hasta que vendamos la casa.

—No te mudes nunca, Phoebe. Puede que seas la única persona cuerda que conozco.

—Entonces tienes más problemas de los que yo creía —respondió ella, riéndose—. ¿Siete y cuarto?

—Vale, no faltes a la cita —dijo él antes de colgar. Una cita. La idea de que Phoebe se mudase le produjo una extraña sensación que no tenía nada que ver con que fuese la única persona cuerda de su cosmos personal.

—¡Layman! —le gritó su hermanastro mayor, el más frágil, Jimmy, desde el otro cuarto—. ¡Cuelga el puñetero teléfono! Estoy esperando una llamada.

—Vale —le dijo Adam, y empezó de nuevo con las respiraciones antes de dirigirse a su dormitorio.

—Ya era hora —repuso Jimmy, dándole con el hombro de camino al teléfono. «Lamentable», pensó Adam. Medía el doble que Jimmy, pero tenía que fingir que su hermanastro lo intimidaba para mantener la paz en casa del PDT.

Se tumbó en la cama y abrió *Cumbres borrascosas*, el primer castigo importante del año escolar, uno que, en teoría, debería haber soportado durante el verano. Lo cerró de nuevo después de dos párrafos. Había muchas cosas que le preocupaban de su vida familiar y de la primera semana de clases, y tardó unos segundos en identificar cuál le estaba molestando en aquel momento. A Phoebe le gustaba tanto el fútbol americano como a él las hermanas Brontë. Entonces, ¿por qué su interés por el chico muerto?

—¿Es un vestido nuevo? —le preguntó Adam, observándola con un escrutinio sólo permitido a un amigo de la infancia. Se obligó a decir algo porque, de no hacerlo, se habría quedado con la boca abierta y los ojos fuera de las órbitas. El vestido le llegaba más abajo de los tobillos, pero, de algún modo, acentuaba sus suaves curvas, a pesar del exceso de tela. Phoebe llevaba las botas de media caña y un fino chaleco gris, y sus joyas eran todas de plata o plateadas. Parecía una vaquera gótica.

Puede que su ropa fuese un poco rara y, a veces, se pasara con el maquillaje, pero no había forma de ocultar lo guapa que era. Tenía unos grandes ojos castaño verdoso que siempre parecían reír, por muy lúgubre que fuese su indumentaria, y el largo pelo oscuro suavizaba las facciones, algo angulosas, y las enmarcaba de manera que, de lejos, su rostro parecía tener forma de corazón.

Adam temió estar ruborizándose.

Ella lo miró con suspicacia, y él esperó que no se hubiese dado cuenta de cómo estaban cambiando sus sentimientos hacia ella. Notaba un vacío en el estómago, aunque se había hinchado de huevos con salchichas hacía menos de media hora. El vacío aumentó al percatarse de que el vestido nuevo seguramente tenía más que ver con Tommy Williams que con él.

—Efectivamente —respondió ella, apartándose los largos mechones de pelo negro de los ojos. Era uno de sus gestos favoritos—. Gracias por fijarte.

—Y negro, un *look* completamente diferente del habitual —repuso él, refugiándose en las bromas, tan naturales en su relación como el aire que respiraban.

—Ja, ja. ¿Ves? El kárate también te ha vuelto más observador.

—Forma parte de mi incesante empeño por ser más yo que nunca.

—Excelente, aplaudo tu dedicación —respondió ella, y Adam sintió que le tocaba el brazo—. ¿Y cómo fue tu cita de anoche con Emily?

—¿Emily?

—Brönte. ¿*Cumbres borrascosas*?

—Ah, sí, ella. La verdad es que Em y yo estamos pasando por un bache en nuestra relación.

—Qué pena. Siempre he creído que ella podría ayudarte con tu... tu..., ya sabes..., tu empeño por ser más tú.

—Ése es el problema —repuso Adam, dando un golpe teatral en el salpicadero—. ¡Esa mujer pretende cambiarme!

Se echaron a reír, y Phoebe, después de recuperar el aliento, apoyó la cabeza en el hombro de su amigo. Su cabello azabache desprendía el leve perfume a limpio de alguna flor exótica que Adam no lograba identificar, y las risas se le ahogaron en la garganta.

—Bueno —dijo—, ¿te vas a quedar por allí después de clase?

—Sí, quiero hacer algunas cosas en la biblioteca.

—La biblioteca cierra a las cuatro. Los entrenamientos pueden alargarse bastante algunos días, sobre todo si el entrenador está mosqueado. Y diría que hoy estará mosqueado.

—¿Y eso?

—El muerto viviente.

—Ah, sí. ¿Qué le parece al resto del equipo?

—Están encantados, como comprenderás. A todo el mundo le gusta ducharse con un cadáver.

—Adam —lo regañó ella, casi a modo de advertencia.

—Creo que Williams lo va a pasar mal —respondió él, con cuidado—. A mucha gente le siguen dando miedo los discapacitados vitales.

Phoebe asintió, abrazándose, a pesar de que tenían puesta la calefacción de la camioneta. Adam decidió tirarse a la piscina; ¿por qué no?

—Pareces interesada en Williams —le dijo, fingiendo mirar por el retrovisor—. En su situación, me refiero.

—Lo estoy —respondió ella—. Algunos de los discapacitados vitales que se han mudado a la ciudad este año son bastante interesantes, ¿sabes? Como esa chica que vimos ayer en la cafetería.

—Sí, era interesante con ganas.

—Pervertido. Pero, de verdad, vestirse como ella, que Williams intente jugar al fútbol... Creo que hay que ser valiente para eso, ¿no?

—¿Por eso te interesan? ¿Porque son valientes?

—Bueno, todo el concepto de la discapacidad vital me interesa. Hay muchas preguntas, está rodeado de misterio.

—Como con Colette —repuso Adam y, en cuanto lo hubo dicho, se arrepintió de no haber seguido con el tema de Williams.

—Como con Colette —susurró Phoebe, apoyando de nuevo la cabeza en su hombro. Adam esperaba que no se diese cuenta de lo despacio que conducía.

4

UANDO LLEGARON AL INS-
tituto, Phoebe esperó a Margi
en el vestíbulo. Al menos, eso se
dijo que estaba haciendo. En realidad, se quedó mirando por
encima de su libro de historia a Colette y Tommy, que salían del
autobús. Colette se movía arrastrando los pies y balanceándose
de un lado a otro, con los ojos fijos en algún punto del horizon-
te. Le había costado bajar los escalones del autobús y después
subir los de la entrada del edificio, y, por observaciones previas,
Phoebe sabía que el movimiento necesario para abrir puertas le
resultaba demasiado complejo.

Tommy salió detrás de ella, pero llegó al edificio primero.
Más que como un discapacitado vital «típico», se movía como
un estudiante que se hubiese acostado tarde la noche anterior,
bebiendo refrescos y comiendo pizza. Hizo una pausa entre el
movimiento de asir el pomo de la puerta y el de abrirla, aunque
los movimientos en sí no resultaban tan torpes. Sostuvo la puerta abierta para que entrasen Colette y un par de chicas vivas, que

lo esquivaron para entrar por otra puerta y evitar ser víctimas de la amabilidad de Tommy.

Lo observó entrar en el edificio. Llevaba un polo color pizarra, vaqueros y zapatillas deportivas blancas de caña alta. Parecía caminar más erguido que los demás chicos que daban vueltas por allí, pero quizá fuera un efecto secundario de su extraña forma de caminar.

La camiseta le hacía juego con el color de los ojos.

Margi fue la penúltima persona en salir del autobús, después de pasar el viaje hecha un ovillo en el asiento de atrás, con el iPod y una expresión oscura y turbia en el rostro bajo el flequillo rosa. Phoebe la saludó con la mano, esperando animarla, sin mucho éxito.

—¡Hola, Margi! —exclamó. Quizá lograse arreglar las cosas triplicando su alegría habitual.

—No me vengas con holas. Precisamente tú, la traidora que me abandona en el autobús del juicio final. Ojalá Lelo Man no se hubiese sacado el carné de conducir. Voy a suspender mi examen de ortografía.

—Bueno, bueno. Relájate, nena.

—Nada de relajarse.

—¿El autobús del juicio final? Venga ya.

—Colette me pone los pelos de punta —respondió Margi levantando el brazo, pulseras incluidas.

—Lo sé. ¿Se han vuelto a sentar juntos?

—No me he fijado.

—Mentira.

—Se han sentado juntos —dijo Margi, entrecerrando los

ojos y sacándole la lengua—. Él la dejó pasar para que saliera del autobús antes que él.

—Es un caballero, me he dado cuenta.

—Claro que sí.

—Pues sí. Nosotras dos tenemos ojos de poeta.

—Por favor. Yo no quiero ni verlo.

—Margi —repuso Phoebe, cogiéndola por las muñecas, que no dejaban de agitarse—, algún día tendremos que hablar con ella. Nos hará bien a las tres. —Le dio la impresión de que las pálidas mejillas de Margi perdían un poquito más de su color.

—Todavía no —respondió. Phoebe apenas logró oírla entre el follón de la llegada de otro autobús cargado de estudiantes—. Vamos a llegar tarde —añadió, y se libró de las manos de su amiga, mientras esbozaba una débil sonrisa—. Vamos.

Phoebe recogió la mochila del suelo y la siguió a las taquillas, y después a tutoría.

«Contacto visual —pensó Pete, mientras se retrepaba en la silla, estirando y flexionando los brazos—. No necesito más.»

—¿Lo estoy aburriendo, señor Martinsburg? —le preguntó la señora Rodríguez. Nadie se atrevió a reírse, salvo Stavis y aquella buenorra tontorrona rubia, Holly, que había estado saliendo con Lelo Man durante un tiempo.

—No estoy aburrido, señora Rodríguez. Es que sigo un poco cansado por el entrenamiento de ayer. Siento haberla distraído.

La señora Rodríguez sacudió la cabeza y volvió a la pizarra

para analizar otra de sus emocionantes ecuaciones de segundo grado, o lo que fuera.

«Te he distraído de verdad, ¿eh, vieja? —pensó—. Brazacos como éstos no se ven todos los días.»

Se volvió rápidamente hacia las ventanas, donde estaba sentada la chica rarita de Lelo Man, y lo consiguió: contacto. Le echó la mirada que nunca fallaba con las amigas cabezas huecas de Cammy, y si Morticia Pantisnegros no se derretía, al menos estaba seguro de que se le aceleraría el corazón.

Ella apartó la mirada rápidamente.

«Te tengo», pensó Pete, procurando tomar nota de que debía seguir trabajándosela después. La examinó en profundidad, con la esperanza de que ella volviera a mirarlo y descubriera que la estaba contemplando con franca admiración. Era una de las únicas chicas de la clase que llevaba vestido, y su lustroso pelo negro era increíble. Le caía por los hombros y sabía cómo usarlo para ocultar su pálida cara la mayor parte del tiempo. Bonitos ojos verdes, sin lentes de contacto de colores. El cabello reflejaba la luz que entraba por las ventanas.

La señora Rodríguez le preguntó al chico muerto unos minutos después..., el chico muerto que dentro de nada se pondría un reluciente uniforme de entrenamiento, con sus hombreras y su casco nuevecitos. Equipo nuevo para el chico muerto. A Pete le daban ganas de vomitar. Dio unos golpecitos en la mesa con el lápiz y no paró hasta que el chico respondió... correctamente, por desgracia. Dos respuestas correctas; eso era más de lo que Pete habría podido acertar, y no llevaban todavía ni un mes de curso.

Le dio la impresión de que Pantisnegros lo miraba otra vez; genial, perfecto. Lelo Man se quedaría helado si se la tiraba, aunque aquel gigante atontado tuviese las emociones demasiado atrofiadas para darse cuenta de lo que sentía por la chica. A Pete se le ocurrió que después podría decirle a Adam que rompería con ella si se ponía las pilas y volvía a meterse en el juego. Era una idea.

Cuando sonó el timbre remoloneó en el aula; si Pantisnegros volvía a hacer contacto, se lanzaría al ataque allí mismo, antes de la siguiente clase. La vio levantarse y le gustó la forma en que la falda le marcaba la cintura: tenía una linda figurita debajo de toda aquella tela.

Ella también se estaba tomando su tiempo para salir, pero no esperaba a Pete Martinsburg, el terror de las nenas universitarias, sino al chico muerto.

«¿Eh?», pensó Pete.

«Esta tía no se calla —pensó Adam, asintiendo con la cabeza cada tres o cuatro comentarios de Holly Pelletier—, aunque, en realidad, no está diciendo nada.»

Holly tuvo que darse cuenta de que su atención no era sincera, porque se acercó tanto a él que pudo oler perfectamente el aroma a fresa de su chicle. O quizá fuese el brillo de labios lo que olía así, o la laca. Adam se dio cuenta de que antes aquel olor y la proximidad de Holly activaban ciertos impulsos y sustancias químicas de su cuerpo, pero, en aquel momento, sólo podía pensar en lo artificial que era el perfume. Sabía que si se inclinaba para besar a

Holly, como había hecho muchas veces, no sabría a fresa, sino a una versión química de la fresa. Y, por primera vez, la idea de besarla no le resultaba excitante, sino ligeramente nauseabunda.

«Pero ¿qué me está pasando?», pensó.

Holly nunca lo miraba a los ojos durante sus monólogos del pasillo; estaba demasiado interesada en la gente que pasaba junto a ellos. A Adam también le costaba concentrarse, porque había visto a Phoebe junto al tablón de anuncios que había delante del despacho del otro lado del pasillo, esperándolo para decirle algo antes del entrenamiento. Estuvo a punto de perderse la repentina expresión de asco que nubló la típica cara bonita de Holly. Adam se volvió y vio quién se la provocaba: la atractiva chica muerta, la de los dobladillos extremos.

—Puaj —dijo Holly—, siento que tengas que entrenar con el chico muerto. ¿Y si esa cosa entrase en nuestro equipo? Imagínate... —Señaló a la «cosa», sin importarle quién la escuchara.

—Imagínate —repitió Adam, observando a la chica. No se movía como una muerta, eso estaba claro. Adam se dio cuenta de que, por culpa de su ropa, no se había percatado de otra diferencia: esbozaba una sonrisa apenas perceptible, una sonrisa absorta muy similar a las que solía esbozar Phoebe. Casi todos los demás zombis que había visto no tenían expresión alguna, como si los músculos faciales se les hubiesen quedado rígidos.

Holly contempló a la chica con desprecio.

—Qué asco, ¿te imaginas tener que tocarla? Lo siento un montón por ti, espero que no acepten al zombi en el equipo. No debería haber un tejón muerto en el campo. Estaría fatal, ¿te imaginas?

«Me lo imagino un montón», pensó Adam. Vio que Phoebe

apartaba la vista del tablón para sonreír a la chica muerta, antes de volverse de nuevo y fingir leer por enésima vez los anuncios.

Phoebe tenía apoyados unos cuantos libros en la cadera, y el hombro del otro lado cargado con una bolsa de lona negra llena de más libros.

—¿Lo pillas, un tejón muerto? Como somos los Badgers, ya sabes... —decía Holly.

—Oye, Holly, perdona, pero tengo que hablar con Phoebe.

Los ojos azul zafiro de Holly se entrecerraron a tal velocidad que Adam temió que se le saliese una de las lentillas de colores.

—¿Con Phoebe? ¿Quién es Phoebe?

—Ella —respondió él, señalando a su amiga, que se inclinaba en un ángulo precario para soportar el peso de su enorme bolsa, mientras se rascaba la parte de atrás de la pantorrilla con la punta de la bota—. Es mi mejor amiga.

—¿Ella? —preguntó Holly—. ¿Esa gótica de ahí?

—Pues sí. Nos vemos luego.

La gente se apartó para dejarlo pasar cuando cruzó el pasillo hacia Phoebe. No le gustaba ir avasallando a los demás chicos, como hacían Pete y Stavis, pero llevaba dos años con ellos y nunca había movido un dedo para impedírselo. Eso también tenía que cambiar.

—Hola, Pheeble —le dijo en voz bien alta, notando como si se quitase un peso de encima.

—Hola, Adam —respondió ella, con cara de sorpresa. Adam le quitó la bolsa del hombro—. Mmm, me parece que has mosqueado a como se llame. Parece dispuesta a arrancarte la letra de la cazadora.

—Sí, acabo de soltar una bomba.

—¿Ah, sí? —preguntó Phoebe, mientras caminaban hacia la biblioteca—. ¿Le has propuesto matrimonio? —Soltó una risilla y Adam sintió que no sólo se había quitado un peso de encima, sino que cada vez se sentía más ligero—. ¿O ha sido una oferta más terrenal?

—Ja, ja. ¿Y qué te hace pensar que soy yo el que ha hecho la oferta?

—Bien visto.

—Le he dicho a Holly que tú y yo somos amigos —añadió Adam. Se daba cuenta de que ya no hablaba en tono de cachondeo, pero, por una vez, no le importó que Phoebe se diera cuenta.

—¿De verdad? —le preguntó ella, parándose.

—De verdad.

Ella bajó la vista y, cuando volvió a mirarlo, los ojos le brillaban de alegría.

—¿No te revocarán el carné de miembro del club de los guays?

—Me da igual, la verdad me ha hecho libre —respondió él, caminando de nuevo.

Ella le dio con el hombro, intentando desequilibrarlo, aunque era como una mariposa intentando tirar un roble.

—Ojalá hubieses aprendido kárate hace años, Adam.

—Cállate, Pheeble, o te haré cachitos.

—¡Kia! —exclamó ella, adelantándosele.

Adam la acompañó a la biblioteca, y después se fue a entrenar con los vivos y con los muertos.

5

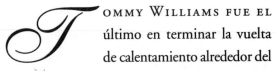OMMY WILLIAMS FUE EL
último en terminar la vuelta
de calentamiento alrededor del
campo de Oakvale. Cuando estaba en primero, Adam siempre era
de los últimos en llegar al final, pero al entrenador Konrathy no le
importaba, porque el chico era tan grande como dos estudiantes
juntos y tan fuerte como tres. Era difícil encontrar a novatos de casi
dos metros, y un novato de casi dos metros y musculoso era como
un animal exótico en el panorama deportivo de Oakvale.

Sin embargo, de repente tenían a un espécimen aún más exótico en el campo, es decir, a un chico muerto.

Los zombis nunca habían intentado participar en ningún deporte en aquel distrito. Tommy trotó (y era un trote extraño, como si alguien le tirase del tobillo por detrás con cada paso que daba) hacia el grupo desperdigado de jugadores que se encontraba cerca del entrenador Konrathy. Muchos de los chicos estaban sudando debajo de las hombreras e intentaban recuperar el aliento, pero el chico muerto ni siquiera parecía cansado.

Adam se recordó que Tommy no respiraba. Él estaba sudando con ganas, aunque respiraba sin problemas. Haberse mantenido en forma durante las vacaciones con las pesas y el kárate estaba dando sus frutos. Sabía que nunca sería el tipo más rápido del campo, pero no tenía por qué ser el que estaba en peor forma. El kárate le había proporcionado algunas técnicas que lo ayudarían a disfrutar de más tiempo de juego, además de algunos trucos que estaba deseando probar con los cabrones de Winford. Cuanto antes empezase la temporada, mejor. Normalmente le encantaban los entrenamientos y su disciplina, pero las recientes tensiones con Pete hacían que no los disfrutase tanto..., y eso era antes de que apareciese el chico muerto. Adam intentó evitar enredarse en los aspectos filosóficos del nuevo miembro del equipo, aunque era innegable que la presencia de Tommy Williams convertía una ocasión bastante bulliciosa en un acto de silencio.

A pesar de que a él le gustaba ser el primero en llegar al vestuario, aquel día no lo hizo. Le parecía espeluznante entrar en la sala y ver al chico sentado en el banco, con el uniforme puesto, los ojos vidriosos y la mirada fija al frente debajo de la sombra del casco.

«Céntrate», le susurraba el maestro Griffin, aunque le daba la impresión de que su voz interior sonaba cada vez más como Yoda desde que sólo iba al *dojo* una vez cada quince días, en vez de dos veces a la semana, como en verano. El maestro Griffin tendría que esperar su turno, detrás del entrenador Konrathy y de Emily Brontë.

Y de Phoebe.

Empezó a hacer algunos ejercicios de entrenamiento para recuperarse de la carrera, sintiendo cómo se le alargaban y contraían los músculos. Era el primer entrenamiento de tarde de Konrathy (le gustaba hacer unos cuantos por temporada para que el equipo se acostumbrase a jugar bajo los focos) y a Adam le agradó la forma en que su cuerpo respondía a los cambios de turno.

El entrenador frunció el ceño cuando Tommy se unió a los demás jugadores. Se quitó la gorra y se pasó las manos por el pelo, lo que indicaba que les esperaba una buena.

—Vamos a empezar con prácticas de placaje —les dijo. A Adam le pareció oírlo resollar; necesitaba un afeitado y tenía los ojos vidriosos—. Que todos los novatos se pongan en fila. Vamos a ver cómo aguantáis un golpe.

Tommy Williams ocupó su lugar al final de la fila de novatos. Había unos veinte chicos haciendo las pruebas para entrar en el equipo, casi todos de primero. Oakvale no tenía suficientes jugadores para tener dos equipos, uno principal y otro secundario, así que la mayoría de los chicos nuevos tendrían, al menos, la oportunidad de vestir el uniforme en el banquillo. Sin embargo, todos los años había algunos que fracasaban, que no superaban los entrenamientos o que decidían que no les gustaba levantarse del suelo con dolor de cabeza y la nariz ensangrentada.

Adam observó cómo Konrathy miraba a sus tackleadores. Los instintos defensivos de Adam hacían que le encontrase significado a todo: el contacto visual, la comunicación no verbal, la inflexión de la voz del *quarterback* al dar las señales. Vio que el entrenador y Pete Martinsburg intercambiaban una mirada.

—¡Que parezca que estás vivo, Williams! —gritó el entrenador, lo que arrancó carcajadas a algunos de los jugadores veteranos. Adam vio que Pete observaba al entrenador como un perro guardián esperando la señal para atacar. Pete sonrió antes de volver a ponerse el casco, y Adam entendió por qué: el entrenador había extendido la mano izquierda a la altura de la cintura, con el pulgar hacia abajo.

Adam no sonrió. Estaba pensando en la última vez que había visto al entrenador hacer aquella señal, cuando acabó con la carrera de Gino Manetti golpeándolo en la rodilla. Todavía oía el ruido de los tendones que saltaron al darle en la pierna con el hombro y el chillido de puro dolor del chico al caer. Adam no se dio cuenta de lo que había hecho hasta que vio a Manetti, varios meses después. Manetti caminaba con los hombros hundidos, cojeando junto a sus viejos; llevaba bastón, y una chica guapa, seguramente su novia, trotaba a su lado, intentando animarlo a ir más deprisa o más despacio, por turnos. Adam contempló la cara de resignación y dolor del chico, y la mirada de profunda lealtad y compasión de la chica, y pensó que era una de las cosas más tristes que había visto en su vida. En cuanto lo golpeó, supo que Manetti no volvería a caminar bien; y no cabía duda de que nunca volvería a jugar.

Una semana después, Adam se apuntó a las clases en el *dojo* del maestro Griffin. Había leído un poco sobre el kárate y se le ocurrió que podría ayudarlo con sus problemas de control. También esperaba que lo ayudase a aliviar el sentimiento de culpa.

—¿Todavía estás enfadado conmigo, tío? —le preguntó Pete, dándole una palmada en las hombreras y sacándolo de sus elucubraciones.

—No estoy enfadado contigo, Pete —respondió, aunque quería devolverle el golpe. Quería culpar a Pete por haber contribuido a convertirlo en el imbécil que había sido durante los últimos dos años. Sin embargo, lo que de verdad deseaba era pegarse un puñetazo en la cara.

—Ya lo has visto, el entrenador quiere que acabemos con el chico muerto —dijo Martinsburg. Las filas estaban empezando el entrenamiento. Adam lo miró, y Pete se encogió de hombros—. Ha llegado el momento de elegir equipo, Adam.

Adam se sacudió de encima la mano de Pete y se quedó donde estaba, sin contestar. A Stavis y Pete no les importaba usar los puños (ni tampoco a Adam, ya puestos), pero esperaba que la cosa no llegara a tanto. Esperaba que Pete le permitiese seguir adelante con su vida.

«Sí, claro —pensó—. Seguro que lo hace.»

—Te toca el primer hueso roto, Lelo Man —dijo Martinsburg—. Una caja de cerveza para el que lo quite de en medio.

El primer hueso roto. Había muchas cosas que los discapacitados vitales no podían hacer, cosas normales como respirar o sangrar.

Le daba la impresión de que tampoco podían curarse.

El ruido hueco de los tacones de Phoebe al pisar las gradas metálicas retumbó en el frío aire del atardecer, haciendo que los pocos espectadores que estaban sentados en grupitos la mirasen a ella, en vez de al campo. Casi todos eran padres, novias o los chicos de la banda, que esperaban a que los llevasen a casa.

Phoebe estaba acostumbrada a que la mirasen. Su vestuario negro, una mezcla equitativa de ropa *vintage* y moderna, le garantizaba alguna que otra miradita de sus compañeros. Las botas de tacón altas, con faldas largas negras, el pelo teñido y el chal vaporoso le garantizaban alguna que otra ceja enarcada. No le importaba. Había descubierto que su aspecto repelía a la gente con la que no quería hablar y atraía a las personas que sí le interesaban. El *look* gótico no era tan popular como antes, seguramente por culpa de los discapacitados vitales, pero a Phoebe le parecía que aquello le daba a su estilo un matiz irónico, una broma privada que sólo compartían unos cuantos elegidos.

Se quedó de pie un instante, examinando la cresta baja que se elevaba detrás de las gradas. El campo de Koster, así bautizado en honor a un atleta de la escuela que había batido varias marcas estatales a principios de los ochenta, daba por tres de sus laterales al bosque de Oxoboxo. Un corto perímetro de hierba se extendía unos seis metros desde la alambrada baja hasta el inicio del bosque, lo que hacía que las sombras de los árboles que se proyectaban sobre el campo a última hora del día pareciesen una fila de espectadores.

Phoebe se sentó sola. Notaba el frío del banco debajo de la fina tela de la falda. Sacó el iPod de la mochila y se puso los auriculares acolchados. También sacó un grueso cuaderno rectangular y un bolígrafo plateado de la bolsa, y los dejó a su lado, sobre el banco.

«Al menos tendré las orejas calentitas», pensó, mientras ponía el nuevo disco de los Creeps y se tapaba más los hombros con el chal. Había unas cuantas chicas al final de su banco que llevaban cazadoras con letras sobre los uniformes de animadoras; susurraban y señalaban al campo. Todo lo que Phoebe sabía de fútbol americano cabía en cuatro líneas de su cuaderno. Lo único que entendía de lo que pasaba en el campo era que algunos de los chicos corrían y otros intentaban derribarlos.

Siempre resultaba fácil localizar a Adam, porque era el más grande del campo; siempre era el más grande en cualquier parte. Buscó con la mirada a Tommy Williams, pero todos los chicos se movían de forma extraña con las hombreras y los cascos.

Entonces lo vio; sus movimientos eran rígidos, aunque no por las protecciones. Estaba ocupando su lugar en la fila de chicos a los que iban a derribar.

Killian Killgore, de los Creeps, le cantaba al oído que estaba perdido en los páramos y lo perseguía una banshee. Phoebe dio unos golpecitos en el cuaderno con el boli, mientras los últimos versos del poema flotaban en el aire, entre el campo y ella, esperando a que los capturase y los escribiese.

Dejó el cuaderno en el regazo y lo abrió. La primera página estaba en blanco. Miró al cielo y escribió dos palabras. Después se dedicó a observar lo que pasaba en el campo.

Adam golpeó a Williams limpiamente por el costado e intentó quitarle la pelota. El golpe le resultó fácil, porque Williams era bastante lento y no intentaba fingir nada. Lo derribó, pero a Adam le dio la impresión de que, de no haber saltado al placar, Williams se habría mantenido en pie. Derribar al chico muerto era como tirar un muro de ladrillos.

«Un peso muerto, ja ja», pensó.

La pelota saltó por los aires y rebotó a diez yardas campo abajo. Si se hubiese tratado del inicio de la temporada y Williams estuviese ya en el equipo, le habría ofrecido la mano para ayudarlo a levantarse, pero, en la pretemporada, se suponía que Adam tenía que escupir junto a su cabeza y llamarlo blandengue.

Williams lo miró con unos ojos inexpresivos en los que se reflejaba la luz de la luna. Adam se alejó sin decir nada. Placar a un zombi era espeluznante.

—¡Lelo Man! —le chilló el entrenador—. ¿Es que este verano te has dedicado a jugar con tus muñecas? ¿Qué clase de golpe es ése?

«Un golpe limpio», pensó él, mirando a sus viejos colegas, Pete y TC. La Banda del Dolor. De novatos les hizo gracia darse cuenta de que eran más duros que el noventa y nueve por ciento de sus compañeros; ahora eran mayores y ser duro no era tan divertido, sobre todo sabiendo que no era el criterio más importante para tener éxito en la vida.

TC seguía sonriendo, como si le encantase comprobar que todavía podía ganarse la caja de cerveza, aunque Pete tenía cara de «pero ¿qué te pasa, tío?». Últimamente ponía esa cara muy a menudo cuando Adam andaba cerca. Pete le susurró algo a TC, que asintió y ocupó su puesto en la fila.

Adam vio cómo TC le daba un golpe al chico muerto en plena espalda. Con el casco.

El sonido del impacto reverberó en todo el campo. Phoebe lo oyó desde las gradas, incluso con la música horror punk a todo volumen en las orejas.

—¡Buen golpe, Stavis! —gritó el entrenador.

Layman tenía la boca abierta. ¿Buen golpe? Era un golpe con el casco, y eso bastaba para que te expulsaran del partido, incluso para que te impidiesen jugar el resto de la temporada. Eran golpes capaces de herir o paralizar a otro jugador.

Incluso de matarlo.

TC corrió hacia su colega Martinsburg y los dos se dieron hombrera con hombrera.

—Creo que está muerto, Jim —dijo Martinsburg en plan Star Trek, lo bastante alto para que casi todo el equipo lo oyera. Se reía.

Adam se acercó a Williams, que ni siquiera parpadeaba. Temía que la fuerza del golpe lo hubiese apagado como un radio al caer sobre el hormigón, pero el chico muerto se levantó del césped apoyándose en los nudillos, hincó una rodilla en el suelo y se puso de pie.

Adam no pudo evitar una sonrisa cuando el chico muerto le devolvió la pelota al entrenador Konrathy. Era increíble, no había soltado la pelota, ni siquiera después de un placaje como aquél. Una concentración semejante se merecía un respeto.

Los ataques continuaron durante el resto del entrenamiento. TC y Martinsburg siempre parecían emparejarse con el chico muerto, aunque había más atacantes que corredores. Adam vio cómo Pete le daba a Williams en las rodillas en el siguiente turno y cómo después TC le rodeaba el cuello con sus brazos de gorila. No hicieron ni un golpe limpio, pero el entrenador sólo parecía decepcionado cuando Williams se levantaba del césped después de cada embestida.

La práctica terminó al alterarse el patrón. Martinsburg estaba a punto de darle en las rodillas a Williams, cuando Williams sacó la mano y lo golpeó en el casco. Aquel brazo rígido tiró a Martinsburg de boca, mientras el chico muerto se alejaba, indemne. Adam se dio cuenta de que algunos de los novatos (que también habían recibido lo suyo durante el entrenamiento) intentaban reprimir sonrisas maliciosas.

—¡No toques la rejilla del casco, Williams! —gritó el entrenador.

Adam sacudió la cabeza. Ni la había rozado.

Más tarde, Konrathy preparó una práctica de *scrimmage*. Casi todos, tanto jugadores como novatos, estaban ya cansados, resollando; todos salvo el chico muerto. ¿Se podía cansar un discapacitado vital?

El ejercicio era sencillo: la línea defensiva tenía que intentar entrar y despachar a Denny, mientras que la línea ofensiva debía detenerlos. El entrenador puso a Williams en la línea defensiva, justo delante de Adam.

Williams, muerto o no, no era uno de los chicos más grandes del campo. Medía más o menos metro setenta y siete, y tenía cuerpo más de recepción que de línea defensiva. A Layman le pareció un truco barato, igual de barato que los golpes de la Banda del Dolor. La clase de kárate le había enseñado muchas cosas sobre el honor, y aquella situación no era nada honorable.

Sin embargo, también era poco honorable no cumplir con su deber. Fuese o no una estratagema barata, tenía que derribar a Tommy Williams, igual que habría hecho con cualquier otro defensa contrario. Sería un golpe limpio, sí, pero no menos duro.

«Nadie pasa —pensó Adam mientras le daba vueltas a la pelota en el césped y se colocaba—. Nadie.»

Le pasó la pelota a Denny y se propulsó hacia delante, poniendo toda la fuerza de sus piernas en el movimiento. Williams era más lento, pero se dirigió a recibir el ataque.

Y lo hizo. Adam sólo era consciente del resto del juego por el rabillo del ojo; se daba cuenta de lo que sucedía en la periferia de su campo visual, como de que Gary Greene, a su derecha, se resbalaba y fallaba el bloqueo. También se daba cuenta de que nadie ayudaba a Williams contra él, algo que siempre hacían los equipos contrarios para evitar que Adam les abriese un agujero en la defensa.

Además, se percató de que sólo había logrado hacer retroceder unos treinta centímetros a Williams.

Terminó el juego. El resbalón de Greene dejó pasar a uno de los novatos, que presionó lo suficiente a Denny para que lanzase un pase incompleto cerca de la banda. Adam se soltó de Williams, que se volvió sin hacer ruido y regresó a su sitio en la línea.

«Madre mía», pensó Adam. Williams se había enfrentado a él sin ayuda y apenas había logrado moverlo.

Miró a su alrededor, a sus compañeros, por si alguno se había dado cuenta de la asombrosa hazaña del chico muerto, pero casi todos estaban hechos polvo y volvían arrastrando los pies a sus puestos en la línea. Adam sabía que muy pocos de ellos tenían futuro en el fútbol después del instituto (puede que Mackenzie y Martinsburg fueran los mejores, aparte de él), y que pocos contaban con el «radar de campo» necesario para percibir los detalles más importantes del juego.

Miró al entrenador, que se había puesto rojo de la rabia y tenía los ojos entrecerrados. Sacudía la cabeza, asqueado.

Sin embargo, lo que realmente le llamó la atención fue lo que había más allá del entrenador, al borde del bosque.

Entre los árboles vio a unas cuantas personas de pie, observando el entrenamiento; tres o cuatro de ellas no se movían en absoluto, como si fuesen estatuas. Puede que no se hubiese dado cuenta de no ser por la más grande, un tipo negro con una camiseta tan gris como la corteza del gran roble que tenía al lado. Adam no veía bien a los demás, pero, por su postura rígida, supo que estaban muertos.

«Han venido a ver a su chico», pensó, aunque ninguno le resultaba familiar. El tipo negro parecía tan grande como él, no podría pasar desapercibido por los pasillos.

—¡Layman! —le gritó el entrenador, quitándose la gorra y golpeándose el muslo con ella, para dar más énfasis—, ¿has venido a jugar o qué?

Adam volvió a la línea. Nadie más parecía haber visto a los zombis..., a los discapacitados vitales, se corrigió. Daban escalofríos, sí, pero no podía dejar que su presencia lo distrajera de la tarea que tenía entre manos. Se cuadró en su puesto y miró a Williams. Williams le devolvió la mirada con una tranquilidad desconcertante.

Adam creía en la importancia de conocer a sus contrincantes. En el siguiente choque, lo golpeó con la misma fuerza y lo movió otros quince centímetros. Williams no pasaría por encima de él, ni lograría derribarlo, pero tampoco acabaría en el suelo, como todos los demás chicos contra los que había jugado antes.

El juego terminó con un pase completo. El entrenador le dijo a Adam que era una nena y que se esforzase más.

«A la tercera va la vencida», pensó él, y, cuando golpeó a Williams, movió las caderas como el maestro Griffin le había enseñado. Williams voló de lado, como un envoltorio de chicle llevado por el viento. Denny salió flechado a través del agujero abierto por Layman y corrió por el campo.

Williams estaba tendido boca arriba. Adam vio la luz (no sabía si de la luna llena o de las luces del estadio) reflejada en sus inexpresivos ojos.

Le ofreció una mano, y el chico muerto la aceptó.

6

*L*OS VERSOS QUE PHOEBE había escrito desprendían una luz azul eléctrico desde la página blanca. Leyó las palabras por segunda vez, y la energía fluyó de vuelta a través de las puntas de los dedos. Era una sensación que rara vez experimentaba cuando escribía, a pesar de las muchas páginas de cuadernos que había llenado, pero, cuando sucedía, era como la chispa de la vida.

Pensaba que Tommy no se levantaría después del primer mal golpe. Aunque los placajes sucesivos no fueron menos brutales, siguió levantándose, al parecer sin mayor problema. Su resistencia enfurecía a los atacantes, que lo machacaban con energías renovadas. Cuando detuvo a Pete Martinsburg con una mano extendida, Phoebe estuvo a punto de aplaudirle.

Leyó el poema por tercera vez.

Luna llena
en el cielo.
El chico muerto
en el campo
intenta enseñarnos
lo que significa
estar vivos.

Si las animadoras la veían sonreír para sí y pensaban que era una pirada, que así fuera. Merecía la pena.

El entrenamiento terminó con el pitido del silbato del entrenador Konrathy. Phoebe vio que Adam pasaba junto a las gradas; al verla allí sentada la saludó de manera casi imperceptible con la mano. Ella le devolvió el saludo a lo bestia, como si fuese un famoso de Hollywood, con la esperanza de avergonzarlo. Sin embargo, si de verdad le había contado a como se llamase que ella era su mejor amiga, tampoco había mucho más que pudiera hacer para fastidiarle.

Phoebe buscó a Tommy con la mirada y lo vio al final del grupo de jugadores que se dirigía al vestuario. Como era más lento que los demás, se fue quedando cada vez más lejos, hasta estar a cinco pasos de Thorny Harrowwood, que cojeaba después de haberse pasado la última hora recibiendo más golpes en el campo que la estaca de una tienda de campaña.

Entonces, Tommy se detuvo, se volvió y empezó a caminar en dirección opuesta, hacia el aparcamiento.

«O hacia el bosque de detrás del aparcamiento», pensó Phoebe.

Un impulso repentino, quizá la chispa de electricidad que le corría por las venas, hizo que se pusiera en pie después de arrancar la hoja del poema de su cuaderno y doblarla en un cuadradito irregular. Metió el cuaderno, el boli y el iPod en la mochila, y bajó de las gradas. Los tacones parecían disparos sobre el metal de las gradas mientras corría detrás de Tommy.

—¡Ven aquí, Layman! —chilló el entrenador Konrathy, haciéndole gestos con las manos para que entrase en su despacho. Adam suspiró, deseando haberse podido quitar algo más de equipo, en vez de tan sólo el casco.

Le echó una mirada fría a Martinsburg al pasar, pero Pete se la devolvió sin inmutarse.

Konrathy cerró de un portazo.

—¿Qué has estado haciendo este verano? ¿Jugar con muñequitas de papel?

Layman respiró hondo. Si el entrenador le hubiese hablado así el año anterior, probablemente habría lanzado el casco contra la pared. La puerta de una de las taquillas estaba más doblada y retorcida que un ocho, tan metida en el marco que ya no se abría. El año anterior, el entrenador había sacado a Adam de un partido por haber fallado un bloqueo; por culpa de su fallo habían derribado a Denny Mackenzie por primera vez aquella temporada, así que Adam había pagado su frustración con la taquilla.

Sin embargo, aquél era el nuevo y mejorado Adam Layman, el de la calma zen. El nuevo y mejorado Adam pensaba antes de golpear.

—No, entrenador —respondió con calma, controlando el pulso y la respiración—. He estado haciendo kárate y entrenando.

—¿Kárate? —repuso el entrenador, alzando los brazos de manera exagerada para demostrar su incredulidad—. ¿Kárate? Creía que el kárate te hacía más duro, no un completo inútil.

Adam notó que se le aceleraba la respiración, pero se concentró y volvió a contenerla. «No, entrenador —pensó—, el kárate no tiene nada que ver con ser más duro, sino con tener más control, claridad y concentración.»

Concentración. Cuando estuvo preparado, respondió a Konrathy con una pregunta.

—¿He hecho algo mal en el entrenamiento?

El entrenador se inclinó sobre el escritorio hasta quedar a pocos centímetros de Adam, lo bastante cerca para que el chico oliese las pastillas para el aliento que el entrenador no paraba de comer durante las prácticas.

—Dímelo tú, Layman —repuso—. Ni siquiera puedes derribar a un chico muerto, ¿crees que has hecho algo mal?

—Lo intenté...

—¡No has hecho nada! Mides casi treinta centímetros más que él ¡y apenas lo has desequilibrado! ¡Y lo has ayudado a levantarse! ¿En qué estabas pensando? ¡No ayudamos a los novatos hasta que entran en el equipo, y tú lo sabes!

Adam evocó la tranquila, aunque insistente voz del maestro Griffin: «Céntrate, Adam. Céntrate».

—Es difícil moverlo cuando tiene los pies bien plantados en el suelo —respondió, con toda la calma que pudo—. Creo que se le daría bien la línea ofensiva.

—Eso crees, ¿no? —exclamó Konrathy, retrocediendo como si Adam le hubiese escupido en el ojo—. ¿Y si en vez de unirte a él en la línea te unieras a él en la lista de chicos que no estarán en el equipo? Lo que nos faltaba es tener jugadores con problemas de actitud.

El maestro Griffin había enseñado a Adam todo sobre el *chi*, la fuerza vital que se encuentra en el interior de todos los seres. Centrarse en el *chi* era bueno para la respiración; era bueno para el corazón; también era bueno para evitar que Adam agarrase el gordo cuello rojo del entrenador Konrathy y se lo retorciese. A pesar de todos los beneficios del *chi*, no pudo evitar ruborizarse.

—Conozco tus notas, Layman —añadió Konrathy, acercándose de nuevo a su cara—, y conozco a tu padrastro. Sin el fútbol no podrás entrar en la universidad, ni pagarla. —Dejó que sus palabras calasen, y lo hicieron, atravesando la coraza de calma protectora que Adam intentaba mantener—. Será mejor que te espabiles y juegues bien el próximo día, Layman. Ahora, sal de mi despacho.

Adam quería hacer y decir muchas cosas, pero se contuvo. El entrenador tenía razón: sin el fútbol, nunca iría a ninguna parte. Se quedaría en Oakvale toda la vida, trabajaría en el garaje de su padrastro levantando neumáticos y pasándoles llaves inglesas a sus hermanastros. Oakvale procuraba aceptar a todos los estudiantes en sus equipos deportivos, lo que significa que no expulsaban a nadie..., pero Adam no podía correr ese riesgo. Si pasaba demasiado tiempo en el banquillo, perdería la oportunidad de hacer carrera como profesional.

Stavis se rió por lo bajo cuando pasó junto a él para ir a su taquilla. Stavis era otro chico destinado a cadena perpetua en Oakvale y, si Adam no llegaba a la universidad, tendría que cambiar el aceite y sustituir los frenos a cabezas de chorlito como él durante el resto de su vida.

Preferiría estar muerto antes que vivir así. Muerto para siempre, no como Williams. Muerto de forma permanente.

Su vieja taquilla, la que había aplastado el año anterior, estaba al lado de la nueva. Quería que fuese así para tener un recordatorio constante de quién había sido y de quién intentaba ser. Respiró de forma acompasada y abrió los puños sin ser consciente de ello.

«No sabía que los discapacitados vitales pudieran moverse tan deprisa», pensó Phoebe mientras atravesaba el campo embarrado. Las botas, por muy relucientes y chulas que fueran, tampoco ayudaban.

Daba la impresión de que Tommy procuraba ahorrar movimientos, como si caminase en la línea más recta posible desde su última posición en el campo hasta su destino. Iba directamente al bosque que rodeaba el lago Oxoboxo. Phoebe no era una experta en la topografía de la zona, pero sabía que su casa estaba en algún lugar al otro lado de aquel bosque. La de Tommy también, un poco más allá, siguiendo la ruta de su autobús.

Tommy pasó entre dos coches aparcados y llegó a la corta extensión de hierba delante de los árboles justo cuando Phoebe pisaba la pista que delimitaba el campo de fútbol. Le recortó algo de ventaja, pero no lograría alcanzarlo antes de que entrase en el bosque, como esperaba.

El chico sólo vaciló en su decidido avance al quitarse el casco, antes de entrar en la arboleda. La luz de la luna llena se reflejó en su pelo rubio plateado justo antes de que se lo tragase la oscuridad.

El aliento de Phoebe la precedía, convertido en nubecillas de vapor, como espíritus bailando a la luz de la luna. No se paró a pensar en lo que estaba haciendo hasta penetrar en el bosque y comprobar que la luz había desaparecido.

El bosque de Oxoboxo estaba cubierto casi por completo; el toldo de hojas era como un escudo impenetrable para la luna.

«Pero ¿qué estoy haciendo?», pensó. Incluso antes de que los chicos muertos empezasen a volver a la vida, el bosque de Oxoboxo era un lugar misterioso y extraño, un sitio para historias de fantasmas, historias anteriores a la ciudad y a los europeos que llegaron para quedarse en ella.

Sin embargo, en el fondo sí sabía lo que estaba haciendo. Tenía a Tommy Williams metido en la cabeza: el blanco rostro angular, la sombra de una sonrisa en los labios y la pálida luz de sus ojos azul pizarra. Sabía que no podría quitárselo de encima hasta reunir el coraje necesario para hablar con él. ¿Y después?

Miró atrás, a las tenues luces del aparcamiento, a través de los árboles. Adam empezaría a buscarla pronto, justo después de ducharse y cambiarse. No le haría gracia quedarse junto a la camioneta de su padrastro, preguntándose dónde se había metido su amiga. Y si llegaba tarde, al PDT seguro que se le iba la olla, como siempre, y lo castigaba todos los fines de semana del mes, por culpa de Phoebe.

Miró las formas oscuras de los árboles que tenía delante. Sus ojos ya se habían adaptado a la falta de luz, así que distinguía las vagas siluetas grisáceas. Contó quince pasos y se detuvo. El bosque era tan denso, incluso allí, en el borde, que parecía tragarse no sólo la luz, sino también los sonidos. Era consciente de que no se oían ruidos de pájaros, ni de insectos, y de lo raro que era eso.

Suspiró y se quedó quieta un momento, imaginándose que cada aliento era un trocito de su alma y que cada fragmento de la misma se elevaba sobre el impermeable techo de hojas en busca de una salida al cielo. No había forma de saber por dónde se había ido Tommy.

«Pero ¿qué estoy haciendo?», se repitió. De repente, un temor frío se apoderó de ella y decidió que perseguir a Tommy por el bosque de Oxoboxo era una mala idea. Se volvió.

Y el chico muerto la cogió del brazo, mirándola con aquellos ojos pálidos que brillaban en la oscuridad.

Thornton era el único que quedaba en el vestuario cuando Adam se empezó a atar los cordones de las zapatillas. Estaba de pie delante de su taquilla, con una toalla enrollada en la cintura, admirando un enorme moratón rojo que le recorría la caja torácica.

—Buf, me han dado bien —comentó el chico, haciendo una mueca.

—Pero te levantaste —repuso Adam—. Eso es lo importante.

—Sí, supongo que sí —contestó Thornton, sonriendo de orejón a orejón. El pobre chaval parecía el chico de la portada de la revista *Mad*, aunque no le faltaba ningún diente. Adam sonrió para sí, pensando que todavía quedaba tiempo para eso, que la temporada no había hecho más que empezar. Thornton se fue silbando a la ducha, más contento que si le hubiese tirado un billete de cien dólares.

«Un gran poder...», pensó Adam. La máxima de Spiderman. El maestro Griffin se había pasado todo el verano metiéndoselo en la cabeza, enseñándole que ser treinta centímetros más alto y el doble de fuerte que todo el mundo no era un derecho, sino una responsabilidad. Le enseñó que esos dones podrían ser de gran ayuda a la sociedad, pero que, si abusaba de ellos, harían daño a mucha gente, él incluido.

Todavía estaba pensando en el tema cuando TC, Pete y Harris Morgan se le acercaron en el aparcamiento.

—Eh, torpón, ¿dónde está tu amigo zombi? —le preguntó Pete.

—No estoy de humor —respondió él, esperando a que Pete se quitase de en medio.

—¿Para qué equipo juegas, grandullón? —insistió Pete, acercándose más en vez de apartarse—. ¿Para el de los vivos o para el de los muertos?

—Juego para los Badgers, Martinsburg, igual que tú. Apártate de mi camino. —Miró atrás, donde tenía aparcada la camioneta, pero no vio a Phoebe, por suerte. No quería que viera aquello.

Y, en el fondo, tampoco quería que ellos la vieran a ella.

—Ese zombi saldrá del equipo de una forma o de otra, Layman —dijo Pete.

Adam intentaba decidir si podía con los tres. TC era el más grande, pero Harris y Pete no eran poca cosa, y Harris, al menos, era más rápido que él. Supuso que, si llegaban a eso, lo mejor era intentar derribar a Pete lo antes posible, porque quizá así los otros dos se desanimaran. De hecho, Morgan parecía ya bastante desanimado. Adam le ordenaba a su cuerpo que se relajara, y Pete, al darse cuenta de hacia dónde se encaminaba la situación, o creyendo haber dejado clara su postura, se apartó.

Adam pasó de largo, sin quitarle la vista de encima a la cara burlona de su compañero. Lanzó su petate a la parte de atrás de la camioneta desde tres metros de distancia.

—¡Escoge un equipo! —le gritó Martinsburg.

Adam subió al asiento y dio un portazo. El motor arrancó a la tercera y encendió la radio. Esperaba que sus tres compañeros de equipo ya se hubiesen largado cuando llegara Phoebe.

Phoebe ahogó un grito cuando la mano del chico muerto le tocó el pelo, metiendo los dedos entre los negros mechones. Se quedó quieta cuando apartó la mano y se la puso delante de la cara, tan cerca que pudo ver la hoja que acababa de quitarle.

Phoebe sólo oía su propia respiración. Tommy soltó la hoja, y ella la vio flotar un instante antes de desaparecer en la oscuridad.

—Te... te estaba siguiendo —le dijo la chica, arrepintiéndose de inmediato. Su susurro era como una alarma contra incendios en el silencio del bosque. El chico era discapacitado vital, no imbécil. Por supuesto que lo seguía, ¿por qué si no iba Tommy a ponerse con sigilo detrás de ella para asustarla? Phoebe se ruborizó y se preguntó si los ojos del chico (que bajo las luces fluorescentes de la clase eran del color de las nubes de tormenta, pero reflectantes como los de un gato) podrían notar el calor que desprendían sus mejillas.

—Quería hablar contigo —siguió diciéndole—, quería decirte que eres muy valiente, ya sabes, por jugar al fútbol.

Tommy no respondió, lo que la hizo sentirse todavía más avergonzada. Era alto y de hombros anchos. Llevaba el casco cogido por la rejilla protectora. Había que ser muy tonta para perseguir a un discapacitado vital...

Quizá se le hubiese escapado todo el sentido común con el aliento. Como si se observase desde lejos, se vio meter la mano en el bolsillo y sacar el cuadradito de papel.

—También quería darte esto.

Le ofreció el papel y lo vio mirarlo con sus brillantes ojos, sin expresión alguna. Durante un instante agónico, el chico observó el papel sin moverse, y Phoebe no pudo evitar pensar en algo que le había pasado en séptimo, la vez que Kevin Allieri no había querido ser su pareja en una fiesta de patinaje en el centro recreativo de Winford.

Al final, Tommy cogió el poema. Ella respiró hondo cuando se tocaron; olía como la brisa matutina sobre el lago de Oxoboxo.

Se quedaron tal cual, sin hablar, durante un minuto, un minuto de creciente incomodidad que ella sintió con tanta fuerza como los jugadores habían sentido los golpes y placajes en el campo.

—Bueno —dijo; le pitaban los oídos, era incapaz de soportar aquel silencio ni un segundo más—, me están esperando. Buenas noches.

Él no respondió nada, nada de nada. Phoebe miró al suelo, se volvió y empezó a caminar hacia el aparcamiento. Estar en el bosque con Tommy, darle el poema, era tan surrealista, tan extraño, que no le habría sorprendido si, de repente, el bosque de Oxoboxo, lago incluido, hubiese salido volando por los aires, lanzado hacia la estratosfera. La magia eléctrica que antes sintiera había quedado ahogada por una fría ola negra de vergüenza y miedo. Creyó oír su nombre y estuvo a punto de chocar contra un árbol.

Se volvió. Lo único que veía de Tommy era una reluciente silueta pálida y los dos blancos discos de luz de luna de sus ojos, a poco menos de cinco metros.

—Creo que tú también eres muy valiente —le dijo el chico, con una voz suave y monótona, como el recuerdo de un sonido, más que el sonido en sí.

Las lunas diminutas desaparecieron y Phoebe se quedó sola. La oscuridad la rodeaba, pero no la notaba dentro. Estaba sonriendo cuando se sentó al lado de Adam, en la parte delantera de la camioneta de su padrastro.

7

*E*L FIN DE SEMANA TRANSCU-
rrió con un ritmo lánguido, como
si el mismo tiempo fuese un disca-
pacitado vital. Phoebe pasó largas horas en la cama escuchando
música, con el cuaderno y el bolígrafo en el regazo, sin escribir
nada ni hablar con nadie. El viernes por la noche había resultado
desconcertante por muchas razones, pero parte de ella quería
aferrarse un poco más a aquel desconcierto y analizarlo.

Margi llamó el sábado por la noche y, como era habitual en
ella, la hora de conversación telefónica se centró básicamente
en Margi: su trabajo de historia, el programa que estaba viendo en
la tele, los zapatos que pensaba ponerse el lunes, lo que pensaba
de las nuevas descargas de Zombicide. A Phoebe le daba igual; las
conversaciones Margi-céntricas siempre resultaban entretenidas
y le permitían no hablar de lo que tenía en la cabeza: Tommy...

Estuvo a punto de delatarse cuando su amiga le preguntó si
había estudiado mucho en la biblioteca... Se le había olvidado
por completo su tapadera.

—Sí, claro —contestó, aunque, en realidad, se había limitado a hacer un par de dibujos en su cuaderno y a hojear un libro sobre la inquisición española.

—Muy convincente. Ojalá me hubiese quedado contigo, porque el trabajo de historia me está costando un montón. Pero, claro, seguro que el señor Adam Lelo Man no me habría llevado a casa. De verdad, Phoebe, te juro que ese chico lleva colado por ti desde tercero.

—No me mudé aquí hasta cuarto.

—Bueno, seguramente estaba loco por ti en una vida anterior. ¿No te has dado cuenta de que pone los ojos en blanco cuando voy con vosotros?

—No digas chorradas, Margi.

—Sí, tienes razón, porque yo estoy mucho más buena que tú —respondió ella, y las dos se rieron.

Phoebe era consciente desde hacía tiempo de la fascinación que Margi sentía por Adam, el primer amigo que Phoebe había hecho al mudarse a Oakvale. Encajaron porque Adam no conocía a ninguna otra chica a la que le gustaran los cómics, y porque ella era mejor nadadora y jugadora de Frisbee que él. Adam no adquirió su tamaño (no se infló, como solía decirle ella en broma) hasta los once años, aproximadamente. Fue entonces cuando empezaron a gustarle los deportes de equipo, deportes que a ella no le interesaban en absoluto, a pesar de dársele bien los tiros a canasta.

Adam era un año mayor, pero repitió segundo, así que los dos habían acabado en el mismo curso. La secundaria los había llevado por caminos distintos: Adam era un chico popular, mientras que Phoebe era más marginal. Ninguno de los dos le daba importancia a su amistad en el instituto, porque era tan incongruente que confundía a sus respectivos círculos de amistades.

La incongruencia de su amistad, junto con los años que llevaban disfrutando de ella, era lo que la convertía en algo tan especial. Para Phoebe seguía sin haber nadie mejor para jugar al Frisbee o ir a nadar al Oxoboxo.

Era tan especial que Phoebe sabía que ninguno de los dos la fastidiaría con sentimientos más complejos. Creía que era Margi la que estaba colada, aunque, por algún motivo desconocido, nunca lo reconocería.

—Es que estás más buena que yo, Margi.

—Claro... Pero qué mentirosa eres... Tienes la altura, el cutis, los pómulos..., ¿y qué tengo yo?

—¿El vestuario? Y las...

—No lo digas.

—Bueno, pero es verdad. Creo que llaman más la atención que mis maravillosos pómulos.

Después de tomarse el pelo durante un rato, colgaron cuando el padre de Margi le gritó que dejase de una vez el teléfono. Phoebe volvió a garabatear en su cuaderno.

La noche del sábado, cuando estaba navegando por la red en busca de las últimas noticias sobre los discapacitados vitales, Adam le mandó un mensaje instantáneo. Le preguntó si quería que la llevase a clase el lunes, lo que le pareció extraño, porque nunca se lo preguntaba. Le respondió que sí y añadió un emoticono muy tonto, típico de las Hermanas Raras: un smiley redondo con cuernos, pestañas largas, rabo y la lengua colgándole de un lado de la boca abierta.

—Guay —respondió él, sin adornos—. ¿A las siete?

—Vale.

—A ver si quedamos para echar un Frisbee —comentó Adam antes de desconectarse.

«Eso sí que ha sido raro», pensó Phoebe. Ya sólo quedaban para jugar con el Frisbee cuando uno de los dos necesitaba hablar con alguien. Había cosas que Phoebe no podía comentar con Margi, y cosas que Adam no quería compartir con sus amigos del equipo de fútbol americano. Eran una extraña pareja..., pero las extrañas parejas eran lo que hacía que la vida resultara interesante.

Eso la llevó a pensar en Tommy. Cuando apagó la luz se imaginó sus ojos brillando débilmente en la oscuridad de su dormitorio y, esta vez, no sintió ningún miedo.

Adam llegó a las siete en punto a su casa, y la camioneta del PDT se quedó tosiendo en el camino de entrada mientras ella pasaba por la cocina a por un plátano. Como era la última en salir, escribió una nota a su madre diciéndole que no la esperasen para cenar y cerró la puerta.

—Gracias, Adam. ¿Cómo has conseguido la camioneta?

—El PDT se ha llevado el coche de mi madre. La llevó al trabajo para poder cambiarle el aceite al coche. Tenemos tiempo para un café, si quieres.

—Por mí no, pero, si tú quieres...

—Me gustan los mechones rojos —comentó Adam, después de encogerse de hombros—. ¿Te los haces tú?

Phoebe se tocó las puntas con aire pensativo y pensó en hojas de otoño.

—Claro. Gracias.

—De nada.

El chico salió del camino de entrada a la casa y torció a la izquierda, lo que significaba que iba por la ruta larga, rodeando el lago.

—Bueeeno... —dijo Phoebe—, ¿qué pasa?

De repente se dio cuenta de lo callado que había estado desde el viernes. Podría haberle preguntado, y con razón: «Oye, Phoebe, ¿qué narices hacías en el bosque?». Pero no lo había hecho. Adam no se había fijado, y Adam se fijaba en casi todo. Había estado tan ensimismada que ni se había percatado de lo ensimismado que estaba él.

—Después te cuento —respondió, encogiéndose de hombros—. Sólo quiero conducir un rato.

—Claro, conducir es estupendo. Disfruta del aire limpio del lago.

Adam se rió, y ella lo conocía lo suficiente para no intentar sonsacarle. Hablaría con ella cuando estuviese preparado.

El bosque de Oxoboxo parecía distinto a la luz del día y desde fuera. Siempre le había parecido que los árboles estaban más juntos que en otros bosques, como si se abrazasen para proteger sus secretos del mundo exterior que acechaba al otro lado de sus fronteras selváticas. Sus amigos y ella habían pasado gran parte de sus jóvenes vidas en el bosque y el lago. El Oxoboxo era un sitio en el que nunca te sentías del todo a salvo, y eso lo hacía más emocionante.

Al menos, hasta la muerte de Colette.

—Oye, no me contaste qué tal fue el entrenamiento —comentó Phoebe, mirando por la ventanilla—. ¿Qué te pareció jugar con el cadavérico? —Pretendía que fuese una distracción, pero, por la mirada de sorpresa de Adam, quizá hubiese dado con el origen de sus problemas—. Oh.

—Creía que eso no era políticamente correcto. ¿No es lo que me dijisteis Daffy y tú el otro día mientras comíamos?

—¡Era broma! —Adam estaba a la defensiva, resultaba obvio, pero, si quería más tiempo antes de contarle lo que lo preocupaba, a ella le parecía bien.

—Pues el chico muerto no es tan malo —comentó él, encogiendo otra vez de hombros, como hacía siempre que estaba nervioso.

—¿Ah, sí? —preguntó ella, ocultando la ilusión que le hacía oírlo.

—Sí. Es fuerte como un toro. Bueno, de velocidad, nada, pero es rápido captando las cosas. Al final del entrenamiento ya sabía cómo contrarrestar mi ataque para que no lo tirase. La verdad es que moló bastante.

—Vaya, ¿quién lo habría dicho?

—Yo no. —Y eso fue lo único que dijo sobre Tommy.

Pocos minutos después llegaron al aparcamiento para estudiantes, salieron de la camioneta y recorrieron el largo paseo hasta el instituto.

—Oye, esta noche toca entrenamiento otra vez —dijo Adam—, ¿necesitas ir a la biblioteca o algo?

—¿Quieres hacer unos lanzamientos nocturnos de Frisbee? —le preguntó ella, sonriendo.

—Sí, puede que me venga bien.

El lunes todo fue como siempre. Los vivos iban rápidamente de clase a clase, charlando sobre las citas del fin de semana o los cientos de intercambios sutiles que sucedían en el lapso de tiempo que iba desde el timbre de inicio del día al del almuerzo, mientras que los muertos se movían en línea recta, sin compartir sus pensamientos con nadie, ni siquiera entre ellos. Phoebe deambulaba por los pasillos buscando a Tommy Williams y observándolo de vez en cuando a una distancia segura. En los bosques de Oxoboxo él contaba con la ventaja de su sigilo y sus ojos de luz de luna, pero, entre los vivos, ella triunfaba. Bajo la iluminación fluorescente podía vigilarlo sin que él se diese cuenta.

Sin embargo, eso no quería decir que los muertos no pudiesen dar sorpresas, como le demostró Margi al soltarle una de las gordas en el pasillo, después de que sonara el timbre del fin de las clases. Basta con decir que Margi ya estaba lista y preparada para subirse al autobús antes de que Phoebe llegase a su taquilla..., así de gorda era la noticia.

—Lo siento, Margi —le dijo Phoebe—, hoy no cojo el bus. Tengo que ir a la biblioteca otra vez.

—Ni de coña, tengo que hablar contigo.

—¿Qué te pasa?

—¿Qué te pasa a ti? —contestó ella, en tono bastante acusador.

—¿Estamos jugando a las veinte preguntas, Margi? ¿Qué se supone que tengo que decir ahora? No quiero que pierdas el autobús.

En el rostro suave y redondito de Margi se dibujó una expresión mezcla de impaciencia y compasión.

—Pheebes, eres mi mejor amiga y te quiero. Ya lo sabes. Pero está pasando algo.

—Vale, eso ha quedado establecido, así que, por favor, ¿qué está pasando?

—Deja que te haga una pregunta: ¿alguna vez has visto a un discapacitado vital dibujar en su cuaderno?

Phoebe suspiró; Margi era una experta en melodramas.

—Creo que no, no.

—¿Contribuye alguno al *Oakvale Review*?

—No.

—¿Van a clases de música o de arte?

—No.

—¿A alguno se le ha ido la pinza y se ha apuntado a fotografía digital o a jardinería? O, en general, ¿conoces a alguno que haga algo creativo, lo que sea?

—No, no según mi vasta experiencia.

—¿Ni siquiera decorar sus taquillas?

—¡Margi! ¡Al grano!

Y Margi lo hizo, hasta el fondo:

—Tommy Williams ha colgado un poema en su taquilla, y tiene toda la pinta de ser tu letra.

En el preciso instante en que Phoebe abría la boca al oír la noticia de Margi, Pete Martinsburg abría el maletero de su coche con el botón de la llave. El coche apenas tenía un mes, era el regalo de cumpleaños de su querido padre a distancia.

Pete no se engañaba, sabía que el regalo de su padre no era

más que una forma de fastidiar a su madre, de vengarse de su ex mujer.

Pero bueno, coche gratis.

Llevó a Adam y a TC hasta el coche. Le había costado convencer a Lelo Man para que saliese del vestuario, y el gigante estirado no dejaba de actuar como si todo lo aburriese mucho. Pete sabía cómo iría la cosa, pero sentía la necesidad de hacerle a Adam una última prueba de fe antes de cambiar de estrategia.

Sacó su equipo de fútbol del maletero; debajo de la gran bolsa negra había tres bates de béisbol raspados y arañados. Pete cogió el de aluminio y, agarrándolo con fuerza con una mano, golpeó el aire un par de veces, haciendo girar la muñeca. Esbozó una sonrisa amplia y fría.

—Mi último año en la liga juvenil de la policía hice catorce *home runs* con esta monada. Conseguí un promedio de 313.

Stavis asintió, admirado, pero Pete se dio cuenta de que Adam estaba a punto de hacer algún comentario de listillo, así que apretó el puño que sostenía el bate hasta que se le pusieron los nudillos blancos.

—Vamos a enseñarle otro deporte al zombi después del entrenamiento —dijo, con una sonrisa sarcástica. Dejó el bate en el maletero, donde cayó haciendo un ruido hueco, un ruido parecido al que haría aquel bate en concreto contra un cráneo humano, pensó Adam.

Después, el maletero se cerró con tanta fuerza que el pensamiento desapareció.

—Pete —dijo Adam; ya no parecía tan creído, lo que animó aún más a Pete a llevar el plan a cabo.

—¿Sí, Lelo Man? ¿Te gustaría comentarnos algo?

—No estarás sugiriendo en serio que vayamos a por ese chico, ¿no?

—¿Por qué no? —respondió Pete, entre risas—. La ley no lo prohíbe.

—Venga, Pete, eso es una estupidez.

—¿Estupidez? Te diré lo que es una estupidez: que tu amiguita, Morticia Pantisnegros, se ponga cachonda con un cadavérico. Eso sí que es una estupidez.

—No la metas en esto. Estoy hablando...

—Estás moviendo la mandíbula, pero no estás hablando. Tu chica, ésa de la que llevas colado como, no sé, ¿toda la vida? Pues tu chica le escribe poesía a un tío muerto. Va a los entrenamientos para ver a un tío muerto. Un tío muerto, Adam. Es enfermizo.

—Cállate, Pete —le ordenó Adam, poniéndose rojo como un tomate. Pete sonrió.

—Y vas a dejar que ocurra. Ni siquiera vas a intentar que tu chica se pase al equipo de los buenos, ¿a que no?

Stavis, que al menos era lo bastante listo para entender las señales, se puso a la izquierda de Adam.

—¿Qué ha pasado, Adam? —preguntó Pete, bajando la voz hasta convertirla en un susurro—. ¿Tan repulsivo eres que la chica de tus sueños prefiere tontear con un zombi?

Adam dio un paso adelante, con los puños cerrados, pero no fue más allá. A Pete le habría gustado que le pegase, porque así podrían haberse dado unos cuantos puñetazos, haberse magullado y, al final, volver a ser amigos. Volverían a ser la Banda del Dolor.

—Puedes irte, Adam —le dijo, cuando el otro se volvió—, pero no he acabado. No dejaré que esa encantadora flor pálida se acueste con un cadáver. No mientras yo viva y respire. Adam siguió su camino de vuelta al instituto.

Pete había dicho que no había acabado, y lo decía en serio. El rumor que se propagaba por el instituto como un incendio era tan absurdo que ni siquiera podía hacerse a la idea. ¿Una chica de dieciséis años, viva, en la plenitud de la vida, colada por un chico muerto? Era antinatural y punto. Ya puestos, ¿por qué no acostarse con un animal de granja? Al menos los animales estaban vivos. Decidió que lo mejor sería encargarse personalmente del asunto.

Pete la vio en la biblioteca. Llegaba tarde al entrenamiento, pero qué más daba. ¿Qué iba a hacer el entrenador? ¿Despedirlo? ¿Y perder dos intercepciones por partido? Qué va.

Además, por meterse bajo la falda de aquella chica merecía la pena sufrir unas cuantas carreras de castigo.

—Hola —le dijo, sentándose frente a ella.

La chica levantó la mirada y se quitó los cascos de una oreja. Alguien gritaba, muerto de dolor, a través de los auriculares, y se oía por media biblioteca. Le gustaba la forma en que el lápiz de ojos oscuro la hacía parecer un gato, muy sexy, y lo mejor era que ella no se daba cuenta. No tenía amigas entre el grupo de chicas con las que salía Pete, las animadoras y otras mascadoras de chicle crónicas, las Tori, Holly y Cammy que se habrían enrollado con él aunque fuese el tío más feo del equipo de fútbol.

Esbozó una sonrisa calculada para derretirla. Después de salir con las universitarias durante el verano había descubierto un mundo femenino nuevo para él. Morticia era oscura, seria y un ratón de biblioteca. Suponía que otros chicos con menos experiencia no la mirarían dos veces, pero, para Pete, todos esos factores formaban parte del dulce secreto que guardaban las chicas como aquélla, un dulce secreto que esperaba para descubrirse al mundo entero.

—Hola —repitió.

—Hola —respondió ella, algo sorprendida. Eso le gustó. Además, era tímida; la piel blanca del cuello empezaba a ponérsele rosa. Procuró seguir con la mirada el avance del rubor.

—Te vi ayer en el entrenamiento —comentó Pete. A las chicas les gustaba que se fijasen en ellas.

—¿Ah, sí?

—Sí. Levanté la vista y allí estabas, observándonos.

—Estaba esperando a Adam.

Pete sonrió para sí. Morticia no estaba a su altura.

—¿Layman? No es tu novio, ¿no?

Ella se rió y sacudió la cabeza, y el rubor rosa le llegó a las mejillas. Pete pensó que su piel era como la de los ángeles, suave y blanca. Estuvo a punto de intentar acariciarle la mejilla, pero supuso que se asustaría. Pronto.

—Qué bien, porque Adam y yo somos buenos amigos y no me gustaría que se enfadase conmigo.

—¿Por qué se iba a enfadar contigo? —preguntó ella, dejando de reírse.

Ahora le tocaba reírse a él, cosa que hizo echándose hacia

atrás en la ruidosa silla de la biblioteca y extendiendo los brazos, para que ella viera lo definidos que tenía los músculos.

—Por pedirte que salgas conmigo. —Morticia volvió a mirar su libro de historia. Pete se inclinó hacia ella. A las chicas delicadas les gustaban los tipos grandes, y él era un tipo grande; hizo que la sombra de sus hombros se proyectase sobre ella como una manta—. Porque, aunque fuese tu novio, también te lo habría pedido.

A ella parecía costarle respirar. Hizo que Pete pensara en otras formas de dejarla sin aliento.

—Tengo que estudiar —respondió Phoebe, sin apenas alzar la voz.

«Claro que sí», pensó Pete.

—Entonces, ¿es eso un sí? —preguntó, tocándole el brazo. Llevaba un jersey fino, y él acarició la tela negra del codo con el pulgar y el índice—. Puedo llevarte a casa, si quieres. Le diré a Layman que tenemos planes. Supongo que ya habrás visto mi coche por ahí.

—No —respondió ella, tan bajito que estuvo a punto de no oírla.

—¿Que no has visto mi coche? Es el...

—No, no quiero salir contigo.

—¿Qué?

—No —repitió ella—. Por favor, para ya, nos están mirando.

—No lo entiendo. —Y lo decía en serio.

—No quiero salir contigo, Pete. Gracias, pero no.

—¿Por qué no?

—Porque no quiero. Por favor, suéltame el jersey.

Lo hizo y se echó hacia atrás; la silla dejó escapar un gruñido por su peso. Primero Layman le salía con aquella actitud, y después la chica. Pete llevaba ocultando su rabia desde que su padre lo había enviado al aeropuerto sin tan siquiera desearle buen vuelo y, de repente, todo amenazaba con salir a la superficie.

—Eso no es ninguna razón, ¿no te parece? —preguntó, acercándose a su cara.

—Es la mejor de todas —repuso ella, y Pete se sorprendió al comprobar lo mal que la había juzgado—. ¿Podemos terminar ya con la conversación, por favor?

Pete obligó a sus manos a relajarse y se apartó lentamente de la mesa.

—Eh, perdona, creía haber notado algo, pero me lo habré imaginado. Sé que tengo la cabeza muy dura, seguramente porque casi todas las chicas con las que salgo son así. Lo siento si te he ofendido.

—No pasa nada —respondió ella, ablandándose un poco—. Siento no haberte dado una respuesta más amable. De verdad, me halagas.

Pete asintió con la cabeza, intentando parecer herido y triste, como si de verdad le importase lo que Pantisnegros pensara de él.

—Bueno, la verdad es que no te he dado la oportunidad, ¿no? Es que tengo la cabeza muy dura. —Ella sonrió, y él le ofreció la mano—. ¿Amigos?

Ella le miró la mano, después la cara, y sonrió.

—Amigos —respondió, y le dio la mano.

Pete pensaba alejarse, pero, al contacto con aquella mano tan delgada y fresca, todo cambió. Morticia tenía dedos largos y esbeltos, y él parpadeó y pensó durante un momento, sólo durante un momento, que era la mano de Julie. No había tenido ninguna relación con nadie desde la muerte de Julie. Julie, la que había muerto y no quería, no podía volver. La rabia estalló.

Sin soltarle la mano, se inclinó sobre ella y le susurró al oído:

—Te tiras a Layman, ¿no? —Ella lo miró, y sus ojos se parecieron más que nunca a los de un gato. Le volvió el color a la cara e intentó retirar la mano, pero él era demasiado fuerte—. Al menos, espero que sea a Lelo Man, porque si descubriera que pasas de mí para tirarte a un filete, me enfadaría mucho. Me enfadaría mucho si descubriera que en vez de una ninfómana en potencia eres una necrófila en potencia, ¿me entiendes? Y muchas personas, tanto vivas como muertas, podrían lamentarlo.

Ella no apartó la mirada, aunque él le apretaba la mano con tanta fuerza que se le saltaron las lágrimas. Al cabo de un rato, Pete le lanzó un beso al aire, se levantó y le acarició la mano antes de irse.

8

«LOS GOLPES NO PARAN», pensó Adam al ver cómo Stavis desequilibraba a Williams con un *chop block* por sorpresa que habría dejado sin aliento a cualquier chico vivo. Williams perdió pie y Stavis utilizó su impulso para derribarlo con fuerza.

Williams no dejó escapar ningún sonido; nunca lo hacía.

El juego, un pase falso de *halfback*, había acabado antes del golpe de Stavis y no se desarrollaba cerca de Williams.

Adam notaba una tirantez en el pecho que nada tenía que ver con sus condiciones físicas, sino con las mentales que había desarrollado durante el verano con el maestro Griffin.

Cerró los ojos y pudo verlo el primer día de clase, con la cabeza afeitada reflejando la brillante luz del *dojo* y una sonrisa apenas perceptible bajo su grueso bigote negro.

—Todos tenemos poder —dijo a sus estudiantes. Adam comprobó que el maestro se movía por la colchoneta con agilidad, casi como un gato; era como si se deslizase sobre las puntas de los pies—. Todos nosotros —siguió, mirándolos uno a uno—. Lo importante es lo que hacemos con ese poder.

Entonces le pidió a Adam que le hiciese un placaje. El maestro Griffin era más bajo y compacto que Adam, y mucho más ligero. El chico fue a por él, confiado, ya que hacer placajes era lo suyo. Apuntó bajo, para darle en las piernas.

De repente se vio volando por los aires, aunque fue un vuelo corto, porque Griffin lo echó sobre la colchoneta, amortiguando su caída de algún modo. Después, en vez de soltarlo, le siguió agarrando el brazo con una mano, mientras retiraba la libre, dispuesta para darle un golpe con la palma abierta. Adam se quedó mirando la línea rígida de la palma y supo con certeza que Griffin podría romperle la nariz o aplastarle la cara con un solo golpe rápido. Sin embargo, se limitó a darle un golpecito en el pecho antes de ayudarlo a levantarse.

—Adam tiene poder —dijo el maestro a la clase—. Yo tengo poder. Todos lo tenéis. ¿Qué vamos a hacer con ese poder?

Aquél había sido el único contacto físico de la primera sesión; el maestro Griffin había tirado al suelo a su alumno más grande y atlético igual que se tira un calcetín viejo a la cesta de la ropa sucia. Se había pasado el resto de la clase enseñándoles buenos modales y hablando sobre la responsabilidad personal.

—Layman —le gritó el entrenador Konrathy—, despierta y pon tu culo en la línea.

Adam obedeció y puso su culo en la línea. Mientras lo hacía, era como si pudiese oír la tranquila voz del maestro preguntándole hasta qué punto estaba dispuesto a jugarse ese mismo culo por sus creencias.

El chico muerto se levantó como siempre, despacio, aunque no parecía herido después del golpe ilegal de Stavis. Adam intentó meterse en su cabeza. ¿Qué estaría pasando allí dentro, si es que pasaba algo? ¿Por qué estaba Williams allí? ¿Quería probar algo? ¿Era por amor al juego? ¿Se daba cuenta de que algunos de sus compañeros hacían todo lo posible por sacarlo del equipo... para siempre? No parecía tener mucho sentido que se entregase voluntariamente a aquel castigo.

Y otra idea se le metió en la cabeza, como si fuese lluvia a través de las grietas de un tejado: ¿de verdad sentía Phoebe algo por él? ¿Cómo podía resultarle atractivo? ¿Cómo demonios podía interesarla de aquella forma un chico muerto? Debía de tener los cables cruzados por alguna parte.

De vuelta al vestuario, el repentino silencio le dijo que Williams estaba pasando por allí. El chico no se duchaba, al menos no con el resto del equipo en las duchas comunes. No sudaba, y era tan fácil quitarse el barro y el césped de la cara en casa como en las duchas.

Adam se quitó las hombreras y observó disimuladamente la reacción de sus compañeros al paso del muerto. La hostilidad descarada del resto de la Banda del Dolor era patente: Martinsburg le susurraba algo a su matón jefe, Stavis, y a Harris Morgan, que parecía ser el primero en la lista de reclutas después de que Adam renunciase a su puesto.

Casi todo el equipo se volvió, como si la presencia del chico muerto fuese un secreto vergonzoso que nadie quisiera reconocer. Denny Mackenzie, al que Williams le había salvado el cuello bloqueando la carga lateral de Martinsburg, fingía estar absorto en lo que decía Gary Greene. Williams abrió su taquilla, sacó la mochila y se dirigió a las escaleras.

Tommy Williams jugaba para los Oakvale Badgers, pero a nadie parecía gustarle la idea. Konrathy estaba apoyado en la jamba de su despacho, observando cómo el chico caminaba lentamente hacia la salida.

Thornton Harrowwood tenía la taquilla que estaba más cerca de la puerta. Estaba sentado en el banco de madera con una toalla húmeda rodeándole la cinturita, guardando el uniforme sucio en un enorme petate verde que era casi tan grande como él. Miró a Williams al pasar y le ofreció la mano extendida, como si fuese lo más normal del mundo; Williams se la chocó con una palmada suave, sin dejar de caminar. Como si fuese lo más normal del mundo.

Adam sonrió, pero Konrathy llamó a Thornton a su despacho. Adam estaba tan concentrado en intentar averiguar de qué hablaban al otro lado de la puerta que casi no se dio cuenta de que sus antiguos compañeros de la Banda del Dolor se saltaban la ducha y seguían a Williams.

—Está hablando con la zorra del terror —dijo TC mientras cruzaban el aparcamiento, camino del bosque.

—Eso no cambia nada —respondió Martinsburg. Estaba dándole vueltas al bate de aluminio con rápidos giros de muñeca—. Harris, tú te ocupas de ella. Si intenta huir o entrometerse, detenla.

—Ayyy, tío. No pienso pegar a una chica.

—¿Te he pedido que le pegues? Sólo tienes que detenerla.
—Martinsburg apuntó con el bate al pecho de Harris Morgan.

Pete pesaba unos veinte kilos más que Harris, así que éste dio un paso atrás, aunque más por la expresión de Pete que por el bate.

—Detenerla, lo pillo —dijo.

—Si te vas a rajar, como Layman, será mejor que me lo digas ahora.

Harris sacudió la cabeza.

Martinsburg miró de nuevo a su presa, que se había vuelto y estaba entrando en el bosque con la señorita Pantisnegros.

—Bueno, ¿qué creéis que piensan hacer en el bosque? —preguntó, soltando un escupitajo entre los dientes—. ¿Lo va a ayudar a quitarse las hombreras?

El chico muerto lo había dejado sin aliento en las prácticas. Pete estaba a punto de dar con el hombro al *quarterback* cuando el muerto se acercó por su punto ciego y lo derribó, dejándolo sin aire en los pulmones.

El zombi se había puesto de pie sobre él, mientras él, boca arriba, intentaba respirar de nuevo. El muerto lo miró, y Pete sintió un momento de pánico bajo la fría mirada gris que surgía del casco.

«Ahora sabes lo que se siente cuando estás muerto.» Oía la voz del zombi dentro de la cabeza, y le pareció detectar un pequeño tic en uno de los músculos de la boca.

«¿Te gusta?»

Williams lo dejó sobre la hierba. Pete recuperó el aliento poco a poco y, durante todo aquel proceso, no pudo quitarse de encima la imagen del zombi riéndose de él. La imagen le daba miedo, pero el miedo sólo servía para enfadarlo aún más. Nadie, ni vivo ni muerto, se reía de Pete Martinsburg y salía de rositas.

—Seguiremos por el sendero y, cuando estemos cerca, nos dividiremos —explicó—. Yo empezaré. A no ser que antes huelan a nuestro amigo Stavis.

—¿Qué? —preguntó Stavis, mirando su uniforme, sucio y aromático.

—Podías haberte duchado, por lo menos —le dijo Pete—. Apestas. —Harris se rió, asintiendo.

En el aparcamiento había algunos chicos con sus padres, aunque nadie pareció prestarles atención. Pete asintió, mirando a sus dos secuaces.

—Vale, allá vamos.

Lo siguieron al interior del bosque.

Phoebe no estaba segura de cómo sacar a colación con Tommy el tema del poema, pero él le ahorró el esfuerzo en cuanto entraron en el bosque.

—Tengo tu poema... en mi taquilla —le dijo—. Después caí... en que... quizá te suponga un problema.

Phoebe sacudió la cabeza e intentó pensar en cómo responder. Tenía gracia que la claridad del discurso de Tommy, que hablaba con más fluidez que otros discapacitados vitales, la dejase a ella sin saber qué decir.

—No, supongo que me sorprendió.

—Tu amiga, la del pelo rosa.

—Margi —repuso Phoebe, entre risas.

—No pensé en las... consecuencias —dijo Tommy, logrando decir todas las sílabas de una vez—. Todos... lo saben. Lo siento.

Phoebe sacudió la cabeza y se acercó a él. El chico no olía como alguien que lleva dos horas metido en un entrenamiento de fútbol americano, ni tampoco como una persona muerta, ya puestos. Sólo le llegaba el fresco perfume de los pinos y las hojas de otoño. Tenía la piel suave y blanca; era como una escultura que hubiera cobrado vida, la versión idealizada de un joven, sin defectos ni imperfecciones.

—No lo sientas —le dijo, tocándole el brazo, que parecía de piedra pulida—. Quería que lo tuvieses.

Él asintió de manera casi imperceptible, sin apartar de ella aquellos ojos sin fondo. Tenía una mirada desconcertante, por decirlo de algún modo. No te seguía cuando hablabas y, al parpadear, cosa que no sucedía a menudo, daba tiempo a contar hasta tres antes de que los párpados se tocasen. Tommy levantó la mano como si fuese a tocarle la mejilla, y Phoebe pensó en lo delicado que había sido cuando le quitó la hoja del pelo.

La sorprendió volviéndose de repente.

—Es... difícil para los... dos —dijo—. La amistad... siempre lo es. Y más...

Phoebe no pudo oír el resto de la frase, porque, en aquel momento, dos figuras agachadas corrieron hacia Tommy. Una blandía un bate de béisbol que le dio al chico en el pecho, derribándolo contra un tronco podrido. El casco rebotó dos veces en el suelo y aterrizó cerca de Phoebe, que chilló al ver que una tercera figura la cogía por detrás y le sujetaba el cuello con un bate.

—Chisss —dijo Harris Morgan, sonriendo.

—Te gustan los deportes, ¿eh, zombi? —comentó Martinsburg. Dejó caer el bate, que hizo un ruido escalofriante. Phoebe no pudo ver dónde daba, porque Harris y el tronco sobre el que había caído Tommy se lo impedían.

—¡Para! —chilló.

—Cállala —dijo Martinsburg, volviéndose, mientras se preparaba para asestar otro golpe. Harris miró a Pete, sin saber muy bien cómo traducir la orden, y Phoebe aprovechó la ocasión para saltar sobre él, moviendo los puños.

Le dio un golpe y los dos se tambalearon, pero acabó tirada boca arriba, viendo cómo las ramas de los árboles daban vueltas en un caleidoscopio de colores otoñales. Apenas se dio cuenta de que Harris se levantaba, entre palabrotas, lamiéndose el labio inferior.

Entonces oyó de nuevo el silbido del bate de Martinsburg al caer.

No le resultaba fácil sentarse, pero lo hizo. Martinsburg, sonriente, le hacía un gesto a Stavis para que probase a golpear a Tommy. Phoebe intentó ponerse de pie, pero Harris la detuvo poniéndole la punta del bate en el pecho y ordenándole que se sentara, sin dejar de maldecirla. A ella la consoló ver que le había hecho sangre al golpearlo con el puño en el labio.

Vio a Stavis levantando el bate sobre la cabeza con ambas manos.

—No tenéis ni idea del error que acabáis de cometer.

La voz, profunda y tranquila, pertenecía a Adam. Phoebe se volvió y lo vio en el sendero por el que habían llegado Martinsburg y sus compinches. Hablaba con Harris, pero también se volvió para mirar a los demás.

—No te metas, Layman —le advirtió Martinsburg. Stavis bajó el bate y analizó la nueva amenaza. Phoebe se dio cuenta de que era más ancho y más pesado que Adam, aunque no tan alto ni tan rápido, pero supuso que daba igual, porque Stavis llevaba un bate de béisbol.

—Me meto —respondió Adam, y dio dos pasos adelante, recortando distancias.

—Te dije que escogieras un equipo, Lelo Man.

—Pues supongo que ya lo he hecho —contestó él, sin dejar de acercarse a Pete.

—Sería una pena que te fastidiaras una rodilla —comentó Martinsburg, pero en un tono de voz agudo y sin la confianza que había demostrado antes de la aparición de Adam—. Como le pasó a tu amigo cojo, Manetti.

—Una pena —repitió Adam; estaba a metro y medio de Pete cuando Harris soltó el bate y se lanzó sobre él.

Phoebe gritó para advertirle, mientras corría a coger el bate, pero Adam levantó el pie izquierdo y le dio a Harris de lleno en el plexo solar, tirándolo de espaldas. Sin embargo, a Stavis no le importaba tanto como a Harris Morgan golpear con un bate a un compañero de los Badgers, porque, justo cuando Phoebe se volvía, se acercó y le dio a Adam en pleno estómago, dejándolo a cuatro patas. Stavis se movió como si pensara volver a golpearlo, y ella gritó, lanzándole el bate que Morgan había soltado; Stavis lo esquivó con torpeza, aunque estuvo a punto de caer de espaldas.

Phoebe se levantó y se enfrentó a los dos, mientras, detrás de Martinsburg, Tommy hincaba una rodilla en el suelo. Pete captó su reacción y se volvió hacia el chico muerto.

—Quédate donde estás si no quieres que reviente a tu novia a palos —le dijo; después la miró y escupió en el suelo—. Puede que lo haga de todos modos.

Phoebe vio que Tommy miraba a su atacante y daba uno de sus parpadeos de tres segundos. Después bajó la pierna y se arrodilló en la suave tierra del bosque.

—Sí, eso es, chico muerto, puede que ella no regrese —siguió Martinsburg, haciendo girar el bate.

Había tanto odio en aquella voz que Phoebe casi podía sentirlo. Stavis se colocó entre ella y Martinsburg; Adam tenía arcadas. Harris gruñía, pero lo oyó empezar a levantarse.

Tommy miraba a Pete, y Pete se acercó a él, preparando el bate.

La primera figura que salió del bosque era casi del tamaño de Adam. A Phoebe, que le daba vueltas a la cabeza a mil por hora, le pareció que se materializaba de la nada. Detrás de los árboles y los arbustos surgieron otras dos figuras (la chica de pelo platino a la que le gustaban las faldas cortas y un chico pálido con una melena de color rojo desvaído); después más, hasta que tuvieron a seis personas alrededor.

Harris, todavía sin su bate y restregándose el pecho, como si quisiera quitarse la huella de la zapatilla de Adam, hizo otro colorido comentario cuando la séptima figura apareció detrás de él, en el sendero. A Phoebe le daba escalofríos el silencio con el que los recién llegados habían aparecido; y sintió más escalofríos aún al ver que otra figura aparecía para colocarse entre Stavis y ella.

—¿Colette? —susurró.

Martinsburg y sus amigos se agruparon, sin saber bien cómo reaccionar ante el nuevo giro de los acontecimientos. Había ocho chicos en total rodeándolos, inmóviles como lápidas.

El gigante, de movimientos torpes, ayudó a Tommy a levantarse. Tommy lanzó a Pete una mirada que, aunque inexpresiva, era una amenaza inconfundible.

El chico desconocido se enderezó, y Phoebe vio que era incluso más alto que Adam. Se erguía sobre Stavis y Pete igual que los árboles grises que los rodeaban; la luna recién salida lanzaba su sombra sobre ellos, como si fuese una mortaja.

—Puede... que... no... regreses —dijo, con una voz llena de fuerza.

El círculo de chicos muertos empezó a cerrarse. El gigante habló y todos dieron un paso hacia delante, estrechando el cerco. Harris fue el primero en huir, aunque Martinsburg y Stavis lo siguieron rápidamente.

Phoebe, con los ojos como platos, creyó ver una sonrisa en los labios de Tommy, pero el momento pasó. Corrió hacia Adam, que todavía intentaba librarse de los efectos secundarios del golpe de bate en el estómago.

—¿Estás bien? —le preguntó, agachándose a su lado. Tenía la falda rota, además de ramitas y hojas por todas partes. Explicárselo a sus padres iba a ser muy divertido.

—Como una ro... sa.

Los chicos muertos empezaron a dispersarse en silencio,

arrastrando los pies de vuelta al bosque por donde cada uno de ellos había venido. Uno, el chico joven del pelo rojo, dejó escapar un extraño sonido agudo, y Phoebe se dio cuenta de que intentaba reírse. La chica de la minifalda sonrió y se despidió, muy alegre y contenta, antes de alejarse dando saltitos por un camino cubierto de agujas de pino.

Phoebe buscó a Colette con la mirada y la vio justo cuando se daba la vuelta para desaparecer dentro del bosque. Al final sólo quedaron Tommy y el gigante.

—Éste es Mal —les explicó Tommy—. Es... grande.

—Hola, Mal —lo saludó Phoebe, y Mal empezó a levantar el brazo—. Tommy, ¿estás herido? Dios mío, ¡te estaban golpeando con esos bates de béisbol! —Mal terminó de levantar el brazo y movió tres dedos. Phoebe se dio cuenta de que la estaba saludando.

Tommy movió la cabeza de un lado a otro.

—Los golpes no dolieron... tanto... como la... idea... de los golpes.

—Tommy —dijo ella, y Adam tosió.

—Cuida de... tu amigo. Y... —Tommy hizo una pausa, pero algo hizo pensar a Phoebe que no era la lentitud de la muerte lo que lo frenaba, sino el intento de encontrar las palabras adecuadas—... dale las gracias... de mi parte.

Vio cómo Tommy se metía en el bosque con Mal detrás, como si fuese una sombra enorme.

9

PHOEBE MIRÓ POR LA SUCIA ventana de la camioneta de Adam, examinando el bosque, pensando en los chicos y preguntándose de dónde habrían salido. No había dormido bien, y que Adam la llevase a clase hacía que los recientes acontecimientos pareciesen aún más surrealistas.

La noche anterior, Adam no había dicho ni dos palabras de vuelta a casa, y aquella mañana era ella la que no quería hablar.

—¿Entiendes lo que pasó anoche? —le preguntó Adam—. ¿Qué fue eso? Ni siquiera conocía a la mitad de los chicos.

—Colette —respondió ella. El corazón le iba tan deprisa que era como haber triplicado la dosis de cafeína de la mañana—. Colette estaba allí.

—Sí, Colette —dijo Adam, después de guardar silencio un momento—. Y la chica del comedor, la reconocí. Pero ¿quién era aquel chico negro tan grande y el que sonreía? ¿De dónde salieron todos?

—No tengo ni idea.

—¿Sabes? Algunos estuvieron viendo el entrenamiento del otro día. No van a nuestro instituto, ¿verdad?

—Algunos sí, pero Mal no.

—Colette no te dijo nada, ¿no?

—No, no me dijo nada.

Adam asintió, como si comprendiese el significado de aquello.

—Sólo puedo decirte que fue muy raro. Es como si viviesen allí o algo... Bueno, como se diga.

—Por no mencionar que te dieron con un bate de béisbol —repuso Phoebe, abrazándose—. Con un bate de béisbol, Adam.

—Sí. Sí, no me había pasado nunca. Me dejó sin aliento.

Phoebe lo miró y vio que su amigo sonreía, como si hubiese sido una aventura.

—Adam, ¿es que el fútbol te ha insensibilizado? ¿Cómo puedes hablar con tanta tranquilidad de lo que pasó?

—No es mi primera pelea —respondió él, encogiéndose de hombros—. Aunque sí la primera con bates.

—¿Eso es lo único que tienes que decir? Vimos cómo le daban una paliza a Tommy. Con bates. Creo que intentaban matarlo.

—Ya está muerto, así que...

—¡Adam! —exclamó ella, lo bastante alto para sobresaltarlo—. ¡Ya me entiendes!

—Vale, vale. Lo siento. Supongo que no lo había visto de ese modo.

—También podrían habernos hecho daño a nosotros si los amigos de Tommy no hubiesen aparecido.

—No creo que lo hubieran hecho, Pheeble. Creo...

—Entonces, ¿está bien machacar a un discapacitado vital?

—No quería decir eso. Creo que...

—Vamos a dejarlo, ¿vale? —repuso ella, volviéndose hacia su ventanilla.

—Lo siento —insistió él, al cabo de un momento—. Supongo que ni siquiera pensé en la amenaza. Es que era todo tan raro...

Phoebe no contestó y siguió mirando por la ventana. A ella también le había parecido raro; conforme pasaban los kilómetros, menos le hubiese extrañado que un discapacitado vital saliese de repente del bosque.

—Por cierto, ¿qué estabas haciendo allí? —le preguntó Adam.

—Prefiero no hablar ahora, ¿vale? —respondió ella, cerrando los ojos con fuerza—. ¿Podemos dejarlo para después?

—Claro, Pheeble —repuso él, tocándola brevemente en el hombro—. Claro.

Phoebe no sabía por qué tenía ganas de llorar. Abrió los ojos y vio docenas de chicos muertos caminando por el bosque camino de la carretera. Parpadeó y desaparecieron. Miró a Adam, tan fuerte y seguro como un roble. «Estaba intentando rescatarme», pensó, y el sentimiento de culpa mitigó la ira.

—Ojalá hubiese podido dormir un poco anoche. —«Justo lo que necesitaba —pensó—. Empezar a tener visiones.»

—Es curioso, pero yo dormí bastante bien. Me va la violencia, ¿sabes?, ir pegándole a la gente, viva o muerta, es bueno para mi paz interior.

—Eres un capullo, Adam —repuso Phoebe, pero, cuando lo miró a los ojos, no pudo evitar una risa nerviosa.

Quería echar una siesta rápida dentro de la camioneta, cálida y segura, pero, cuando volvió a abrir los ojos, Oakvale High ya los esperaba a ellos y a los estudiantes que salían de los autobuses aparcados en la entrada. Adam encontró un sitio en el aparcamiento de estudiantes y se dirigieron al edificio.

Llegaron justo cuando Tommy Williams salía del autobús. Llevaba vaqueros nuevos, zapatillas nuevas y un polo azul marino.

—Nadie diría que le dieron una paliza anoche —susurró Adam.

—No —coincidió Phoebe. La verdad era que tenía muy buen aspecto. Impecable.

Tommy los vio e intentó sonreír. Cuando los saludó con la mano, Phoebe se olvidó de su cansancio.

Margi, que no tenía ni la elegancia social ni la comprensión de Adam, empezó a incordiarla en cuanto la vio.

—¿Qué pasa, Pheeb? Dios mío, estás horrorosa.

—Gracias, Margi. Siempre puedo contar contigo para mejorar mi vacilante autoestima —respondió Phoebe, entre risas.

—No, de verdad —insistió ella, rodeando el hombro de su amiga con el brazo lleno de pulseras—. ¿Qué es? ¿Ha pasado algo?

—Sí, ha pasado algo —dijo ella, arrepintiéndose al instante.

—¿El qué? ¿Qué es?

—Nada —repuso Phoebe, intentando retirarlo—. Era broma. —Su taquilla se abrió a la primera; a lo mejor su suerte estaba cambiando.

—Phoebe, habla conmigo. ¿Te has peleado con tus padres? ¿Con Adam? ¿Quiere salir contigo?

Como Phoebe había pasado mil veces por el interrogatorio de Margi, sabía que, al final, llegaría al tema del «chico muerto».

—Colette —dijo—. Anoche vi a Colette.

La estrategia funcionó; era el único tema que podía cerrarle la boca a Margi, y ni siquiera era mentira. Su amiga entrecerró los ojos bajo las puntas rosas del flequillo.

—Tenemos que hablar con ella, Margi.

Margi se mordió la comisura del labio, la misma comisura que se había agujereado el verano anterior.

—No podías salvarla —le dijo Phoebe—. No murió por tu culpa, no es culpa de nadie. —Margi apartó la mirada, mientras los estudiantes pasaban junto a ellas, de camino a clase—. No reaccionamos bien.

—Lo sé, lo sé —contestó Margi al fin.

—Pero tenemos otra oportunidad. Podemos...

—Lo sé —repuso Margi, alzando la voz—. Lo sé, lo sé, ¡lo sé! ¡Pero no puedo hacerlo ahora!

Se volvió y se alejó por el pasillo a toda velocidad.

Phoebe la observó, preguntándose por qué se había empeñado en fastidiar a todos sus amigos en una sola mañana.

—¡Espera, Margi! —la llamó, corriendo para alcanzarla.

—Ni una palabra más.

—Mis labios están sellados —le aseguró Phoebe mientras entraban en el aula.

Unos minutos más tarde, la voz de la directora Kim surgió de los altavoces después de los anuncios de la mañana para informarles de que habría una asamblea general justo después de la tutoría y de que los estudiantes debían dirigirse sin armar escándalo al auditorio.

Margi, que no era de las silenciosas, se acercó a Phoebe y la cogió por el antebrazo. Llevaba calaveras rosas sonrientes pintadas sobre el esmalte de uñas negro.

—¡Sí! ¡Nos libramos de la clase de historia!

Phoebe le devolvió la sonrisa; Margi siempre se recuperaba rápidamente de las peleas, lo que venía bien para compensar, teniendo en cuenta su temperamento. Sonó el timbre y fueron hacia el auditorio. Los pasillos ya estaban llenos de alumnos. Phoebe vio la cabeza de calabaza de TC Stavis asomar sobre el mar de estudiantes. El auditorio era el doble de grande de lo necesario para el número de matrículas de Oakvale High; Margi y ella acabaron en un par de asientos en el centro de aquella caverna con forma de medio cuenco.

—Bajad hasta las primeras filas —les pidió el señor Allen, sin variar la inflexión de su voz—. Ocupad todos los asientos libres.

Phoebe se dio cuenta de que quedaban algunos asientos vacíos alrededor de los pocos chicos muertos que estaban repartidos por el auditorio.

—¿Es por la recaudación de fondos? —preguntó Margi—. Espero que no. Si lo es, espero que no quieran vender las velas. ¿Quién va a querer comprarlas? ¿Por quince dólares?

A Phoebe no le parecía que tuviese nada que ver con las velas. Vio que la directora Kim, alegre y enérgica con su traje color melocotón, llevaba a dos personas al escenario. La primera era una joven vestida con un traje azul; era rubia, llevaba el pelo recogido en una sencilla cola de caballo y tenía gafas de montura oscura y cristales anchos. Una mujer despampanante.

Se detuvo al borde del escenario para ayudar a su acompañante, un frágil anciano que la cogía del brazo, mientras el señor Hill, el profesor de gimnasia, lo ayudaba por el otro lado. A Phoebe se le daba fatal adivinar la edad de las personas mayores de veinte años, pero calculaba que aquel hombre andaría por los ochenta. Se volvió brevemente hacia la multitud mientras subía muy despacio por la corta escalera, y a Phoebe le resultó familiar la nariz ganchuda y el pelo blanco repeinado.

—¿Quién es el abuelete? —preguntó Margi.

Como no había logrado ubicarlo, sacudió la cabeza.

La directora Kim pidió silencio y presentó a los desconocidos.

—Hoy tenemos entre nosotros a dos personas que han dedicado sus vidas a fomentar la diversidad. Antes de los acontecimientos de los últimos años, el término «diversidad» solía emplearse para describir a las diferentes culturas, religiones, etnias u orientaciones sexuales. En la actualidad, el término también puede aplicarse a los distintos estados del ser. Alish Hunter y su hija Angela han creado la Fundación Hunter para el Desarrollo y la Comprensión de las Personas con Diferente Factor Biótico, y hoy están aquí para hablarnos sobre una emocionante oportunidad para los alumnos de este instituto. Por favor, recibamos a Angela Hunter con un aplauso.

El aplauso empezó con poco entusiasmo, pero subió de volumen cuando los machos del público, con las hormonas alteradas, se dieron cuenta de lo guapa que era Angela Hunter. Con aquel estudiado aspecto de ratón de biblioteca, a Phoebe le recordaba a una joven profesora de un vídeo heavy de los ochenta, la que se arrancaba las vestiduras que la constreñían en cuanto empezaba el solo de guitarra para dejar al descubierto un biquini rosa chicle y un asombroso cuerpo bronceado. La señorita Hunter sonrió poniendo morritos, casi una sonrisa cómplice, lo que sugería que había calculado con precisión la respuesta de la multitud.

—Gracias, directora Kim —dijo—. Y gracias, estudiantes de Oakvale High, por vuestra atención y por permitirme hablaros hoy sobre las personas con diferente factor biótico. Los integrantes de la Fundación Hunter utilizamos la expresión «diferente factor biótico» para referirnos a aquéllos a los que tanto vosotros como otras muchas personas llamáis zombis, cadavéricos, cabezas muertas, los no muertos, comida para gusanos, monstruos, muertos vivientes, los hijos de Romero, y demás apelativos peyorativos diseñados para herir y marginar.

—Buf —susurró Margi. La inquietud hormonal generada por la señorita Hunter se desvaneció gracias a la rapidez y sensatez con la que había lanzado una granada mental a la sala. Phoebe se percató de que casi todos los estudiantes estaban tan callados como..., bueno, como una persona con diferente factor biótico.

—En la Fundación Hunter creemos que incluso el término

«discapacitado vital», aunque se creara con la mejor de las intenciones, es peyorativo, ya que implica que las personas que, a pesar de no estar vivas, siguen entre nosotros, están rotas o son defectuosas. De la misma forma que el término «discapacitado» acabó considerándose un insulto para las personas con capacidades diferentes, el término «discapacitado vital» también es un insulto para los que llevan vidas con diferente factor biótico.

»Sin embargo, en la Fundación Hunter no creemos que, para el diálogo sobre la comprensión y la integración de las personas con diferente factor biótico, baste con definir sus términos. Una cosa es crear el lenguaje apropiado para el discurso y otra desarrollar la cultura hasta alcanzar la aceptación, y creemos que la forma correcta de lograrlo es utilizando la ciencia, tanto la ciencia pura tradicional como las ciencias sociales.

—¿Queé? —comentó Margi, pero Phoebe la mandó callar.

—Creemos que las personas con diferente factor biótico están, de hecho, vivas..., aunque todavía nadie sabe cómo es posible. Parte de nuestro trabajo en la fundación consiste en descubrir cómo funciona una persona con diferente factor biótico, desde el punto de vista biológico. Sin embargo, también deseamos descubrir cómo funcionan desde una perspectiva psicológica. Estas personas, por su factor biótico, pertenecen a un grupo cultural muy reducido. Son una verdadera minoría, y la condición de minoría tiene, sin duda, unas profundas implicaciones psicológicas.

«Loqueros para los no muertos», pensó Phoebe.

—Otra de las funciones de nuestra fundación, la función en la que más podéis ayudarnos, es utilizar los resultados de nuestros estudios y pruebas de manera práctica. Nuestro objetivo es la integración completa de las personas con diferente factor biótico en la sociedad. Soñamos con un mundo en el que una persona con diferente factor biótico pueda caminar por una calle abarrotada sin miedo. Entendemos que, para hacer realidad nuestro sueño, también las demás personas de esa calle abarrotada deben ser capaces de caminar por ella sin miedo de sus conciudadanos con diferente factor biótico. Para lograrlo, pedimos voluntarios que participen en nuestro laboratorio de formación.

Vuestro instituto es único en Connecticut, ya que tenéis el índice más alto de personas con diferente factor biótico per cápita; por lo tanto, tenéis tanto la responsabilidad como el privilegio de ayudar a enseñar al resto del país y del mundo lo que las personas con DFB (es decir, con Diferente Factor Biótico) tienen que ofrecer, y viceversa.

»Os damos la oportunidad de aprender más sobre vosotros y sobre los que no son como vosotros. La Fundación Hunter, aunque cuenta con una economía sólida, no disfruta de un gran apoyo oficial. El tema de los derechos de las personas con DFB sigue siendo una bomba política. Comprendemos que unirse a nosotros exige cierto grado de valentía y fortaleza emocional, pero los que estéis interesados en adoptar una actitud social positiva, a riesgo de atacar las normas de la sociedad, descubriréis que trabajar con nosotros puede resultar una experiencia muy gratificante.

»Tenemos algunos amigos en el terreno político y hemos logrado la homologación de nuestro programa de prácticas. Los que os apuntéis recibiréis créditos de nivel avanzado, siempre que prestéis toda vuestra atención al programa.

Guardó silencio un momento para que la información calase. Phoebe se preguntó si bastaría con el cebo de los créditos para interesar a alguien. A muchos de los estudiantes de la audiencia les asqueaba el tema, así que miró a su alrededor para ver qué pensaban los estudiantes con «diferente factor biótico» sobre el curso.

—Las prácticas tienen dos partes. En primer lugar, tendréis que trabajar. Contamos con varios puestos que necesitamos cubrir en la fundación: de administración, mantenimiento y seguridad. Se os pagará por vuestro tiempo. En segundo lugar, participaréis en una reunión semanal centrada en el tema que nos ocupa, en la que estudiantes de factor biótico tradicional se encontrarán en una discusión moderada con estudiantes con DFB. El objetivo siempre será la aceptación; entendemos que el camino a la aceptación sólo puede recorrerse gracias a la comprensión mutua. —Hizo una pausa, disfrutando del silencio de la sala—. ¿Alguna pregunta?

Se levantaron muy pocas manos. Angela señaló a una, en las primeras filas.

—¿Qué quiere decir con «diferente factor biótico»? ¿Está diciendo que los chicos muertos están vivos?

Phoebe no veía a la chica que había hecho la pregunta, pero sí la sonrisa irónica de la señorita Hunter.

—No —respondió—, estoy diciendo que tienen un factor biótico diferente..., que no viven de la misma forma que tú o que un champiñón, por ejemplo. —Phoebe sonrió, y los chicos más listos del instituto se rieron—. Lo cierto es que no entendemos la biología de las personas con DFB. Es uno de los campos que nuestra fundación pretende explorar.

—¿Por qué sólo los adolescentes vuelven convertidos en zomb... en personas con diferente factor biónico?

—Biótico. Todavía no lo sabemos; ni tampoco por qué el fenómeno sólo parece tener lugar entre los chicos estadounidenses. Sin embargo, seguro que eso nos da alguna pista; una de las teorías más populares afirma que los procesos de inmunización por los que pasan los niños estadounidenses disparan de algún modo el proceso.

La señorita Hunter señaló con la cabeza a una chica que estaba en los asientos cercanos a la parte delantera de la sala.

—Mi padre dice que no es natural que la gente vuelva de la muerte. Dice que en la Biblia sale que los muertos se levantarán de sus tumbas, y que eso significa que el mundo se acabará pronto.

La señorita Hunter frunció el ceño, pero a Phoebe le pareció que era más por concentración que por disgusto.

—Con todo el debido respeto por las creencias de tu padre —contestó, sin salirse de tono—, en nuestros exhaustivos estudios no hemos descubierto nada que sugiera que el fenómeno de las personas con DFB sea una señal del Apocalipsis. Por supuesto, podríamos equivocarnos, pero preferimos considerar el asunto como un rompecabezas científico, más que como un acertijo metafísico.

Había un brazo pálido entre los pocos levantados y, cuando la señorita Hunter sonrió y lo señaló, la pregunta tardó en llegar. Phoebe notó que Margi contenía el aliento a su lado.

Colette.

—¿También... pueden... unirse... chicos... muertos?

Phoebe pensó que todos los comentarios de Colette después de su fallecimiento cabían en un solo Post-it.

La respuesta de Angela fue efusiva.

—Por supuesto. Como he dicho, Oakvale High tiene el honor de ser el primer instituto del estado en crear un programa de estudios sobre las personas con DFB. Creo que la experiencia será más gratificante para todos si contamos con bastantes participantes de esas características. —Se centró en Colette mientras hablaba, como si la calidez de su sonrisa pudiera devolverle algo de color a sus pálidas mejillas muertas—. Creo que tenemos tiempo para otra pregunta... Sí, el de la sudadera azul.

—¿Cuánto pagan?

—Seguramente ganarías más en el centro comercial —respondió la señorita Hunter, riéndose—. Pero las prácticas educativas quedarán mejor en tu solicitud a la universidad que un trabajo a tiempo parcial vendiendo rollos de canela en Cinnabon.

La directora Kim se unió a Angela en el estrado. La invitada esperó a que acabaran las risas educadas y dijo:

—Gracias a todos por darnos la oportunidad de hablar hoy aquí. Espero ver a muchos de vosotros en la fundación.

La directora Kim empezó a aplaudir y permitió a los estudiantes hacer lo mismo con desgana durante unos cuantos minutos antes de hablar sobre el funcionamiento del proceso de solicitud, los requisitos y el número máximo de participantes.

—La señorita Hunter y yo os entregaremos las solicitudes delante del escenario o, si lo preferís, en mi despacho. Hay que devolverlas antes del viernes.

—Bueno, a pesar de todo, ha sido mejor que historia —comentó Margi—. Qué pena que no perdamos también lengua. Phoebe... ¿a dónde vas?

Phoebe la miró, pero guardó silencio y se unió a los pocos chicos con diferente factor biótico que caminaban en dirección contraria a la marea de estudiantes ansiosos por salir del auditorio. Vio a Tommy, Colette, el chico al que había visto en el bosque la noche anterior (Evan) y unos cuantos más. Adam esperaba al final de una de las filas de asientos.

—¿Vas a apuntarte? —le preguntó Phoebe.

—Sí, ¿y tú?

—Ajá.

No había muchos interesados, pero aquello no hizo que vacilase la cálida sonrisa de Angela Hunter al entregarle la solicitud, que consistía en tres hojas de papel grisáceo sujetas con una grapa.

—¿Podría llevarme dos? —le preguntó a la científica—. A lo mejor puedo convencer a mi amiga para que se una.

—Llévate un taco entero —respondió la señorita Hunter, entregándole más copias—. No creo que las necesitemos todas.

Phoebe pasó junto a Colette en el camino de vuelta, y Colette pareció verla por primera vez desde su muerte.

Le dio la impresión de que intentaba sonreír.

Pete Martinsburg no sonreía. Se había pasado toda la reunión mirando fijamente a la rubia sexy.

No había dormido bien desde la debacle en el bosque y, cuando conseguía dormir, soñaba con Julie, pero no con la Julie del amor adolescente, los helados de cucurucho y los trece años, sino con la Julie muerta y vuelta a la vida. Soñaba que paseaba con Julie de la mano, pero en realidad no era la mano de Julie, sino la de Tommy Williams.

«Puede que ella no regrese», le decía el Tommy de la pesadilla. Pero, en el sueño, era Pete el que se movía despacio; el Tommy de la pesadilla se metió rápidamente en el coche que Pete había estado conduciendo todo el verano, el coche en el que nunca se había sentado con su padre.

«Ahora ya sabes cómo es... —oyó decir a la fría y hueca voz de su cabeza, mientras el zombi arrancaba el coche— ...estar muerto.»

El coche aceleró a la velocidad de la luz hacia un muro de ladrillo que había surgido del asfalto y se estrelló formando una nube amarilla que estalló en llamas; Pete se despertó con los gritos de Julie y la risa del chico muerto retumbándole en la cabeza.

Pero, obviamente, Julie, la Julie real, no la Julie cenicienta de ojos vacíos que caminaba por sus sueños, no había podido gritar. El simpático padre de Pete le había dado la noticia con su tacto habitual, por teléfono, con un continente entre él y su hijo. Había llamado en Navidades; se lo soltó justo después de que Pete intentara contarle que había sido todo un héroe futbolístico aquella temporada, los placajes que había hecho y las intercepciones que había logrado para los Badgers.

—Ah, oye, Pete —le dijo su padre. Pete recordaba la conversación con todo lujo de detalles, igual que recordaba todas las conversaciones que había mantenido con su padre después de la separación—. Oye, ¿recuerdas a esa chica, Julie, con la que jugabas este verano? —«Jugaba», como si hubiesen estado jugando al escondite—. ¿La hija de Marissa? ¿Te acuerdas de Marissa, la mujer con la que salía? —Pete la recordaba, y su miedo crecía. Su padre sólo daba buenas noticias cuando no decía nada—. Bueno, pues su hija, Julie, murió como dos semanas después de que volvieses con tu madre. Una pasada. Tuvo un ataque de asma descomunal. Dicen que lo provocó una picadura de araña o algo así.

«Una pasada.»

Observó a Angela Hunter reírse con Layman y Pantisnegros, y el bolígrafo con el que había estado tamborileando sobre el respaldo de la silla que tenía delante se le rompió en la mano, derramándole encima una gran burbuja de tinta azul.

Se limpió la tinta en el cojín del asiento de al lado. Su padre no tenía ni idea de lo que Pete sentía por Julie, igual que no tenía ni idea de que Pete nunca volvería a sentir nada parecido por nadie.

La triste historia de Dallas Jones, el primer zombi, llegó a los medios unas semanas después de que su padre le diese la noticia de la muerte de Julie. Al principio, Pete se había aferrado en secreto a la esperanza de que Julie regresara, pero, cuando no lo hizo, tampoco se sorprendió. La gente nunca se iba del todo de la vida de Pete, pero tampoco «regresaba» de verdad.

Tenía la mano azul desde la base del meñique hasta la muñeca. Los alumnos habían empezado a salir del auditorio, pero no Morticia Pantisnegros, que todavía estaba con la rubia sexy, intentando entregar hojas de solicitud. Phoebe tenía algo que le recordaba a Julie.

No estaba seguro de por qué Pantisnegros le provocaba aquella sensación. Julie no tenía absolutamente nada de gótica, ni tampoco era de las que se ponían vestidos y botas. Sin embargo, había algo..., una expresión, una sonrisa. Algo.

Se quedó mirando a Phoebe un rato y después se fue a lavarse las manos en el gran servicio que había junto al auditorio. Puso el agua tan caliente como pudo, se echó seis chorros de jabón de manos rosa en las palmas y restregó bien. Entonces se abrió la puerta del servicio y oyó a alguien entrar arrastrando los pies. Frunció el ceño, levantó la mirada y se encontró con la cara gris azulado de Tommy Williams reflejada en el espejo manchado.

—Creía que no usarías mucho este cuarto —comentó Pete, sonriendo mientras sacudía las manos sobre el lavabo—, teniendo en cuenta que tus partes ya no funcionan. No te funcionan, ¿verdad?

Observó cómo Williams abría y cerraba los puños.

—Déjame... en paz —le dijo el chico muerto, y su extraña voz retumbó en las tuberías y los azulejos—. Deja a... Phoebe... en paz.

Pete pensó en secarse las manos en la camiseta del chico muerto, pero la idea de acercarse a su cuerpo sin las hombreras y las cintas de por medio le daba náuseas.

—Tú eres el que tendría que dejarla en paz, monstruo.

Tommy dio otro paso hacia Pete, y Pete se asustó durante un segundo, porque la verdad era que no sabía qué podía hacer si el zombi lo atacaba o intentaba pegarle. No lo asustaba pelearse con nadie del instituto, desde Adam para abajo..., siempre que se tratara de alguien vivo, claro. Había probado media docena de formas diferentes de hacerle daño en los entrenamientos, pero el zombi se lo había quitado de encima como si fuese una gota de sudor.

—Sé... lo que estás... pensando —dijo Tommy, alzando la comisura de los labios en un enfermizo intento de esbozar una sonrisa—. Estás pensando...: «¿Qué... hago... si... me pega? ¿Qué hago.. si... me pone las... manos... encima?».

—No puedes meterte en mi cabeza —repuso Pete, pero vio que Tommy levantaba la mano y tapaba el interruptor de la luz. El chico volvió la vista hacia la puerta; no quería estar a oscuras con el zombi, ni en aquel cuarto de baño, ni en ninguna parte, nunca.

—Ya estoy en tu... cabeza —respondió Tommy, con un susurro mordaz. Pete notó el soplo de aire en la mejilla y se estremeció—. Intenta lo que quieras en el entrenamiento. Sólo sirve para... hacerme... más fuerte. Pero no... amenaces... a mis amigos.

Aunque Pete estaba a punto de responder, no encontró las palabras para hacerlo y, entonces, las luces se apagaron. Lanzó un puñetazo al aire, sin golpear nada, y otro más con el mismo resultado; después se cubrió, esperando una lluvia de golpes que no se produjo. Un segundo después, la puerta de los servicios se abrió y el cuarto se iluminó con la claridad del bullicioso pasillo.

Tanteó la pared a oscuras y encendió las luces justo antes de que entrara Norm Lathrop. Norm vaciló al ver a Pete, probablemente dándole vueltas a si debía huir por donde había venido antes de que el otro chico pudiera aterrorizarlo.

—Quítate de en medio —le dijo Pete. Cogió una toalla de papel del dispensador y se secó la frente.

—Lo siento —repuso Norm, que estuvo a punto de dar un bote de camino a los urinarios.

«Tengo que hacer algo con esos malditos zombis», pensó Pete, abriendo la puerta del servicio de un puñetazo.

10

—BUENO —DIJO PHOEBE, metiéndose en el asiento de la ventanilla. No había muchos estudiantes en el autobús, pero Margi y ella solían compartir uno de los asientos dobles.

—Bueno, ¿qué?

—Bueno, ¿qué te parece?

—¿El qué? —preguntó Margi, que estaba haciéndose la obtusa.

—La reunión, atontada.

—Ah, no lo sé —repuso; después sacó su iPod de la mochila y empezó a revisar la larga lista de bandas.

—Me voy a apuntar —dijo Phoebe, suspirando—, si me admiten.

—Ya me lo imaginaba —respondió Margi. Eligió una canción del álbum en solitario de M. T. Graves, *All the Graves Are Empty Except Mine* y subió el volumen hasta que las dos pudieron oírlo, un débil gemido por encima del traqueteo del autobús—. Te admitirán.

—¿Te lo imaginabas? —repitió Phoebe, dándole a su amiga con el hombro—. Tú y yo contra el mundo, ¿eh, Margi?

—Sí. Sé por qué has estado quedándote después de clase, Pheebes. Sé que no tiene nada que ver con el trabajo de historia.

—Ah. Pero sí que terminé el trabajo.

Margi le devolvió el toque en el hombro, como si le agradeciese que no se inventara una tapadera estúpida que las avergonzase a ambas. La mirada de Margi solía tener un punto duro, pero, en aquellos momentos, era cariñosa y parecía asustada.

—¿Qué pasa entre vosotros dos?

Phoebe se volvió hacia la ventana; ya habían llegado a las carreteras rodeadas de árboles. No vio balancearse entre los abedules y los robles a ningún zombi (bueno, a ninguna persona con diferente factor biótico).

—No sé qué pasa entre nosotros. No sé si pasa algo. Hay una conexión, no sé cuál. Nos estamos comunicando, y a ninguna de las dos nos pasa eso a menudo con nadie, esté vivo o muerto.

—Es lo que hemos elegido, más o menos —coincidió Margi.

—Más o menos.

Guardaron silencio durante unos minutos, lo que era muy raro en Margi.

—¿Te apuntarás conmigo? —le preguntó Phoebe, y Margi se encogió de hombros—. Venga, Gee —insistió—. Somos las Hermanas Raras, ¿no?

—Menos una —susurró Margi, apoyando la cabeza en el hombro de Phoebe.

—Gee...

—No, lo sé, lo sé. Quizá sea bueno. Puede que aprenda a hablar con ella o algo.

—¿Con Colette?

—Sí, con Colette.

—Puede. Puede que sí. Eso estaría bien, ¿verdad?

—Claro. Pero es muy raro, ¿sabes? Está pasando algo, algo se mueve. ¿Por qué no hay ningún chico muerto en el autobús hoy? Ni Colette, ni tu amigo, ni el otro. No tienen coche.

Phoebe miró a su alrededor. Los chicos muertos nunca perdían el autobús de vuelta. Margi tenía razón, era raro.

—Ni me había dado cuenta.

Margi se movió sobre su hombro, como si asintiera. Y se frotó un ojo.

—No tengo encefalograma plano del todo, ¿sabes? También veo cosas.

—Ya lo sé, Gee.

—¿Me avisarás si... Tommy y tú os hacéis algo más que amigos?

—Te avisaré. Ni siquiera sé si somos amigos.

—Pheebes y Gee contra el mundo, ¿no? —dijo Margi, sorbiéndose los mocos.

—Eso —afirmó Phoebe, rodeándole los hombros con el brazo.

El viejo autobús se detuvo con un gruñido delante de la casa de Phoebe, y Rae, la conductora, anunció:

—Buenas noches, señoritas.

Era lo que decía siempre que desembarcaban. Rae no discriminaba, se despedía por igual de todos los estudiantes, tanto vivos como muertos.

Gargoyle las recibió en la puerta, moviendo el trasero con regocijo perruno cuando Margi se agachó para cogerlo en brazos y dejó que le lamiese la cara.

—Ten cuidado —la avisó Phoebe—. El maquillaje es venenoso para los cachorros.

—Cierra la bocaza y coge algo para picar. Me llevo a mi niño guapo a la calle.

Phoebe encendió el equipo de música y la casa se llenó con las canciones de The Empire Hideous. Sacó una cafetera del frigorífico y sirvió el café en vasos altos con mucha nata, mucha azúcar y mucho hielo, porque así era como les gustaba. Había una bolsa de patatas fritas, una caja de galletas saladas y un poco de hummus.

Margi volvió con *Gargoyle* y empezó a cantar con Myke Hideous; su voz ronca pegaba bien con la entonación lúgubre del cantante. Phoebe sonrió con cariño.

—¿Qué bebida toca hoy? —preguntó Margi, dejando a *Gar* en el suelo; el perrito se dirigió al sofá y se subió a él de un salto.

—*Crème brûlée* —respondió Phoebe, acercándole la bandeja a Margi para que cogiera uno de los vasos.

—Mmmm, está dulce.

—Será por todo el azúcar que le he puesto.

—Sí, buena elección. Bueno, ¿qué hacemos, aparte de «cafeinarnos»?

Phoebe llevó la bandeja a la mesita de centro y se sentó al lado de *Gar*, que se puso boca arriba para que le rascase la barriga.

—La semana pasada grabé una cosa. Se me ocurrió que podríamos verla juntas.

—Oh, oh. Mis sentidos arácnidos me dicen que es una trampa.

—Jo, Margi, estoy impresionada. Primero bilocación, y ahora clarividencia. Tus poderes telepatéticos están que se salen.

—Es por ese vínculo psíquico que compartimos, porque, si algo se puede decir de ti, es que no eres predecible. Que le hagas ojitos a un chico muerto no lo podía predecir ni yo.

Phoebe le tiró un cojín.

—El programa lo echaron en la CNN. Se llama *Los jóvenes no muertos de América.*

—Empiezo a ver un patrón en esto —repuso Margi, dejándose caer a lo burro a su lado, con *Gar* entre las dos—. Supongo que no podemos limitarnos a escuchar a Empire Hideous y punto, ¿no?

—No. Hoy vamos a desarrollar nuestra conciencia social. Es algo de actualidad. He oído que las personas con diferente factor biótico están de moda.

—Ya, yo también.

Phoebe encendió el reproductor con el mando a distancia mientras utilizaba el mando del equipo de música con la otra mano para apagarla.

—Se te da bien, deberías haber nacido tío —comentó Margi.

—Soy demasiado mona. Y me gusta oler bien.

El programa empezó con un montaje narrado por alguien que dominaba el tono lúgubre y monocorde. Después echaron un breve resumen del vídeo de Dallas Jones con algunas explicaciones sobre el inicio del fenómeno de los discapacitados vitales, combinadas con grabaciones de audio del reverendo Nathan Mathers, que parecía pensar que el regreso a la vida de los muertos era una señal segura del Apocalipsis. El montaje finalizaba con el narrador sugiriendo que, como con cualquier nueva tendencia en la sociedad estadounidense, alguien intentaría beneficiarse del fenómeno; después pusieron a un hombre bien vestido y de amplia sonrisa firmando ejemplares de un libro llamado *Los muertos no tienen vida: lo que los padres necesitan saber sobre sus hijos no muertos*.

Phoebe se restregó las sienes.

—Poderes telepatéticos en acción —dijo, e intentó imitar la voz del narrador—: «De lo que no cabe duda es de que el fenómeno de los discapacitados vitales ha hecho que se tambaleen los cimientos de la sociedad americana».

—De lo que no cabe duda —siguió el narrador— es de que la presencia de los discapacitados vitales ha alterado para siempre el estilo de vida americano..., por así decirlo.

Margi se rió.

—¡Lo has visto antes, fijo!

—Fijo que no —respondió Phoebe—. Si vieras las noticias de vez en cuando tú también podrías predecirlo. Y harías la voz mejor que yo.

—Le falta la chispa de la vida, por así decirlo.

—Está muerto y enterrado, por así decirlo.

—Efectivamente, Phoebe, tiene mejor vocabulario que tú.

—Así es, Margi, los vecinos aseguran que se veía venir.

Siguieron bebiendo café mientras comenzaba el vídeo de Dallas Jones.

—Puaj, lo odio —comentó Margi conforme avanzaba la familiar imagen granulosa en blanco y negro. Dallas Jones entró en la tienda, sacó una pistola del bolsillo de su abultada cazadora negra y apuntó a la dependienta. No se oía nada, pero estaba claro que le gritaba.

Dallas se volvió para mirar a la calle y, en cuanto lo hizo, una bala le alcanzó en el pecho, levantando una nube de humo. El chico salió disparado hacia atrás un metro y medio hasta darse contra una estantería llena de aperitivos y una pirámide de latas de refresco.

—Da igual cuántas veces lo vea, no me acostumbro —dijo Margi.

Phoebe asintió. La imagen del asesinato de Dallas Jones era más perturbadora que lo que venía después, por mucho que lo de después hubiese «alterado para siempre el estilo de vida americano».

El que había disparado, el dueño de la tienda, salió de detrás del mostrador agarrando la mano de la dependienta que, además, era su mujer. Ahmad Qurati se pasaría la vida recibiendo críticas por el riesgo que corrió al disparar a un ladrón mientras el hombre apuntaba a la cabeza de su esposa. También lo criticarían por no acercarse a Jones para comprobar si lo había matado; el vídeo mostraba cómo salía por donde había entrado Jones y cerraba la puerta con llave..., otra acción que no tenía mucho sentido. El departamento de policía también había recibido lo suyo por tardar dos horas y siete minutos en llegar a la escena, a pesar de que los informes dejaban claro que Qurati había llamado a la policía una hora y cincuenta y tres minutos después de cerrar la puerta principal.

La CNN se saltó parte de la grabación, hasta llegar al minuto 109. Jones estaba casi oculto por la estantería de patatas fritas, aunque sí se le veía claramente una pierna torcida, parte de un brazo y un charco oscuro que se había extendido por el suelo durante los primeros segundos de la grabación.

En el minuto 109, el vídeo volvía a la velocidad normal y enseñaba cómo la pierna de Dallas se movía. La estantería cayó al suelo, no como si alguien la levantase y la lanzase, sino como si se la quitase de en medio sin más. El brazo se alzó del suelo mientras, aparentemente (resultaba difícil saberlo porque casi todo ocurría fuera de cámara), Dallas se ponía en pie.

—Dios mío —dijo Margi.

Un minuto después, Jones apareció en pantalla y siguió caminando sin levantar las suelas de las zapatillas de caña alta del suelo. La cámara le apuntaba a la ancha espalda, y se veía que la cazadora estaba rota y echaba plumas oscuras por el agujero del disparo. Caminó hasta darse contra la puerta de cristal. No intentó abrirla y, al cabo de un momento, se volvió y siguió arrastrando los pies por donde había venido, hacia la cámara.

El narrador empezó a hablar mientras avanzaba el vídeo, contando la triste biografía de Dallas Jones, vándalo adolescente. A Phoebe se le puso la carne de gallina a la espera del momento que había dado lugar a cientos de tesis doctorales y, cuando se produjo, la CNN lo congeló y aumentó la imagen, lo que hizo que fuese el doble de granulosa, aunque también el doble de eficaz.

Phoebe siempre se había preguntado por qué Dallas Jones levantó la mirada hacia la cámara al final de su segunda vuelta infructuosa por la tienda. La imagen creció hasta que sus ojos llenaron la pantalla del televisor, de modo que se distinguía cada uno de los píxeles.

—Dallas Jones fue el primero —dijo el narrador, y sustituyeron la imagen de los ojos de Dallas por otras grabaciones igual de malas de otras personas muertas moviéndose por ahí; después pusieron los reportajes de varios periodistas informando *in situ* sobre el regreso de una docena de no muertos.

—No enseñan la parte en la que entran los polis —comentó Margi. Phoebe había estudiado el vídeo completo; Qurati después de hacerse un lío con las llaves, abrió la puerta de la tienda, y dos policías entraron y derribaron a Jones. Cuando llegaron los servicios médicos unos minutos más tarde, uno de los polis estaba cubierto de sangre, y no era suya.

—¡Arrepentíos! —decía el reverendo Nathan Mathers. Gritaba, escupiendo saliva—. Arrepentíos, porque el final está cerca. ¡Las tumbas devuelven a sus muertos y sin duda el Señor estará pronto entre nosotros!

—Me dan pena los que están en primera fila —comentó Phoebe. Margi, a su lado, se abrazó a *Gar*.

—Odio que saquen eso —dijo.

La siguiente imagen fue aún más horrible. El vídeo se movía, como si la cámara estuviese atada a un niño hiperactivo, pero la imagen que ofrecía se distinguía fácilmente y resultaba aterradora. Dos hombres con bidones de gasolina rociaban con ellos a una discapacitada vital muy lenta, a la que primero habían atado al poste metálico clavado en hormigón de una canasta, como los de los colegios. La chica ardió en llamas amarillas y pareció agitarse con más fuerza, pero pudo ser efecto del fuego que la rodeaba. Mathers seguía dando su discurso de fondo.

—Dios mío —repitió Margi, y guardaron silencio durante el resto del programa, incluso cuando Skip Slydell, el joven autor, empezó a hablar sobre cómo los padres deberían educar a sus hijos con diferente factor biótico y ayudarlos a integrarse en una sociedad que todavía no contaba con la legislación necesaria para evitar que los quemasen en la estaca.

11

HABÍA TRECE NOMBRES en la lista de estudiantes aceptados en la Fundación Hunter. Phoebe Kendall era la tercera de la lista, justo debajo de Tommy Williams y Karen DeSonne. Colette iba detrás, seguida de Margi y Adam.

Phoebe se volvió, muy animada, pero estuvo a punto de toparse con los brazos de Pete Martinsburg, que la apartó contra la pared.

—Deberías mirar por dónde vas, Pantisnegros —le dijo él, amenazante. Ella iba cargada de libros y él tenía las manos libres, la izquierda cerrada en un puño—. Y también deberías tener cuidado con lo que haces.

A Phoebe se le encendieron las mejillas de rabia y vergüenza..., y también de miedo. Al fin y al cabo, tenía delante a un chico al que no le importaba pegar a uno de sus compañeros con un bate de béisbol. Margi ya le habría arañado la cara con sus uñas rosa chicle, bufando como un gato, pero a ella le daba miedo que le hiciese daño y en la cara de Pete veía que estaba dispuesto a hacérselo.

—Hacía tiempo que no te veía tanto color en la cara. ¿Estás asustada, chica muerta? —le preguntó, sonriendo—. Haces bien.

Phoebe se sintió encoger bajo el peso de su mirada. Llevaba botas altas hasta la rodilla, lo que le habría ido muy bien de poder haberle golpeado la entrepierna con ellas. Por desgracia, la falda que llevaba era estrecha hasta los tobillos y apenas le permitía andar, así que nada de pegar patadas.

Le vino a la cabeza claramente el sonido del bate de Martinsburg al atravesar el aire de camino a la carne de Tommy. Notó que tenía los puños cerrados.

Martinsburg arrancó la lista de la pared, rompiendo la esquina que estaba pegada con cinta adhesiva; la dobló dos veces y se la metió en el bolsillo.

—Todos los de la lista se arrepentirán de haber oído hablar de esa clase —dijo.

Después se alejó por el pasillo y Phoebe lo observó mientras las lágrimas de frustración se le acumulaban en los rabillos de los ojos. Podía entrar en la oficina y contarle a alguien lo que había pasado; podía buscar a Adam, y seguro que él quería charlar un rato con Martinsburg. Al final se limitó a secarse los ojos y preguntarse qué haría Martinsburg cuando viera el nombre de Adam Layman al final de la lista.

Margi encontró a Phoebe en el pasillo. El rubor de las mejillas de Phoebe parecía haber desaparecido, porque Margi se comportaba de nuevo como siempre, hablando a toda pastilla para contarle la atrocidad cometida por el señor McKenna en la clase de español aquella misma mañana; al parecer no había anunciado un examen sorpresa, o algo parecido.

—Por eso los llaman exámenes sorpresa, ¿no? —comentó Phoebe—. Porque son sorpresa.

—Sigue sin ser justo. Hablando de sorpresas, ¿cuándo van a poner la lista de las prácticas? Bueno, no es que quiera hacerlo ni nada, pero soy tu mejor amiga, y supongo que quedará bien en la solicitud a la universidad. Y no serán muy duros con las notas, ¿no? Quiero decir, que las notas serán una formalidad en esas cosas, ¿verdad? No quiero hacerlo si me van a poner mala nota.

—Ya han puesto la lista. La han arrancado.

—¿Ah, sí? ¿Quién habrá sido? ¿Algún imbécil que no ha entrado? Bueno, mejor me callo, ¿y si no he entrado yo? ¿Sabes quién ha entrado?

—Has entrado, y yo también.

—Viva —repuso Margi, con falso entusiasmo, dando palmadas para que sus cientos de pulseras tintineasen siguiendo un suave ritmo—. ¿Quién más? ¿Alguien tan guay como nosotras? Como si fuera posible...

—Tommy, Adam —respondió Phoebe, sonriendo al ver que Margi hacía una mueca—. Colette. Thornton Harrowwood se ha apuntado, por algún motivo. También vi a esa discapacitada vital... a esa chica con diferente factor biótico en la lista: Karen, la de apellido impronunciable. Sólo han aceptado a trece.

—De nuevo formamos parte de la élite —respondió Margi, dándole un toquecito en el hombro que Martinsburg acababa de empujar—. Aunque está claro que sólo se presentaron trece.

* * *

Los trece se convirtieron en doce antes del primer viaje en autobús desde Oakvale High a la Fundación Hunter, un paseo corto a través del bosque cercano a la frontera con Winford.

—He oído que sus padres se negaron a firmar la autorización para que viniera —comentó Margi sobre la deserción de última hora.

—¿Es otra vez clarividencia? —preguntó Phoebe—. ¿O telepatía?

—Cuando revelas algo que ya ha pasado se llama adivinación —respondió Margi, sacudiendo la cabeza—. Pero no, en realidad se lo oí decir a una de las secretarias del instituto, que se lo contaba a la señorita Kim.

—Bueno, qué padres más progresistas.

—Vivimos tiempos progresistas, Pheebes, querida.

En la tutoría descubrieron que se perderían su séptima clase..., que para Margi era hora de estudio, así que no le gustó mucho tener que ir a una clase de orientación. Phoebe sentía algo parecido a los días y horas anteriores al concurso de talentos de séptimo curso. A veces las mariposas en el estómago sólo servían para marearte; otras veces te hacían saber que iba a pasar algo bueno.

Los chicos muertos estaban esperando cuando llegó a la biblioteca para la clase de orientación. Los vio a través de las ventanas rayadas, sentados en un anillo irregular de sillas dentro del área de estudio. La directora Kim esperaba junto a la puerta con una carpeta.

—Hola, Phoebe —le dijo, pasándole la carpeta—. Por favor, firma en la línea, al lado de tu nombre.

Phoebe lo hizo. Los chicos muertos ya habían firmado. Como no eran famosos por sus habilidades motoras, las «firmas» eran básicamente letras mayúsculas que parecían hechas a navajazos con un bolígrafo. El nombre de Tommy era el único que entraba dentro de las líneas, y las letras eran regulares y de altura uniforme.

—Hola, Pheeble —la saludó Adam, que la asustó al quitarle la carpeta. El viejo Adam era más conocido por su torpeza que por su sigilo, pero le encantaba pegarle sustos.

—Señor Layman, por favor... —empezó la directora Kim.

—Firme en la línea de puntos, sí, señora —la interrumpió él, garabateando un nombre que no resultaba mucho mejor escrito que las marcas de los discapacitados vitales.

—¿Por qué no tomáis asiento?

Phoebe observó cómo Adam examinaba la sala. Si estaba inquieto, se le daba muy bien disimularlo, aunque sí que notó el leve encogimiento de hombros cuando hizo un gesto a Phoebe para que lo siguiera al interior.

Tommy estaba sentado en una de las ruidosas sillas de madera de la biblioteca, con los hombros hacia atrás y la cabeza derecha. Phoebe pensó en la última vez que se había visto rodeada de discapacitados vitales y reconoció a unos cuantos: Colette estaba sentada en un futón acolchado junto a la chica del pelo rubio platino con mechas, la del bosque.

—Hola, Tommy —dijo Phoebe—. Hola, Colette. —Saludó con la mano a los otros chicos, mirándolos brevemente a los ojos uno a uno. La chica del pelo rubio platino le devolvió el saludo casi sin vacilar.

—Hola, Phoebe —respondió Tommy—. Adam.

—Hola, Tommy. Hola a todos. —Adam se sentó en el último de los sillones verde lima, lo que dejaba a Phoebe una de las sillas de madera. Su silla chirrió al sentarse. Adam se rió y ella le hizo una mueca.

Margi entró en el silencioso vestíbulo como un pequeño remolino negro y rosa, agitando la falda y moviendo las pulseras.

—*Oh-Dios-mío*, ha sido la clase de historia más larga del mundo. Creo que me he convertido en figura histórica en el tiempo que ha tardado en acabar.

Se detuvo en seco, como si se diese cuenta de repente de dónde y con quién estaba. Saludó muy bajito y suspiró aliviada al ver entrar a Thornton Harrowwood, que quiso chocar los cinco con Adam y con Tommy. Hubo un momento de tensión en el que Tommy se quedó mirando la mano de Thorny como si se preguntara para qué servía, pero al final le dio la palmada.

Thornton había sido el último en llegar, lo que significaba que otra persona más se había rajado. La directora Kim condujo a Angela Hunter y su padre, Alish, a la habitación. La señorita Hunter llevaba una falda azul celeste que le llegaba a las rodillas, y Phoebe pensó que aquellas piernas le acelerarían el corazón hasta a los muertos. Tommy la observaba desde el otro lado de la sala. La silla de la mujer ni siquiera crujió cuando se sentó en ella.

—Bueno —dijo la directora—, debo decir que me sorprende y agrada comprobar que tenemos a dos jugadores del equipo de fútbol americano en el programa. Me alegro de que os interese algo más que el fútbol, y ya he hablado con el entrenador

Konrathy, así que sabe que os perderéis un entrenamiento a la semana.

Adam asintió y Thornton se hinchó como si lo hubiese nombrado corredor del año. Phoebe se dio cuenta de que Adam no levantaba la vista del punto de la alfombra que llevaba contemplando desde que se había sentado. Ella miró abajo. Verde musgo mezclado con algunas hebras verde oscuro. Había una mancha que parecía de café cerca de la pata del futón en que estaban sentadas las dos chicas muertas, pero Adam no estaba mirando aquello.

—Tres. —Levantó la mirada. Todos se volvieron hacia Tommy, incluso la directora—. Aquí hay... tres... jugadores de fútbol.

—Tres —repuso la directora, sonriendo—. Claro que sí, gracias por recordármelo, Tommy. En primer lugar, dejadme que os dé las gracias por apuntaros a lo que esperamos sea un programa muy emocionante dentro del sistema escolar de Oakvale. Los Hunter han venido para hablar en más detalle con vosotros sobre el programa y también para dejar claras las expectativas, tanto las vuestras como las del instituto y la fundación.

—Gracias, directora Kim. Y, de nuevo, ¡gracias por uniros al programa! ¡Estoy deseando trabajar con vosotros!

La sonrisa de Angela, como sus piernas, podía devolverle la vida a los muertos. Margi se agitaba en el asiento, al lado de Phoebe.

Alish fue el siguiente en hablar, y su voz era muy apropiada para una biblioteca: seca, ronca y suave. Sonreía, pero su sonrisa no tenía el poder reconstituyente de la de su hija.

—Sí —dijo, y a Phoebe le pareció oír una ese de más en la palabra, como si sisease—. Gracias a todos por decidir trabajar con mi fundación. Soy Alish Hunter. Espero que el trabajo que hagáis aquí cambie vuestras vidas y las de todo el mundo, si es posible, tenga un factor biótico diferente o no. Estoy seguro de que cambiará la mía. —Más sonrisas de los Hunter—. Tengo aquí vuestros expedientes, pero me gustaría oíros a vosotros. Según creo, algunos sois amigos, aunque sería interesante para la fundación que todos nosotros lo seamos. Así que, por favor, vamos a presentarnos y, cuando lo hagamos, quiero que todos añadamos, aparte de nuestros nombres, un dato personal, como nuestros pasatiempos. Empezaré yo. Me llamo Alish Hunter, y me gusta ponerme una bata de laboratorio y hacer experimentos como los científicos locos.

Aquello arrancó algunas risas corteses, sobre todo a Thornton y Angela, que fue la siguiente. Por el contrario de lo que Phoebe esperaba, a Angela le gustaba correr y no tomar el sol en tanga en la playa de Misquamicut.

A Thornton le gustaba el fútbol. La chica muerta de pelo rubio platino se llamaba Karen DeSonne (Phoebe tomó nota de que se pronunciaba *desoon*) y le gustaba pintar. Hablaba casi sin dejar pausa entre sus palabras. A Adam le gustaba el kárate. Colette tardó un minuto y medio en hacer saber al grupo que se llamaba Colette Beauvoir y le gustaba caminar por el bosque. A Margi le gustaba la música. Kevin Zumbrowski era casi tan lento como Colette y le gustaba el ajedrez, cosa que a Phoebe le pareció muy adecuada. Phoebe dijo que le gustaba escribir, al igual que a Tommy Williams.

—Fantástico —repuso Alish Hunter—. ¿Habéis visto? Ya hemos encontrado algunas cosas en común.

Evan Talbot, que parecía haber muerto con unos catorce años, confesó ser fan de la ciencia ficción, sobre todo de *La Guerra de las Galaxias*. Llevaba una camiseta de Darth Vader y tenía un abundante pelo naranja que parecía una mecha saliéndole de la cabeza. También era muy rápido, mucho más rápido que Sylvia Stelman, que tardó una eternidad en decir al grupo que le gustaban sus dos gatos, *Ariel* y *Flounder*. Tayshawn Wade les dijo a todos que le gustaban las películas.

—¿Qué películas? —preguntó Angela, animada.

—Las de acción —contestó Tayshawn, añadiéndole una sílaba de más a la palabra— y las de... terror.

Alish se rió como si fuese la cosa más graciosa del mundo. A Phoebe no le habría extrañado ver nubes de polvo saliéndole de la boca, expulsadas directamente de los pulmones.

—Bueno —dijo al cabo de un momento—, se nos acaba el tiempo. Angela tiene una carpeta con información para cada uno. En el interior encontraréis deberes, además de una hoja para que vuestros padres nos autoricen a transportaros desde el instituto a la fundación y viceversa. También hay un acuerdo de confidencialidad que debéis firmar con vuestros padres. Hay otros formularios que deberíais mirar. Por favor, leedlo todo y haced que vuestros padres también lo hagan. Si la directora Kim recibe toda la documentación necesaria antes de que acabe la semana, nos veremos el próximo martes en la fundación. Saldréis después de comer, así que recordad dejar tiempo para compensar cualquier trabajo que os perdáis. Gracias, nos vemos la semana que viene.

La directora Kim se levantó y acompañó a la pareja a la puerta después de decir a los estudiantes que podían marcharse.

Margi suspiró al lado de Phoebe.

—Qué lagarto.

—Buf —comentó Thornton, hojeando sus papeles—, tenemos que escribir una redacción sobre por qué queríamos hacer las prácticas.

Una fina hoja de papel rosa se escapó de su carpeta. Phoebe vio que Adam la recogía en el aire con elegancia y se la devolvía a Thornton, justo cuando éste tiraba su boli.

—Será interesante ver lo que pone alguna gente —comentó Adam, mirando a Phoebe.

Karen fue la primera en levantarse. Cogió una mochila color gris pizarra que tenía un perrito rosa de peluche colgado de la cremallera; el perrito llevaba la lengua fuera, también rosa, y los ojos cerrados, lo que hacía que pareciese dormido o colgado de una soga.

Karen esbozó una sonrisita.

—No te preocupes —comentó—. Sólo es una... página. Creo que sobrevivirás.

Phoebe la vio alejarse. Las brillantes luces de la biblioteca le daban un aspecto casi suave a su cabello rubio, y se movía sin la cojera de la mayoría de los chicos con diferente factor biótico.

Puede que incluso menease las caderas de forma intencionada.

—Es la de las faldas cortas —susurró Margi.

Phoebe asintió. Vio a Tayshawn ayudar a Colette a levantarse del futón—. Deberíamos hablar con Colette.

Margi la agarró por el antebrazo, con las manos heladas.

—Deberíamos y lo haremos, pero ahora no. Quiero salir de aquí ahora mismo —insistió, tirando de ella hacia la puerta.

Phoebe se volvió lo justo para despedirse de Tommy con la mano. Tommy le devolvió el gesto.

12

*E*L PRIMER PARTIDO DE LA TEM-
porada era contra los Norwich Fisher Cats, uno de los principales
rivales de los Oakvale Badgers. Phoebe había leído que era la
primera vez en muchos años que el partido de apertura del curso
se celebraba en Oakvale. Normalmente lo jugaban en Norwich,
siguiendo la larga tradición de dar a los Fisher Cats un equipo
que destrozar para empezar bien el año. Sin embargo, con Adam
en el equipo, los Badgers se habían vuelto competitivos.

El padre de Phoebe había aceptado llevarlas a Margi y a ella
al partido, y mientras lo veía ponerse su raída sudadera de Ford-
ham, Phoebe se percató de que se había presentado voluntario
con demasiada facilidad. Sabía lo mucho que le gustaba pasar
tiempo con ella, sobre todo si iba Margi..., básicamente porque
le encantaba intentar avergonzarlas. Solía decir que le gustaba
dar color a sus pálidas mejillas.

—Bueno, Margi, ¿estás tan emocionada como Phoebe con
eso de los estudios zombis?

—¡Papá! —protestó Phoebe—. Estudios para el desarrollo de las personas con diferente factor biótico. ¿Es que no has leído el papeleo?

—Es como si últimamente sólo leyese papeleo —repuso él, mirándola por el retrovisor.

—Estoy con usted, señor Kendall —intervino Margi—. Demasiado papeleo.

—El periódico lo llama Programa de estudios zombis —dijo él. Phoebe deseaba que se limitase a mirar la carretera.

—No te creas todo lo que leas —le respondió.

Su padre se rió y, a pesar de las arrugas alrededor de los ojos, pareció mucho menor de los cuarenta años que tenía.

Consiguió apartar la vista de ella justo a tiempo para ver la señal de stop que tenían delante.

—Creo que es un buen consejo para todo el mundo.

Margi se rió, y Phoebe le dio un codazo y le lanzó una mirada furibunda.

—Creo que será interesante, señor Kendall. A uno de los... chicos con diferente factor biótico le gustan las películas de terror.

—¿De verdad? Mira, está bien que tengáis algo en común.

—Claro. —Phoebe se preguntó por qué todos pensaban que compartir gustos era esencial para llevarse bien.

Notaba cómo la siguiente pregunta se formaba en los labios de su padre. Sabía que iba a preguntar por Colette, pero entonces doblaron la esquina y llegaron al instituto. Había un grupo de unas veinte personas cerca de los escalones de entrada, algunas con carteles. Unos cuantos coches de policía estaban aparcados en la curva en la que solían esperar los autobuses en los días lectivos.

—No parecen aficionados —comentó su padre.

Phoebe leyó algunos de los carteles: «LOS DEPORTES SON PARA LOS VIVOS»; «MUERTO = CONDENADO»; «VIDA, LIVERTAD Y LA BÚSQUEDA DE LA FELICIDAD». Y uno en letras rojas mayúsculas que decía: «ENTERRAD A VUESTROS MUERTOS».

—Muy bonito —comentó Margi—. Mirad, han deletreado mal «libertad».

—Puede que esto no sea tan buena idea, chicas.

—No, papá, no podemos dejarlos ganar.

—¿Ganar el qué?

—Por favor, ¿podrías dejarnos en el aparcamiento de estudiantes? Iremos andando.

—No sé.

—Papá, no pasa nada. Sólo son un par de chiflados con carteles. —Sabía lo que pasaba en el interior de la cabeza de su padre: visiones de bombas debajo de las gradas, pistolas en los cinturones y frascos de ácido escondidos en bolsos.

—Phoebe...

—Papá, no pasa nada —repitió.

—Puede que me quede a ver el partido con vosotras —dijo él—. Siempre he querido oír hablar a Armstrong.

—Ya —respondió su hija. Al menos podrían ver el partido.

Dentro del campo también había manifestantes. Muchos llevaban máscaras de látex con caras de monstruos, aunque todavía faltaban varias semanas para Halloween.

—¿De verdad están coreando: «Si no hay vida, no hay partido»? —preguntó Margi.

—Me temo que sí —contestó Phoebe, eligiendo asientos en el centro de la sección de los aficionados de Oakvale. Margi y ella solían colocarse en una esquina, lejos de los demás, compartiendo auriculares para escuchar el mismo iPod; pero, en aquellos momentos, las personas que en los partidos normales parecían fanáticas resultaban más seguras y reconfortantes que los fanáticos de verdad.

—Se me ocurren frases mejores —comentó su padre.

—Por favor, no lo hagas.

Phoebe sólo había ido a un partido el año anterior, para poder decirle a Adam que lo había visto jugar. El papel de Adam parecía consistir en evitar que el equipo contrario placase a Denny Mackenzie, el *quarterback*, y, por lo poco que entendía, se le daba muy bien. A Denny no lo habían placado en todo el partido, salvo en unas cuantas jugadas en las que había corrido campo abajo, alejándose de sus bloqueadores. Como si fuese lo más normal del mundo, Adam bloqueó o derribó a las pocas personas que se dieron contra él.

Una niña que llevaba un vestido con la bandera de Estados Unidos y el cabello recogido en un moño suelto de rizos dorados apareció dando saltitos para cantar el himno nacional, al que la multitud se unió con una especie de rabia contenida. Algunas de las voces escupían las palabras, como si tuviesen un significado especial relacionado con los acontecimientos del día.

El presentador pidió a todos que diesen la bienvenida al honorable Steven Armstrong, diputado de la Cámara de Representantes. Un hombre atlético con pantalones de pinzas y una cazadora azul marino se acercó al micrófono en el que la pequeña Kayla Archambault acababa de terminar su canción sobre la tierra de los libres y el hogar de los valientes. Los aplausos se volvieron apáticos y se mezclaron con abucheos en cuanto la niña desapareció.

—Un hombre del pueblo —comentó su padre—. Estupendo.

—Mira a todos los tíos de las sombras —dijo Margi, señalando una fila de personajes de aspecto serio al borde del campo—. ¿Forman parte del personal de Armstrong?

—Los Hombres de Negro. Supongo que están preparados por si surgen problemas. Quizá crean que los muertos vivientes tendrían que estar en Roswell.

—Papá —lo regañó Phoebe. Su padre era un conspiranoico aficionado y le gustaba hacer creer a la gente que aceptaba la existencia de los platillos volantes, pero no que los hombres hubiesen llegado a la Luna.

—Gracias —dijo Armstrong, esbozando una amplia sonrisa—. Y gracias a los estudiantes y profesores de Oakvale High por invitarme a este acontecimiento histórico. Me vienen a la memoria los atletas estadounidenses del pasado, que superaron los obstáculos de la injusticia y el odio para alcanzar la grandeza. Pienso en gente como Jesse Owens, Greg Louganis, Billie Jean King... Esas personas estaban dispuestas a enfrentarse a las adversidades y a la discriminación con tal de participar en los deportes que amaban y, al hacerlo, nos dejaron un legado que inspira a todos los que siguen sus pasos... o corren tras ellos.

A Phoebe le impresionó lo deprisa que Armstrong había silenciado a la multitud, pero entonces alguien gritó: «¡Necrófilo!». Armstrong siguió hablando como si no lo hubiese oído.

—Así que os pido que, cuando veáis a Thomas Williams salir hoy al campo, no penséis en él como en un joven discapacitado vital, porque está claro que él no se considera discapacitado en modo alguno. Pido a los que avergonzáis al país cantando el himno nacional con el rostro cubierto por una máscara que no penséis en él como un zombi, ni como un monstruo, ni como ninguno de esos otros términos llenos de odio con los que deseáis etiquetar a este valiente joven. Os pido que olvidéis también, por el momento, que tiene un factor biótico diferente..., sólo os pido que lo consideréis un atleta, y, en ese sentido, no se diferencia del resto de los jóvenes que van a jugar hoy. Gracias.

—Es bueno —comentó el señor Kendall, aplaudiendo con las chicas.

A pesar de la elegante oratoria, Tommy no jugó en toda la primera mitad. Adam hizo bien su trabajo y le dio tiempo a Denny para pasar en casi todos los juegos, aunque sacaron a este último por una pérdida en un juego en el que Adam bloqueó por la derecha y Denny corrió por la izquierda. Pete Martinsburg tuvo una intercepción y pareció disfrutar más que nunca empujando a los jugadores contrarios hacia las bandas. Thornton Harrowwood pudo llevar la pelota en un juego y cayeron sobre él después de una carrera de tres yardas.

—Ay —dijo Margi—. Espero que pueda levantarse.

Lo hizo, y se paseó al trote, como si hubiese recorrido las setenta yardas para un *touchdown*.

—Su valor es digno de admiración —comentó Phoebe.

—Sí, es un joven admirable.

Su padre las miró, entrecerrando los ojos.

—¿De qué estáis hablando?

En el descanso estaban empatados a diez. Harris Morgan marcó en un pase de trece yardas en la esquina de la zona de anotación, y los Badgers empataron con un gol de campo justo cuando se agotaba el tiempo.

Armstrong volvió al campo después de una corta, aunque ruidosa, actuación de la banda de los Badgers.

—Bueno, menudo partido —dijo—. Vamos a darles un aplauso a nuestros atletas. —Casi todo el mundo, incluso los manifestantes, estaba más concentrado en conseguir un perrito caliente o un refresco que en reconocer los logros en el campo, así que, de nuevo, Armstrong no recibió una respuesta demasiado entusiasta—. Me gustaría hablar brevemente sobre la Fundación Hunter para el Desarrollo y la Comprensión de las Personas con Diferente Factor Biótico. Como bien sabéis, la fundación se dedica al estudio (fisiológico, psicológico y, lo más importante, sociológico) de las personas con diferente factor biótico. El objetivo de la fundación es ayudar, a través del estudio científico, a crear un mundo en el que todos, independientemente de nuestra biología, podamos vivir y aprender juntos. Os animo a mostrar vuestro apoyo a los niños con diferente factor biótico de todo el país donando tiempo o dinero a la fundación, cuyas oficinas se encuentran aquí mismo, en Oakvale. Gracias.

Phoebe vio a un policía hablando con un tipo con máscara de Frankenstein en las gradas del otro lado del campo. La conversación no parecía agradable.

—Me sorprende que el entrenador no haya sacado a ese Williams —comentó el padre de Phoebe.

«Ese Williams», pensó Phoebe. Al menos no lo había llamado «el chico muerto».

—No creo que al entrenador Konrathy le emocione mucho sacarlo.

—A los demás sí.

—Ése es el problema.

—Creo que tendrá que sacarlo ahora —contestó su padre—. La mitad de los espectadores la liarán si sale y la otra mitad se amotinará si no. Se nota cómo aumenta la tensión.

Al parecer, Frankenstein perdió la discusión, porque bajaba los escalones de las gradas delante del policía. Cada pocos pasos se detenía y se volvía hacia él, como si lo insultara.

—Si yo fuera Konrathy, lo sacaría al inicio del juego —comentó el padre de Phoebe.

Pero no era Konrathy, y Konrathy dejó a Williams en el banquillo todo el cuarto. Oakvale marcó de nuevo con un pase falso de *quarterback* después de otra buena recepción de Harris Morgan. Norwich inició una valiente marcha campo abajo hacia la zona roja, pero Pete Martinsburg cogió un *screen pass* y retrocedió diez yardas antes de que lo hicieran tropezar. Aquel juego sirvió para acabar con el ánimo y las oportunidades del otro equipo, aunque Phoebe no tenía ganas de vitorear.

—Buen juego —comentó su padre, dándole un codazo.

—Pete Martinsburg es el mal, señor Kendall —repuso Margi.

—Aaah —contestó él, y dejó de aplaudir.

Phoebe le lanzó a Margi una mirada para que no le explicase a su padre todos los detalles al respecto.

Margi le devolvió la mirada y le sacó la lengua.

Los Badgers mantuvieron la pelota en tierra y, tres juegos después, tenían un primer *down* con un avance de seis yardas de Thornton Harrowwood. Lo derribaron de nuevo, y de nuevo se levantó de un salto, como si no lo hubiesen tocado.

—Ese chico es duro —comentó el señor Kendall, reprimiendo un bostezo. El volumen de la multitud decayó y después volvió a subir cuando vieron que Tommy Williams se cerraba la correa del casco y entraba trotando en el campo.

—¡Por fin lo ha sacado! Y estos cabezas de chorlito están abucheándolo. Eso no está bien. —Su padre aplaudió con más ganas, y Phoebe y Margi se unieron a él. Alguien le dio a Phoebe en la nuca con una patata frita, y otra pasó rozándole la cara al volverse.

Su padre se levantó y examinó las filas de arriba, pero el que fuera había escondido el resto de sus misiles fritos.

—Cobarde —dijo en voz alta, y se sentó.

—No merece la pena, papá —lo calmó Phoebe.

—Nunca merece la pena. Parece que Williams está alineado junto a Adam. Será interesante.

Mackenzie cogió el *snap* y retrocedió cinco pasos. Adam y Tommy le dieron tiempo de sobra, así que completó un pase de *out* a Harris Morgan, que dejó que lo sacaran de los límites. El segundo juego fue parecido, aunque con un *curl* hacia el centro del campo para mantener el reloj en movimiento. Los Badgers estaban más allá del medio campo con un primer *down,* de modo que avanzaron durante los dos juegos siguientes y consiguieron recortar yardas. El siguiente juego era tercera y uno, e hicieron un pase falso en el que Denny lanzó el balón a Harris, que fue hacia la izquierda por detrás de Adam y Tommy. El agujero que dejaba era lo bastante grande como para que pasara una camioneta, y Harris corrió, engañando al único tackleador que tenía alguna oportunidad y recorriendo cuarenta yardas hasta la zona de anotación sin que nadie se le acercase.

Los fans de los Badgers vitorearon, pero los jugadores del equipo recibieron una lluvia de fruta cuando volvieron al banquillo. Doce tomates o más salieron volando de los niveles inferiores de las gradas y casi todos dieron en Adam, que se puso delante de Tommy en cuanto comenzó la descarga. Alguien le dio a Konrathy en la cabeza con una manzana.

El poli fornido que antes había sacado a Frankenstein se dirigió a aquella zona de las gradas haciendo señas a un policía que se encontraba al otro lado del estadio. Hubo gritos, brazos acusadores y empujones, pero, cuando los polis llegaron, todas las pruebas estaban en el campo y los testigos no parecían querer saber nada.

—Qué bonito —dijo el padre de Phoebe, sacudiendo la cabeza.

Los Badgers ganaron 24 a 10. Tommy Williams no volvió a salir al campo.

—Entenderás por qué no me entusiasma la idea —dijo su padre.

—Tendré cuidado, papá.

—Ya sabes que no tiene nada que ver contigo, pero algunos de los idiotas de las gradas...

—Lo sé, papá, tendré cuidado.

—Eso no sirve de nada si un cabeza hueca tiene una pistola o una granada.

—Lo sé —repitió ella, preguntándose cuántas personas tendrían de verdad una reserva de granadas en el garaje por si se presentaba la ocasión.

Él las miró a ella y a Margi, que se había quedado junto a la valla fingiendo no escuchar la conversación.

—No habremos venido para que Margi pueda ver a Adam, ¿no?

—Tampoco hemos venido para que no pudiera verlo —repuso Phoebe, sonriendo.

—Phoebe, ¿quién...?

—Volveré dentro de quince minutos, prometido.

El hombre levantó las manos, resignado. Phoebe salió corriendo para arrastrar a Margi hasta la salida por la que aparecerían los jugadores recién duchados. Volvió la vista atrás para mirar a su padre, pero él ya estaba examinando a las personas que pasaban por su lado, como si buscase señales que predijeran caos y destrucción.

—Mi padre no me habría dejado ir —comentó Margi—. ¿Crees que sabe que estás colada por un zombi?

—¡Margi!

—Bueno, ¿lo sabe? Te tiene calada, presta atención. Si yo me incendio el pelo y entro en el salón, seguro que mi padre le preguntaría a mi madre qué íbamos a cenar.

—Tengo un padre muy guay y no estoy colada por Tommy. Sólo estoy... interesada, se acabó.

—Lo que tú digas.

—Mi padre cree que hemos venido para que se te cayese la baba con Adam. Una tapadera muy verosímil, por cierto, y se la ha tragado del todo. Cala a la gente, como tú dices.

Margi gruñó, disgustada, y le dio una torta en el brazo, para después seguirla hasta la puerta de atrás del instituto.

—Oh, oh —comentó Margi cuando doblaron la esquina. La protesta había llegado hasta allí, al igual que la unidad móvil del Channel Three. El poli fornido escoltaba a Adam entre la multitud. El periodista de la unidad móvil de televisión salió de la furgoneta, gritando preguntas:

—¿Qué se siente jugando con un discapacitado vital? ¿Te ha sorprendido la reacción de la multitud?

Adam era casi tan grande como el policía. Miró con rabia a los manifestantes, pero permitió al poli conducirlo sin detenerse. Thornton Harrowwood fue el siguiente, y su aparición del brazo de una joven policía estatal apartó la atención de Adam.

—¿Tienes algún comentario sobre el partido de hoy? —le preguntó el periodista—. ¿Qué te parece toda esta controversia sobre tu compañero de equipo?

—¡He hecho diecinueve yardas! —respondió Thornton, sonriendo a la cámara.

Adam le dio las gracias al policía, y se unió a Phoebe y Margi.

—Hola.

—Hueles a salsa de espaguetis —contestó Margi.

—Ja, ja. Creo que voy a dejar el uniforme sin lavar. A lo mejor los otros equipos piensan que es la sangre de mis enemigos.

—¿Dónde está Tommy? —le preguntó Phoebe—. ¿Cómo está?

—No ha dicho mucho —respondió él, levantando las manos al ver la expresión de su amiga—. No es una broma. Ni gritó, ni nada, pero estaba vaciando su taquilla.

—Y... ¿Qué? ¿Qué significa eso?

—No lo sé, Phoebe. Le pregunté si estaba bien y me dijo que sí. Eso es todo. Lo sacaron a escondidas por una de las otras salidas para evitar todo esto —añadió, señalando al grupo de manifestantes inquietos que esperaban a Tommy. Stavis y Martinsburg atravesaron la multitud con el poli fornido, pero los manifestantes no tenían nada que decirles a los otros jugadores. Incluso el tipo del Channel Three se aburría. Lo oyeron preguntar al poli si se habían llevado al chico muerto por otro sitio.

—Sí, hace rato —respondió el policía, sonriendo.

—Tengo que salir de aquí —dijo Adam—. El PDT quiere que recoja las hojas del patio. ¿Queréis que os lleve?

—No, gracias, nos ha traído mi padre.

—Vale. Ah, sí, casi se me olvida: Tommy el futbolista me pidió que te diese esto.

Le entregó un trozo de papel de cuaderno doblado de forma irregular.

Ella abrió la nota y la leyó para sí, escondiéndola de la mirada curiosa de Margi.

—Quiere saber si me apetece salir alguna noche de la semana

157

que viene. —Primero miró a Adam para ver su reacción, pero, fuera la que fuese, se la guardó para él.

—Puaj —dijo Margi, y Phoebe le pegó—. Ay. Salir, ¿como en una cita?

—No lo sé.

—Es muy raro.

—Cállate Margi.

—¿Qué más dice? —preguntó su amiga, intentando mirar el papel.

—No es asunto tuyo —contestó Phoebe, apartándolo.

—Que os divirtáis, chicas —les dijo Adam—. Me voy a recoger hojas.

Phoebe lo observó alejarse, deseando poder saber qué pensaba Adam sobre Tommy y ella, a la vez que le susurraba una amenaza de muerte a Margi si osaba decirle algo a su padre sobre la nota.

Pete Martinsburg observó cómo se escapaba el chico muerto por la puerta de atrás y se dirigía al bosque, evitando así a los periodistas y a los atontados lanzadores de comida de las gradas. Pensó en seguirlo, pero había un par de polis asegurándose de que nadie lo molestara, así que lo observó marchar sin que lo detectasen las otras personas que objetaban a la idea de que un zombi jugara en un equipo de fútbol de instituto.

Sin embargo, antes de marcharse, el chico muerto se colocó al lado de la taquilla de Pete, bloqueándolo, para que no pudiese coger sus cosas. Lo miró con una media sonrisa pintada en la cara, como si dijera: «Puedo hacer lo mismo que tú. Ten cuidado». Era una amenaza sutil, sólo para Pete, y Pete hizo algo que sólo había hecho una vez en su vida ante una confrontación: nada.

Tenía al zombi metido en la cabeza, paseándose por ella con zapatos con tacos. Sólo había una forma de sacarlo de allí.

Después de ver que el zombi entraba en el bosque, Pete volvió al vestuario con el jersey en la mano. Alguien le había tirado un huevo justo antes de que acabara el partido. Estaba en los laterales, esperando a que los jugadores de la línea ofensiva marcasen otra vez para poder entrar y dar algún golpe, cuando notó que le caía en la parte baja de la espalda. El chico muerto ni siquiera estaba cerca.

Abrió la puerta de la taquilla de Tommy y tiró dentro el jersey, que se pegó a la pared del fondo antes de deslizarse hasta el suelo dejando un rastro viscoso.

—¡Sí, ne-na! —chilló Stavis, a punto de estrellar su gran cuerpo pálido contra Pete, que seguía mirando el rastro de yema—. ¡Los Badgers vuelven a ganar!

«Idiota», pensó Pete. Stavis llevaba una toalla azul que apenas podía rodearle toda la cintura. Le dio un puñetazo a Pete en el hombro, y a éste le costó un gran esfuerzo no romperle la cara.

—Pete, ¿has visto cómo lo he tirado? —preguntó Stavis, sacando un bote de desodorante de su taquilla—. Por el punto ciego, ¡pam! Tuvo que soltar la pelota y todo.

Pete contó hasta tres para tragarse su respuesta inicial.

—Me lo perdí, estaba campo abajo, cubriendo a ese chico alto. Belton, creo que se llamaba.

—Sí, lo has bloqueado bien, tío —contestó Stavis, dándole

otra vez en el hombro con la mano que había usado para sostener la toalla mientras se echaba desodorante en los sobacos de una manera que parecía insuficiente para enmascarar o evitar olores—. ¿Qué ha hecho? ¿Una recepción en todo el partido?

—Dos.

—¡Bloqueado! —exclamó Stavis; tiró el desodorante dentro de la taquilla, y el bote se dio contra las paredes metálicas. Después se volvió con los brazos levantados por encima de la cabeza para que le chocase los cinco.

—Vamos afuera —repuso Pete, sin chocar las manos—. Quiero hablar contigo. Tráete a Harris.

Después de vestirse, los condujo afuera, de nuevo al campo, y se sentaron en las gradas. Wilson, el conserje, se enfadaría, porque estaban todos los asientos y pasillos llenos de comida y porquería.

En cuanto se sentaron en el banco de abajo, Pete empezó su discurso.

—Somos la Banda del Dolor, ¿no?

—¡Claro que sí! —aulló Stavis, y Harris asintió. Para él, era un ascenso.

—¿Y para qué sirve la Banda del Dolor?

—Para hacer sufrir a nuestros enemigos —respondió Stavis, frotándose las manos—. Como hoy.

—Cierto, TC —repuso Pete, sonriendo—. Como hoy. Pero hoy no hemos sido los únicos que han hecho sufrir a los demás, ¿verdad?

TC estaba desconcertado, así que Harris lo ayudó:

—La multitud. A mí me dieron con una puñetera zanahoria

—explicó, sacudiendo la cabeza—. ¿A quién se le ocurre lanzar zanahorias?

—A mí me dieron con un huevo, tío, no te preocupes —lo consoló Pete, dándole una palmadita en la espalda. Después los miró a los dos por turnos—. Sí, la multitud, pero ¿por qué nos tiraban cosas?

—Por el chico muerto —respondieron los dos al unísono.

—Efectivamente, por el chico muerto.

Se sacó del bolsillo de la camisa el papel azul con la lista de estudiantes de las prácticas. Desdobló el papel y lo alisó sobre el banco que tenían entre ellos.

—En este papel están los nombres de unos cuantos chicos muertos, y de los chicos vivos que los quieren. Adam Layman es uno de ellos, y también Pantisnegros..., Phoebe Kendall.

—Su amiguita también está en esa clase, Rosita McMelones —comentó Stavis—. Y Thorny también, creo.

—Sí —dijo Harris, asintiendo—. El entrenador deja que los dos y Williams falten al entrenamiento una vez a la semana para ir a esa cosa. Y a mí ni siquiera me dejó salir pronto para ir a la fiesta de cumpleaños de mi abuela.

—Créeme, Morgan, al entrenador no le gusta nada. Kimchi le ordenó que los dejara ir. De haber sido por él, no irían, y el zombi ni siquiera estaría en el equipo. —Miró a los dos, tamborileando en el papel—. Por eso tenemos que hacer algo al respecto.

—¿Estás mosqueado porque salimos por patas cuando llegaron esos zombis del bosque, Pete? —preguntó Stavis.

A Pete le dieron ganas de pegarle, pero lo necesitaba, así que siguió tamborileando sobre la hoja.

—Claro, en parte es por eso. No podemos dejar que nadie acobarde nunca a la Banda del Dolor. Pero es algo más. Tenemos que hacer algo porque lo que está pasando no está bien. Cosas... muertas caminando por ahí, yendo al instituto, jugando con los Badgers. No está bien. Toda esta mierda de los discapacitados vitales y las personas con diferente factor biótico es eso, una mierda. Ni siquiera son humanos. Leí en un sitio que son demonios, señales del fin del mundo o algo así..., y es probable que sea cierto.

Stavis, que no tenía muchas posibilidades de sacar buena nota en el apartado de razonamiento analítico de los exámenes para entrar en la universidad, asentía. Harris todavía parecía preguntarse a dónde quería Pete ir a parar.

—Creo que no son humanos y, sin duda, no están vivos. Si os soy sincero, sé que un día se quitarán la careta y nos perseguirán arrastrando los pies para comernos el cerebro, pero, aunque eso no pase, ¿qué vendrá después? ¿Hamburguesas de gusanos preparándonos los batidos en el Honeybee? ¿Quedándose con becas que tendrían que ser para los chicos que todavía tienen una vida por delante? Ya verás el día en que un zombi quiera salir con tu hermana, Harris.

—No quiero a ningún zombi cerca de mi hermana —repuso Harris, y Pete supo que había dado en el clavo.

—Yo tampoco, colega, y por eso tenemos que hacer algo con esta lista —añadió, agitándola delante de sus caras antes de entregársela a Stavis, que frunció los labios y entrecerró los ojos para leer los nombres—. Tenemos que hacer algo para... desanimarlos. Sean lo que sean.

—¿Qué quieres decir con desanimarlos? —preguntó Harris.

—Quiero decir que tendremos que sacarlos del partido... de manera permanente.

—No podemos asesinar a esos chicos, es una locura —protestó Harris.

—No estoy hablando de asesinar a chicos, tío. Los chicos de verdad de esta lista (Adam, Julie y los demás), se merecen una buena paliza por confraternizar con esos monstruos, pero no hablo de matarlos a ellos. —Sonrió—. Sólo a los otros.

—Pete, tío... —insistió Harris, sacudiendo la cabeza.

—Espera, Harris. Quiero que lo pienses. No son personas, no son ciudadanos, no tienen ningún derecho. ¿No has oído lo que debaten en Washington? Lo que ese senador o lo que sea dijo antes del partido son estupideces, tío. Son como champiñones... Y no hay ninguna ley que prohíba matar champiñones. La gente se los carga todos los días y a nadie le importa. Sólo es cuestión de tiempo que esas cosas empiecen a querer liarse con chicas de verdad. Y con chicos de verdad. Después se casarán con gente. ¿Os lo imagináis?

—Tengo un par de primas de trece años —dijo Stavis, rascándose la cabeza—. Mataría a cualquier zombi que intentara algo con ellas.

—Por eso salieron esos zombis del bosque para atacarnos —explicó Pete—, porque esa cosa a la que llaman Tommy Williams intenta meterse debajo de las faldas de Julie. Y no podemos dejar que pase.

—¿Quién es Julie? —preguntó Stavis, levantando la mirada de la lista.

—¿Qué?

—Que quién es Julie. No hay ninguna Julie en la lista.

—Pues denúnciame, idiota —repuso Pete, ruborizándose—. Phoebe, Julie, Jenny, Katie, Hildegard. Se llame como se llame, tenemos que protegerla de ellos. Tenemos que protegerla de sí misma.

Stavis le devolvió la lista y se encogió de hombros.

—Entonces, ¿estás conmigo? —preguntó Pete, mirándolo a los ojos.

—Por supuesto.

—¿Harris?

—Supongo que sí —respondió, restregándose la barbilla con nerviosismo—. Sí, supongo que sí.

Pete les dio unas palmaditas en los hombros, igual que les habría dado unas palmadas en las hombreras de haber estado reunidos en el campo preparando una jugada.

—Bien.

Su banda se acercó y él les contó el plan.

Phoebe leyó por quinta vez la nota que le había dado Adam: una vez en el campo, otra en el coche de camino a casa, otras tres veces a lo largo de la noche y la última sentada delante de la pantalla del ordenador.

Al final de la nota había una dirección de correo electrónico. Phoebe escribió una respuesta corta y le dio a «Enviar».

13

L LUNES, UNA CAMIONETA azul recogió a Phoebe y Karen De-Sonne en el instituto y las llevó a la Fundación Hunter para que hiciesen la parte laboral de sus prácticas. Intercambiaron breves saludos, y Karen sacó un libro de su mochila y se puso a leer, mientras Phoebe miraba por la ventana. Phoebe estornudó en cierto momento, y Karen tosió un minuto después, lo que llevó a la primera a pensar que la chica muerta quizá se estuviese burlando de ella, aunque no estaba segura. El libro que leía Karen era *Mientras agonizo*, de William Faulkner.

Phoebe estaba convencida de que le había tocado el trabajo más aburrido de todos: el de oficina. Margi iba a trabajar en el laboratorio y , al parecer, Adam había conseguido un puesto fácil en el equipo de mantenimiento. El plan era que todos cambiaran cada seis meses, pero, después del primer día, Phoebe supo que serían demasiados. Se pasaron las cuatro horas de su turno abriendo correo y clasificándolo en tres montones: mensajes de apoyo, mensajes de queja y basura. Angela se pasó por allí con dos gruesas pilas de papel.

—Correos electrónicos —explicó—. Clasificadlos de la misma forma, por favor. Espero que ninguna de las dos se ofenda con facilidad.

Phoebe dijo que ella no y, al volverse, vio que Karen parpadeaba fingiendo preocupación; sus pestañas tenían más movimiento que los cuerpos de muchos zombis. Los ojos de Karen tenían una fina corona de azul cristalino en los bordes de la retina, pero eran del color de los diamantes en la zona cercana a las diminutas pupilas. Se preguntó qué aspecto tendrían cuando estaba viva.

Casi todos los correos eran mensajes de odio y resultaban interesantes, al menos al principio, cuando parecía que había alguna variedad. La impresionó la creatividad de los escritores.

Estimados necrófilos:

Lo que estáis haciendo es pecaminoso, está mal y, en el fondo, lo sabéis. Si tanto queréis a los muertos, ¿por qué no os morís también y os quedáis con ellos? Los muertos son malvados, demoniacos y habría que quemarlos a todos. Se acerca la llegada de Jesús y Él se disgustará mucho cuando vea lo que hacéis. Arderéis en el infierno.

Saludos,

Un alma *birtuosa*.

Al parecer, al alma «birtuosa» no le preocupaba tanto la ortografía como juzgar a los demás. Había muchas almas virtuosas que escribían distintas amonestaciones y, aunque a Phoebe las cartas le daban escalofríos, no eran nada comparadas con la docena de mensajes con amenazas de naturaleza menos metafísica.

—Aquí hay una buena —dijo Karen, acercándose desde su mesa con un trozo de papel de cuaderno amarillo en el que alguien había escrito con letras mayúsculas. Era una carta corta:

Sois como una clínica de abortos, pero peor. Robáis el derecho a la muerte, igual que ellos roban el derecho a la vida, y las bombas también os llegarán a vosotros. Es vuestra última oportunidad.

—Dios mío —dijo Phoebe, mirando la pila de correos que tenía delante.

—¿Por qué no me dejas a mí el correo postal? —preguntó Karen, después de reírse, cogiendo el montón de cartas de la mesa de Phoebe—. ¿Quién sabe qué clase de esporas o toxinas podrían enviar esos... monstruos... por correo?

—Gracias, Karen.

—Tranquila. Si te digo que algo huele raro..., tú empieza a correr.

Phoebe sonrió y esperó que estuviese bromeando.

Al final del turno tenía dos comunicados, ambos correos electrónicos, en el montón positivo. Uno era de un senador de Illinois que «creía en el trabajo que estaban haciendo» y otro de alguien que había enviado el recibo de un pago de veinte dólares a través de PayPal a la Fundación Hunter.

Espero poder enviarles algún día a mi hija. Les agradezco la información que me enviaron por correo electrónico, estamos haciendo lo que podemos, pero es difícil desde que mi marido se mudó.

Todavía seguimos casados e intentamos ser una familia, pero mi hija menor tiene demasiado miedo como para vivir con Melissa en estos momentos. Melissa ya puede hablar con más claridad, aunque nos preocupa porque, cuando Jonathan se llevó a Emily, Melissa dejó de hablar de repente. Como siempre, les agradecería cualquier consejo. Que Dios los bendiga.

Phoebe no sabía por quién lo sentía más en aquella familia destrozada, si por la chica muerta, por sus padres o por su hermanita. Todos sufrían, cada uno a su manera, y dudaba que hubiese una solución sencilla. Le habría gustado poder leer la correspondencia previa para saber por qué la señora del correo estaba tan agradecida por las palabras de Angela o Alish.

Se lo iba a enseñar a Karen, que no había levantado la mirada de sus tres ordenadas pilas desde que se había llevado el resto del correo postal, pero entonces el señor Davidson, el director de operaciones, entró para decirles que la furgoneta las esperaba para llevarlas a casa.

La mayor parte de las prácticas la ocupaba el grupo de encuentro, que Angela dirigía en un cómodo salón con varios sillones acolchados y sofás dispuestos en un semicírculo irregular. Había mesitas en las que normalmente preparaban refrescos y bolsas de patatas fritas que los estudiantes vivos sacaban de la despensa anexa. En algún momento de la orientación, Phoebe había mencionado que le gustaba el café, y se dio cuenta de que habían añadido una cafetera. Los sillones eran mucho más cómodos (y menos ruidosos) que los de la biblioteca, y los sofás lo bastante grandes para que dos personas se sentaran sin tocarse. En la segunda sesión, Phoebe y Margi compartieron un sofá.

—Hola —los saludó Angela—. ¿Cómo habéis pasado el fin de semana?

No respondió nadie. Los chicos con diferente factor biótico guardaron silencio y permanecieron quietos; los vivos, igual, salvo por Thornton, al que le costaba no moverse.

—Os advierto que las preguntas se van a ir poniendo más difíciles —insistió Angela, sonriendo.

—Yo me lo he pasado genial —contestó Thornton—. Ganamos el partido.

—Claro —repuso ella, asintiendo—, se me había olvidado que muchos de vosotros jugasteis.

—Sí, Tommy fue la estrella, aunque sólo duró un par de jugadas.

Lo decía a modo de broma (Thornton no tenía ni un gramo de maldad en todo el cuerpo), pero fracasó. Phoebe intentó interpretar la expresión de Tommy, aunque no vio nada reconocible; deseó poder saber si sentía algo sobre su inminente cita: ¿estaba nervioso, emocionado, arrepentido o qué?

—Pues si Tommy hubiese estado en la línea conmigo, a Denny no lo habrían placado —intervino Adam.

—¿No? —preguntó Angela.

—No. Es mejor que el chico que puso el entrenador.

—Entonces, ¿por qué no sacó más el entrenador a Tommy, Adam?

—Venga ya, pues porque le daba miedo que jugara el chico muerto.

—Con diferente factor biótico —lo corrigió ella, sonriente—. Un chico con diferente factor biótico.

Adam se encogió de hombros.

—No —dijo Tommy, y Angela lo apuntó a él con su sonrisa.

—¿Que no era ésa la razón? —le preguntó.

—No, con diferente factor biótico..., no. Muerto... está bien.

—¿No te importa que te llamen muerto? —preguntó ella, arqueando las cejas.

—Zombi también vale —añadió Karen—. Entre nosotros nos llamamos zombis, con cariño. Parecido a como... la gente... de minorías... culturales y étnicas... recupera ciertos... apelativos peyorativos... para utilizarlos entre ellos.

Angela tamborileó en su cuaderno con el bolígrafo y parpadeó.

—Ya veo. ¿Todos compartís esa opinión o consideráis el término «zombi» una palabra hiriente?

Evan asintió lentamente, y Angela preguntó a Tayshawn.

—Depende... de quién... la diga. Y.. de cómo... lo haga —respondió el chico.

—La gente viva lo dice para hacer daño —dijo Thornton, y, cuando todos se volvieron para mirarlo, puso cara de desear no haber abierto la boca—. Quiero decir, a veces. No siempre.

—¿Utilizas alguna vez la palabra «zombi» para referirte a una persona viva de manera negativa?

—No.

Era Colette la que había hablado, y a Phoebe le pareció que su voz no tenía nada que ver con la de la chica despreocupada y sencilla de hacía dos años. Se dio cuenta de que Colette había tardado todo aquel tiempo en hacerle saber a todo el mundo que no le gustaba que la llamasen zombi.

—¿Y por qué, Colette?

Phoebe se hundió en el sofá. ¿Y si la respuesta de Colette era que no le gustaba que la llamasen zombi porque sus supuestas amigas la habían abandonado, dejándola sola en su sufrimiento? Si Colette albergaba tales pensamientos, se los guardó para sí.

—La gente... nos... odia.

Angela asintió, rebosante de compasión.

—Gracias, Colette. Apreciamos tu sinceridad. —Miró durante unos segundos su cuaderno—. Creo que es un buen momento para comentaros las reglas y el objetivo de estas sesiones. Empezaré diciendo que el objetivo es comprender y asimilar mejor los derechos, las ideas y las preocupaciones de las personas con diferente factor biótico. Nos gustaría que todos entendieseis mejor la forma de pensar y los sentimientos de los demás miembros del grupo. Queremos que, cuando salgáis de aquí, seáis capaces de ver las cosas a través de los ojos de los demás, y que ellos puedan veros también con mayor claridad.

»Para lograrlo, necesitamos crear un entorno de sinceridad total. Queremos que deis vuestra opinión, pero que lo hagáis con respeto. Si no entendéis el punto de vista de alguien, por favor, hacedle preguntas. No tenéis que levantar la mano, queremos que el tono sea informal, no como si estuvieseis en clase, pero queremos que todos tengan su oportunidad, así que puede que os interrumpa si son unos cuantos los que acaparan el diálogo. —A Phoebe le dio la impresión de que Angela miraba a

Karen, aunque no estaba segura—. Ésta es la parte de las prácticas por la que recibiréis una nota. Las notas dependerán del grado de participación. ¿Hay alguna pregunta sobre los objetivos o las reglas de participación? —Miró a todos uno a uno, pero nadie habló—. ¿No? Bien, entonces tengo una pregunta para Colette: ¿por qué crees que la gente os odia?

Colette pareció atravesarla con la mirada, sin verse afectada por su brillo.

—Porque... me... lo han... dicho.

—Mmm, ¿a alguien más le ha dicho alguien que lo odia?

Al principio se levantaron todas las manos, salvo la de Phoebe. Margi le hizo burlas.

—¿Qué? A mí nadie me lo ha dicho nunca.

—No con esas palabras —contestó Margi. Hablaba sólo con Phoebe, pero Angela lo aprovechó.

—¿A qué te refieres, Margi?

—La gente nos da mucho la brasa a Pheebes y a mí porque nos vestimos y actuamos de manera diferente —respondió. A Phoebe la dejó perpleja la intensidad de su mirada.

—«Odiar» es una palabra muy fuerte, Margi —repuso Phoebe. Estaba sorprendida de lo convencida que se mostraba su amiga.

—Pero es la correcta —intervino Adam—. Los chicos odian a la mínima. La gente es así.

—¿Quién crees que te odia, Adam? —le preguntó Angela.

—Preferiría no decirlo.

—Me parece justo. Ésa es otra regla, por cierto: si una pregunta os hace sentir incómodos, no tenéis que responderla. No afectará a la nota, siempre que participéis en otras ocasiones.

—La pregunta no me hace sentir incómodo, es que no quiero responderla.

—Vale —dijo Angela, sin perder su bonita sonrisa.

—Vale —repuso Adam, abriendo los brazos.

—Estupendo, dejadme cambiar de tema. De todos los que estáis aquí, ¿a cuántos os han dicho que os querían? Quien sea.

Casi todos levantaron la mano, salvo Colette y Sylvia Stelman.

—¿Sylvia?

Sylvia cerró los ojos. Un minuto después, abrió uno de ellos.

—No... desde... que... morí —respondió, y abrió el otro ojo.

Angela hizo un ruidito de comprensión, pero fue Karen la que habló; sus ojos blancos de diamante parecían reflejar hasta la pálida luz fluorescente del techo.

—Te quiero, Sylvia. —Estaba sentada al final del semicírculo, así que se levantó y fue a abrazarla—. Y a ti también, Colette.

Angela hizo algunas anotaciones en su cuaderno. Colette no parecía querer soltar a Karen.

—Vamos a tomarnos un pequeño descanso. Cuando volvamos, leeremos algunos titulares y artículos de la semana pasada sobre las personas con diferente factor biótico.

Phoebe vio cómo Karen abrazaba a Colette, tragó saliva y se volvió, parpadeando muy deprisa.

14

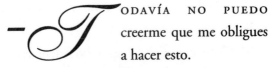—Todavía no puedo creerme que me obligues a hacer esto.

—Lo sé —respondió Phoebe, sonriendo.

—Me debes una gorda, Phoebe. Esto es gordo.

—Gordo —repitió ella. Las gotas de lluvia relucían en el parabrisas, iluminadas por la luz de un coche al pasar.

—Bueno —dijo Adam—, ¿es como una cita o algo así?

—O algo así, no lo sé.

—¿Sientes algo por él?

—Siento algo por todo el mundo, Adam. —Cuanto más hablaba Adam, más despacio conducía. A Phoebe no le hubiese extrañado que se parasen en cualquier momento y la camioneta del PDT acabase metida en el verde arcén de la carretera.

—Sabes que está muerto, ¿no? —Ella se volvió hacia él, notando que la boca se le llenaba de comentarios airados, pero Adam la detuvo, riéndose—. Sólo quería comprobarlo.

—Tú mira la carretera —respondió Phoebe, incapaz de reprimir la sonrisa—. No sé qué es esto, Adam. Me resulta interesante, nada más.

—No puedes sentirte atraída por él, ¿verdad? —preguntó, volviéndose hacia ella—. Dime que me calle, si quieres.

—No tienes por qué callarte.

—Vale, entonces, ¿te sientes atraída por él? ¿Atraída, atraída?

—La verdad es que no sé qué me atrae. No lo sé.

Adam asintió. Phoebe se preguntó qué creería su amigo que le estaba explicando.

—No sales mucho con chicos —comentó él.

—No salgo mucho; no como tú, al menos. ¿Cómo está como se llame, por cierto?

—Ella es como es —respondió Adam, encogiéndose de hombros—. Sólo intento averiguar qué tienes en la cabeza.

—Bueno, ¿y qué tienes tú en la tuya? Con como se llame, me refiero.

—Bien hilado. No lo sé.

—Bueno —repuso Phoebe, sonriendo y apoyando la cabeza en la ventanilla—, ahí lo tienes. Yo tampoco lo sé.

Parecía un buen momento para callarse, así que lo hicieron.

Unos minutos después llegaron a las puertas de la Fundación Hunter, a las afueras de la ciudad. Su nuevo lugar de trabajo le recordaba a un castillo medieval. En vez de foso, había un alto muro de piedra y una carretera bloqueada por una puerta metálica.

Adam se asomó por la ventana y pulsó el botón rojo del interfono.

—¿En qué puedo ayudarlo? —respondió una voz masculina y sin entonación.

—Somos Adam Layman y Phoebe Kendall —respondió Adam—. Venimos a recoger a Tommy Williams.

Después de una breve pausa, la voz respondió:

—Dirigíos al Edificio Uno.

Esperaron a que se abriesen las puertas de hierro hacia dentro, separando el logo de la Fundación Hunter, una hache y una efe largas y estilizadas.

Adam avanzó con la camioneta del PDT.

—Creo que era Thorny.

—Podría ser, está trabajando contigo en seguridad, ¿no?

—Sí, pero lo llaman mantenimiento de las instalaciones, seguramente porque también nos encargamos de sacar la basura, aparte de aporrear a cualquier posible saboteador biotista.

—¿A cuántos saboteadores has aporreado? —preguntó ella, riéndose—. ¿Y qué es un biotista?

—Pues no he aporreado a nadie, por ahora, pero me queda la esperanza. Y un biotista es como un racista, pero que odia a los muertos.

—Ya. ¿Os dan armas? Me encantaría ver a Thorny con un arma.

—Nada de armas, bastante tiene con el sistema de comunicaciones. Pero Duke sí lleva un arma. Y una pistola eléctrica, te lo creas o no.

—¿Una pistola eléctrica? ¿Quién es Duke?

—Davidson. Ese tío es una buena pieza. Hasta Zumbrowski tiene más personalidad y humanidad que ese tipo.

—¡Adam!

—Lo siento, no suelo censurarme cuando estoy contigo.

Fueron en la camioneta hasta el Edificio Uno. Evan Talbot, con sus pelos naranja desvaído de punta, como finos alambres de cobre, estaba de pie bajo el toldo del porche con Tommy.

—¿También viene Evan? —preguntó Adam—. Vamos a estar un poco apretados.

—No lo sé —respondió ella, y salió de la camioneta—. Hola, Tommy. Hola, Evan.

—Hola..., Phoebe —respondió Tommy, tomándose su tiempo para decir su nombre, aunque a ella le daba la impresión de que no necesitaba hacerlo—. ¿Puede Adam... llevar... a Evan?

Adam sacó la cabeza por la puerta abierta.

—Hola, chicos. Creo que no hay espacio suficiente dentro. Supongo que alguien tendrá que ir detrás, pero empieza a llover más fuerte. Será un viaje pasado por agua.

—Iré yo —se ofreció Tommy.

—Ni de coña —repuso Evan—. Yo... voy... detrás.

Fue hacia el guardabarros y empezó a subir. Phoebe lo observó meterse con torpeza en la parte de atrás, con los brazos y las piernas muy rígidos. Se movía deprisa para estar muerto, y se preguntó cuál sería la diferencia, por qué chicos como Colette y Zumbrowski se movían a la mitad de la velocidad zombi, que era como un cuarto de la velocidad normal.

Adam salió de la camioneta y desenganchó la tapa de la caja de herramientas que ocupaba todo el ancho de la parte de atrás.

—Creo que el PDT tiene una lona de pintor por aquí. Te mojarás igual, pero quizá te ayude.

—Vaya, espero no... pillar un resfriado —dijo Evan, con un ligero tic en la comisura derecha de los labios.

«Humor zombi», pensó Phoebe.

Adam extendió la lona sobre Evan, que esperó a que terminase antes de colocársela sobre la cabeza. Adam miró aquel pequeño bulto con forma de adolescente bajo la lona y sacudió la cabeza.

—Escalofriante —comentó.

Phoebe vio que la comisura de los labios de Tommy también temblaba. La miró, y a ella le dio la impresión de que se le habían iluminado los ojos.

—¿Te gusta... bailar? —le preguntó Tommy.

—Supongo que sí —respondió ella, riéndose.

—Genial. Vamos a... ir... a un club. La Casa Encantada.

Phoebe arqueó las cejas y frunció los labios, concentrada. Era más consciente que nunca de sus expresiones y se preguntaba qué le parecerían a Tommy, cuyos movimientos faciales eran mínimos. Se imaginó su cara como un paisaje en constante sucesión de temblores y tics. Si Tommy notó su repentina timidez, no dio muestras de ello.

—En realidad... no bailamos —le dijo—. Más bien nos... sacudimos.

La fina línea de sus labios se elevó por uno de sus extremos, y Phoebe se rió.

—Madre mía —comentó Adam—. Sí que es una Casa Encantada.

Se metieron en el camino de entrada de una casa al otro

lado del Oxoboxo, un viejo lugar de aspecto colonial, color blanco desvaído y poco más que enseñar bajo la pálida luz del crepúsculo; estaba rodeado de césped que llegaba hasta la cintura y se agitaba con la brisa. Un amplio porche recorría el edificio a lo largo, y el tejado se había desplomado por una parte. Más allá había un enorme granero que se inclinaba en un ángulo de cuarenta y cinco grados. En la casa principal, las contraventanas colgaban rotas de las pocas ventanas que todavía las conservaban. Casi todas las ventanas en sí estaban destrozadas, y sus dientes de cristal reflejaban los faros de la camioneta del PDT.

Las ventanas estaban abiertas, y podían oír música a todo volumen saliendo de la casa. En algún lugar del interior había una luz tenue, unos cuantos parpadeos, como si lo hubiesen iluminado todo con dos o tres velas.

—¿Es Grave Mistake? —preguntó Phoebe.

—Un favorito... de la casa —respondió Tommy—. Entrad, por favor.

«Le dijo la araña a la mosca», pensó ella. Tommy salió, al igual que Adam. Phoebe tenía el costado izquierdo calentito de haber estado aplastada entre los dos; en el derecho, que había estado en contacto con Tommy, no notaba ningún calor adicional. Se estremeció al bajar de la camioneta, aunque quizá fuera por la lluvia fría que le cayó en la nuca.

Siguieron a Tommy por los ruidosos escalones del porche. La música estaba a un volumen casi doloroso, y Grave Mistake dio paso a un grupo de metal que Phoebe no reconocía; la batería de doble pedal amenazaba con derribar el resto del tejado;

notaba las vibraciones a través de las botas. El aire olía a lana vieja y, de fondo, a putrefacción. Madera podrida o quizá el olor de las plantas arrastrado por la lluvia desde los bosques circundantes.

—¿Estará bien ahí atrás? —preguntó Adam, señalando la camioneta con la cabeza.

A Phoebe se le había olvidado Evan, que, como si esperase aquel momento, se quitó la lona de encima, sonriendo de oreja a oreja.

Resultaba desconcertante; los muertos no sonreían mucho.

Adam y ella intercambiaron una mirada de leve aprensión. Sabía que Adam no se permitiría demostrar miedo, y a ella se le daba bastante bien hacerse la impasible, pero estaban en aguas desconocidas.

Tommy le tocó el brazo.

—¿Está... muy alta... la música?

—Mucho.

—La... bajaremos —le dijo él—. Hace falta... mucho... para hacer sentir... a los muertos.

—También deben de estar un poco sordos. ¿Vivís aquí? —le preguntó Adam, intentando hacerse oír por encima del nuevo ataque de una vieja canción de Iron Maiden. Phoebe le dio un codazo en las costillas, y él tardó un momento en darse cuenta de por qué—. Estooo..., por decirlo de alguna manera.

Tommy sonrió, y fue una sonrisa casi de verdad.

—Algunos sí.

Lo siguieron al interior de la casa. Más allá del vestíbulo había una habitación más grande llena de figuras sólo reconocibles por los vagos contornos que bloqueaban la débil fuente de luz que salía del alguna parte.

—¡Abajo... con ella! —gritó Evan, y a Phoebe le dio un vuelco el corazón—. ¡Bajad... la música!

Durante un instante, Phoebe recordó *El regreso de los muertos vivientes,* y la escena en la que la chica punki se quitaba toda la ropa y empezaba a bailar, justo antes de que los zombis salieran corriendo de sus tumbas para matarla a zarpazos y arrastrarla con ellos a la tierra embarrada.

La música se detuvo y sólo se oyó el ruido hueco de la palmada de Tommy en la nuca del sonriente Evan, como en las películas de Los Tres Chiflados.

—Bienvenidos a la... Casa Encantada —dijo Tommy—. Me gustaría presentaros a unas cuantas... personas.

Había unos doce chicos en la habitación grande, que estaba vacía salvo por dos altavoces desparejados en el suelo y una lamparita con pantalla ámbar sobre la repisa de la chimenea. Unos cables salían de los altavoces y un grueso alargador amarillo iba a la habitación contigua, en la que había sofás y sillas; vieron unos cuantos chicos más allí, pero la habitación estaba a oscuras, la luz ámbar apenas llegaba hasta ellos.

—Zombis, éstos son Phoebe y Adam. Adam y... Phoebe, éstos son los... zombis —dijo Tommy.

Phoebe saludó con la mano, y Adam dijo:

—Hola, zombis. —Su amiga estaba demasiado lejos para darle otro codazo.

Reconoció a unos cuantos. Vio a Sylvia y al chico grandote, Mal, el de su aventura en el bosque. El chico agitó los dedos para saludarlos. Tayshawn salió de la habitación oscura y les dijo hola. Karen llevaba un vestido largo blanco que parecía hecho de luz de luna; los saludó con la mano.

Tommy respondió la pregunta silenciosa de Tayshawn asintiendo con la cabeza.

—Pero más baja. Por nuestros... invitados.

Tayshawn desapareció y, un segundo después, una canción de Slayer se hizo oír por toda la casa, a un volumen un poquito mayor que el que Phoebe hubiese elegido para oírla en su iPod.

—¿De dónde sacáis la electricidad? —preguntó Adam, gritándole a Tommy al oído.

—Generador —contestó él—. De gasolina.

—¿Cómo conseguís la gasolina? ¿Todos trabajáis?

—Ahora... sí. Algunos —respondió Tommy, sonriendo.

Phoebe observó la habitación. Algunos de los chicos intentaban bailar, como había dicho Tommy. Los hombres de Evan sufrían una especie de baile de San Vito; Mal, que no era tan rápido, intentaba mover la cabeza al ritmo de la música, pero sólo pillaba uno de cada cuatro o cinco compases. Había una chica con un solo brazo que se balanceaba ligeramente, con las puntas de los dedos pegadas a la pared, como si quisiera absorber las vibraciones de la música con su cuerpo sin vida.

—*Angel of Death*, ¿eh? —comentó Adam, sacando el título de la canción de los gritos del estribillo. No le iba mucho la música, y los tres mil intentos de Phoebe por cambiar ese defecto de su carácter se habían encontrado con una resistencia férrea. Le gustaba Kenny Chesney y algo de rock clásico—. Y eso de llamaros zombis entre vosotros..., os mola la ironía, ¿no?

Phoebe se preguntó si sería su tamaño lo que daba a Adam la confianza necesaria para ponerse a hablar, para lanzarse a hacer bromitas que tenían toda la pinta de ser bastante desconsideradas. Pero así era él. Si ella fuese grande, bella o la chica más lista del instituto, ¿también demostraría tanta confianza?

—Nos encontramos en un estado irónico, ¿no te parece? —repuso Karen, que se había deslizado por el suelo hasta ellos, como un fantasma. Vaya, ¿quién era la irónica ahora?—. Tienes que reconocer que la idea de que los muertos vuelvan a la vida es algo irónica. Es como lo opuesto a la... cultura gótica, en la que los vivos... idealizan las cosas muertas y la oscuridad.

A Phoebe se le encendieron las mejillas y se preguntó si su color carmesí podría detectarse bajo la luz ámbar. No sabía si Karen se burlaba de ella a propósito o sólo comentaba la realidad tal como ella la veía.

Karen era la única chica muerta que conocía que le parecía bella, sin lugar a dudas. Colette, que había sido guapa en vida, perdió bastante de su lustre con la muerte; sus ojos oscuros estaban velados, y los rizos castaños parecían frágiles y pardos. Sin embargo, Karen era preciosa. Llevaba un vestido de tirantes que acababa justo por debajo de las rodillas; los hombros desnudos no tenían defecto alguno, al igual que el resto de su piel, en realidad. Su voz no presentaba los problemas glóticos de otros muertos, y hablaba con la inflexión y los matices apropiados que les faltaban a casi todos los demás. Andaba descalza, e incluso sus pies parecían etéreos.

«Personas con diferente factor biótico», pensó Phoebe. Los ojos de Karen eran diamantes blancos, a pesar de la escasa luz.

—Estaría dispuesta a renunciar a la ironía y quedarme con la realidad sin pensarlo —dijo Karen, atravesando con su mirada el cerebro de Phoebe. Después parpadeó, se inclinó, le dio un beso en la mejilla y se fue. Pasó tan deprisa que a Phoebe no le dio tiempo a reaccionar. La observó cruzar la sala en dirección a Sylvia, que estaba inmóvil, apoyada en una pared. Cuando llegó hasta ella, la cogió de la mano y la arrastró a la habitación oscura.

Phoebe se dio cuenta de que el vestido de Karen le recordaba al que llevaba Marilyn Monroe en aquella película en la que se colocaba encima de una rejilla del metro. *¿Los caballeros las prefieren rubias? ¿La tentación vive arriba?* Por algún motivo, la fría huella de los labios de Karen le calentó la mejilla.

—¿De qué iba ésa? —preguntó Adam, y Phoebe sacudió la cabeza, sin palabras.

—Cualquiera... pensaría que Karen... es la que... lo tiene más fácil... de todos nosotros —dijo Tommy. Phoebe asintió, esperando a que continuara—. Pero es... al revés. Irónicamente.

—Es asombrosa —comentó Phoebe.

—Cada día... se nos une... más gente.

—Sí, me he dado cuenta —dijo Adam—. Hay más zombis por aquí que antes. No tenía ni idea de que hubiesen muerto tantos chicos por la zona.

Phoebe vio que Tommy lo miraba.

—La mayoría... no murieron... por aquí.

—¿Ah, no? ¿De dónde vienen?

Puede que Tommy sonriera; era difícil verlo con aquella luz.

—Vienen... de todas partes. Y hay... razones... para venir.

Tayshawn pinchó una canción de los Misfits, *Dust to Dust*,

una de las favoritas de Phoebe, y el repentino ataque de la guitarra cortó su conversación como si fuese una sierra.

—¿Queréis... ver... el resto de la casa?

—Vale —respondió Phoebe—. Adam, ¿vienes?

—No, gracias. Oye, Evan, ¿tenéis algo de papeo? ¿Patatas fritas o lo que sea?

Todos se quedaron mirándolo y, para horror de Phoebe, Adam movió la comisura de los labios, parodiando a la perfección la sonrisa de los chicos con DFB. Evan hizo un sonido similar al de la bocina de un cochecito extranjero, su versión de la risa. Phoebe no sabía si tenía más ganas de matar a Adam por la poca sutileza con la que la había dejado a solas con Tommy o por los riesgos que corría ofendiendo a sus anfitriones.

Sin embargo, Tommy sonreía.

—Vamos.

Lo siguió por las ruidosas escaleras hasta la penumbra.

—Eh, Tommy, sabes que no puedo ver en la oscuridad como vosotros, ¿no?

—Es verdad —repuso él, ofreciéndole la mano. Era fría y suave.

Ella tembló, en parte por su contacto y en parte por la idea de que, si daba unos cuantos pasos más, se encontraría en la oscuridad más absoluta, con tan sólo la mano de Tommy para guiarla.

—Bueno —dijo Phoebe, con una voz que le resultaba nerviosa hasta a ella—, has dicho que algunos de tus... tus amigos se alojan aquí, ¿no?

—Sí —respondió él, convertido en un vago perfil grisáceo—.

Algunos... padres... no aprueban nuestra situación. Mal se queda aquí. Sylvia. Cuidado, es el último escalón.

—¿Tú no?

—No, yo... me quedo... con mi madre. Vivimos en una casa móvil... en el camping de casas móviles Oxoboxo Pines. Gira aquí. Hay más escaleras.

La oscuridad en lo alto del segundo tramo de escaleras era completa. La música seguía llegándoles, pero ya no tenían que gritar para hacerse oír.

—¿De verdad? ¿Con tu madre? —Le daba la impresión de caminar por un pasillo paralelo a las escaleras. Temía no encontrar ninguna pared si alargaba la mano libre. La mano de Tommy, que parecía calentarse dentro de la suya, era como una cuerda que la anclaba a una realidad que se desmoronaba rápidamente.

—De verdad. Aquí.

Lo oyó abrir una puerta, y la luz pálida que entraba por dos enormes ventanas de la pared opuesta le dio en los ojos. Una de las ventanas estaba rota, y el viento entraba chillando en la habitación, como si lo hiriesen los fragmentos de cristal roto que colgaban del marco. Hacía mucho frío.

Tommy, que no tenía frío, le soltó la mano y se acercó a la ventana.

—Me encantan estas vistas —dijo.

Abrazándose para darse calor, Phoebe se unió a él. Estaban a la altura suficiente para ver el interior del bosque. Las nubes eran algodón gris que flotaba por el cielo oscuro; en algún lugar detrás de una de ellas estaba la luna. Vieron un destello y un rayo que cortaba el cielo con sus múltiples dedos.

—Vaya —dijo Phoebe, mirando a Tommy, sobre todo para borrar la imagen mental de campesinos con antorchas reuniéndose en la base de la casa. El chico miraba a lo lejos con una intensidad que los vivos nunca podrían alcanzar.

—El lago está detrás de esos árboles —comentó—. En las noches despejadas, cuando sale la luna, puede verse brillar. Como las estrellas, sólo que en la tierra.

—Me gustaría verlo —contestó ella, aunque con voz temblorosa, porque el frío se le había metido en el cuerpo.

—Tienes frío —dijo Tommy. La cogió de la mano, y casi le pareció más caliente que la de ella.

A Phoebe le habría gustado decir algo inteligente e ingenioso, al estilo de Adam, algo como: «Sí, ¿se te había olvidado que sigo viva?» o «Todos los chicos muertos me llaman frígida». Pensó las frases, pero se dio cuenta de que no podía decirlas igual que si se hubiese tratado de Adam o Margi.

Tommy la condujo afuera.

—Quiero enseñarte otro cuarto.

Volvieron a la segunda planta y recorrieron el pasillo. Phoebe estaba desorientada por completo; sabía que las grandes ventanas de arriba daban al patio trasero de la casa, pero pensaba que habían girado a la derecha al pie del rellano, lo que los habría vuelto a poner en aquella dirección. La música era una vibración sorda y lejana.

Tommy se detuvo.

—Phoebe —le dijo, y su voz hizo eco.

—¿Sí, Tommy?

—¿Confías en mí?

«Oh, oh.»

—¿Por qué no iba a hacerlo?

—Necesito que confíes en mí.

—Vale, confío en ti.

—Bien —respondió él, soltándole la mano. Su voz pareció retroceder en la oscuridad—. Túmbate, por favor.

—Eeeh, Tommy, no sé...

—Por favor —insistió él—. No es lo que piensas. Confía en mí.

Phoebe se oía respirar en la oscuridad. «¿Qué está pasando aquí?»

—¿En el suelo?

—Por favor.

Phoebe no veía el cuarto. Se preguntó si Adam la oiría gritar si la cosa llegaba a eso. ¿Y si su grito era la señal para que los zombis emboscaran a Adam, lo atacaran y le arrancaran las extremidades una a una, mientras ella se quedaba a solas en la oscuridad con Tommy?

—Por favor —le dijo él—. No... no... no voy a... tocarte... si es... eso... lo que... temes.

Era difícil interpretarlo, como todos los chicos con DFB. Sus expresiones faciales eran mínimas, su lenguaje corporal no decía nada, y sus voces eran monótonas y sin inflexión. No podía verlo, pero le pareció detectar en sus palabras una tristeza tan grande y profunda como el Oxoboxo.

—Vale, Tommy —le dijo, agachándose hasta tocar el suelo polvoriento con las puntas de los dedos; el movimiento hizo que le llegase el olor a pintura vieja y moho—. Confío en ti.

Se tumbó y se alisó la larga falda sobre las piernas. Las cruzó a la altura de los tobillos y entrelazó las manos sobre el estómago. Tenía los ojos abiertos, y una negra eternidad daba vueltas sobre ella.

—Gracias —susurró Tommy.

Phoebe notaba los labios secos; se los humedeció, temblando.

—Ahora... vuelvo —dijo él—. Tengo... que coger... una linterna.

—¿Qué? ¿Me vas a dejar aquí?

—Confía... en mí —insistió Tommy. Oyó y sintió sus pasos alejándose por los tablones de madera.

«Phoebe, Phoebe, Phoebe —pensó—. ¿En qué te has metido ahora?»

Unos patrones morados empezaron a surgir de la oscuridad, extrañas figuras amorfas que se acercaban a ella, formando espirales de energía. Deseó haber prestado más atención en biología para tener una explicación racional del fenómeno, algunos conocimientos sobre bastones, conos, refracción de la córnea o lo que fuera que hiciese que aquellas formas violetas flotaran hacia ella. El silencio de la habitación le permitió centrarse en los sonidos de abajo (Michael Graves, quizá), pero la música parecía cada vez más lejana, como si unas manos moradas invisibles la levantasen del suelo y la llevasen cada vez más deprisa a través del tejado, hacia el cielo, a algún lugar más allá de él.

«Tommy, ¿dónde estás?»

Estornudó, y el aroma a madera podrida le llenó la nariz. Las manos cruzadas eran como bloques de hielo sobre el estómago.

Tenía frío por todas partes, y era como si la oscuridad le chupase el calor. Por encima de la música oía su respiración y los latidos de su corazón, aunque nada parecía normal; los latidos eran demasiado lentos, la respiración demasiado acelerada. Cerró los ojos cuando la oscuridad morada empezó a mostrarle cosas que parecían caras y manos amenazantes, pero, al cerrarlos, las caras seguían allí.

—¿T... Tommy? —preguntó, susurrando.

Se quedó quieta, hasta dejó de temblar. Sabía que nunca tendría que haber confiado en él, que no iba a volver a por ella, que la había dejado sola en la oscuridad.

Quería levantarse, apartarse del frío suelo de madera, pero no podía respirar. A pesar de que el polvo le cubría los pulmones y quería moverse, tenía miedo. Porque, ¿y si no podía moverse? ¿Y si intentaba moverse y su cuerpo ya no la obedecía, porque la oscuridad morada le había absorbido el espíritu, como si fuese el líquido del fondo de un vaso?

¿Era eso lo que ellos sentían?

Una luz iluminó la oscuridad, así que levantó la cabeza del suelo; le pareció oír cómo le crujían los tendones del cuello. Y allí estaba Tommy con una linterna, de pie en el umbral. Phoebe parpadeó cuando la apuntó con el haz de luz, y la fuerza de su suspiro hizo que el polvo se levantase y formase remolinos.

—Gracias, Phoebe.

Ella contempló su propia respiración, una mezcla de vapor y polvo que salía de ella.

—¿Puedo levantarme ya?

—Por favor. Quiero enseñarte... una cosa. —Agitó la luz de la linterna para iluminar la pared de detrás de Phoebe—. Mira.

Ella miró.

La pared estaba cubierta de papeles pegados o clavados en el destrozado yeso. Consiguió levantarse y acercarse a la pared; miró los papeles, algunos de los cuales se agitaban con la corriente. La mayoría eran imágenes digitales impresas por ordenador, pero había algunas fotografías y un par de logradas Polaroids.

Las miradas sin vida de cientos de chicos con diferente factor biótico la observaban, como acusándola.

—Todos y cada uno de ellos... sintieron... lo que acabas de sentir tú. El frío. La oscuridad. El... miedo.

Veía el miedo grabado en las caras inexpresivas. Un chico joven con una gorra de los Boston Red Sox apartaba la vista de la cámara, como un perro apaleado demasiado asustado para mirar a su dueño a los ojos. Una chica con horribles quemaduras en la cara miraba al frente, reflejando todo un mundo de dolor en su ojo sin párpados.

—Todos ellos... murieron... y regresaron.

Había un chico con la cabeza afeitada y llena de cicatrices que se había quitado la camiseta, se había clavado un cuchillo de cocina en el pecho y observaba con una perturbadora calma a la persona que había hecho la foto. Otra chica muerta, vestida con un traje de fiesta, estaba debajo de un póster del Castillo de Cenicienta en Disney World, con el rostro amarillento y serio.

—No... puedes... saber... lo... que... sentimos.

Phoebe se apartó de la pared y de sus niños abandonados al

oír el mismo dolor en el tono vacío de sus palabras. Había tantos en aquella pared... Docenas. Quizá cientos.

—Porque... ni nosotros... sabemos... lo que... sentimos.

—Phoebe dio un paso hacia él—. Tengo... que... ayudarlos.

Ella lo abrazó y, aunque su abrazo no duró mucho, cuando se reunieron con los chicos que bailaban al ritmo del heavy metal en el primer piso, ya no tenía tanto frío.

15

DAM LLEGÓ CON LA camioneta a su casa una hora después. Phoebe le dio las gracias, le deseó buenas noches y corrió por el corto tramo de césped que separaba sus casas. Él la observó alejarse, y ella tuvo que saberlo, porque se volvió para despedirse con la mano antes de meter la llave en la cerradura de la puerta principal.

Él le devolvió el gesto, deseando que un vampiro intentase caer sobre ella desde el tejado, o que un par de chorizos al acecho entre los arbustos se abalanzasen sobre ella, porque así él podría entrar en acción. Atacaría con una lluvia de patadas y golpes con las manos abiertas, sometería a los malhechores, y ella lo sabría. Sabría que estaba protegida y que él siempre estaría allí para ella. Lo sabría todo.

Le dio una palmada al capó de la camioneta, frustrado.

Sólo había otros tres coches y la camioneta en casa del PDT, lo que quería decir que Jimmy y Johnny todavía estaban en la calle, causando el caos. Arreglar coches, conducir coches, romper coches. A veces Adam envidiaba sus vidas, que le parecían muy sencillas.

En el interior, el PDT estaba despierto y frente a la tele, viendo a la vez un partido de béisbol y una serie de risa; al lado de su sillón reclinable, en el suelo, había una hilera de latas vacías. Lo miró y asintió.

—Hola.

—Hola, ¿está mamá acostada?

—Sí —respondió el hombre, resollando. La camisa de trabajo del PDT estaba abierta hasta el ombligo, y una mata de pelo negro rizado sobresalía de la uve de su camiseta interior, que había dejado de ser blanca hacía tiempo. Todavía tenía los brazos manchados de grasa—. Estaba muy cansada. Creo que su jefe le ha vuelto a dar por saco esta semana.

Adam asintió. Su madre trabajaba en un banco, y su jefe era un hombrecillo arrogante y brusco que la había hecho llorar en varias ocasiones.

—¿Qué tal tu cita?

Adam buscó indicios de sarcasmo, pero no vio ninguno en aquella cara curtida. Al PDT le gustaba ver la tele con la luz apagada, y la iluminación azul de la pantalla le daba a su rostro un aspecto pálido, como de chico con diferente factor biótico.

—Ha estado bien. Hemos ido a una fiesta.

—¿Ah, sí? ¿Has tomado cerveza?

—Nah.

—Bueno, puedes coger una, si quieres —respondió el PDT, mirándolo fijamente—. Siempre que me traigas otra.

—Vale, Joe. Gracias.

Adam fue al frigorífico y sacó un par de latas de cerveza, una para él y otra para el gran Joe Garrity, el PDT. Joe no era tan mal tipo después de tomarse la tercera o la cuarta cerveza, lo que solía pasar más o menos una hora después de la cena. Adam le pasó la cerveza y se tumbó en el sofá, apoyando la lata en su ancho pecho.

—Te gusta esa chica, ¿verdad? —le preguntó Joe después de dar un ruidoso trago.

—Sí. Sí, me gusta.

—¿Es la animadora? ¿La rubia?

—¿Holly? —preguntó Adam. Los Sox iban tres a dos, pero todavía quedaba una entrada—. Nah, apenas la veo desde el verano.

Joe dejó escapar un eructo silencioso y se movió en el asiento, lo que estuvo a punto de hacer que la lata cayera al suelo.

—Es guapa, aunque no se puede decir que tenga una gran personalidad.

«*Pershonalidad*», pensó Adam. Su padre, Bill Layman, también había sido un alcohólico, aunque su *pershonalidad* iba en dirección contraria cuando se emborrachaba. Mientras que el PDT se volvía más tolerable, Bill Layman se convertía en un demonio. Adam bebió de su lata, preguntándose por qué su madre necesitaba estar con tíos que bebían. También pensó en Phoebe.

El PDT soltó una palabrota cuando una pelota rasa rebotó en el guante del tercera base y dio al traste con la carrera hasta la primera base que podría haber significado el empate.

—Tienes razón —respondió Adam al cabo de un rato.

—Entonces, ¿quién es tu nueva novia? ¿La chica de al lado, por fin?

«La verdad os hará libres», pensó Adam. Dio otro trago a la lata.

—Sí.

El PDT guardó silencio durante un momento. El siguiente bateador golpeó la pelota directamente hacia el segundo base, que acabó con un sencillo doble juego.

—Parece buena chica —comentó Joe.

—Sí.

Joe se quedó dormido en la novena entrada, en algún momento entre la pormenorizada disección de los lanzamientos y el análisis en profundidad de los cambios en el orden de bateo. Adam se quedó escuchando sus ronquidos hasta que oyó a uno de sus hermanastros llegar con el coche, momento en el que recogió las latas vacías, las lavó y las tiró en el cubo para reciclar. Después entró Johnny, oliendo a cerveza y tabaco, y le dio un puñetazo en el hombro.

—Hola, hermanito —lo saludó, de camino a su cuarto.

—Hola —respondió Adam. Tiró el resto de su cerveza en el fregadero antes de irse a su dormitorio.

Phoebe cogió el autobús al día siguiente, así que Adam se quedó solo con sus pensamientos durante todo el camino. Sintonizó una cadena de deportes, algo que nunca hacía cuando Phoebe estaba en la camioneta, y, al cabo de pocos minutos, le recordaron que el agradable encanto desplegado por Joe la noche anterior no se prolongaría, ya que los Sox acabaron perdiendo en la novena con un *home run* de dos carreras. Adiós, Joe, gracias por la visita. Hola, PDT. Adam se preguntó si habría más chicos cuya vida familiar dependiese en su mayor parte del consumo de alcohol y los partidos de los Sox.

Llegó pronto al instituto. Algunos de los profesores estaban todavía entrando y no había llegado ninguno de los autobuses. Se metió en el aparcamiento para estudiantes del pie de la colina y pensó en entrar, pero decidió dejarlo. Hurgó en su cartera, encontró su manoseado ejemplar de *Cumbres borrascosas* y lo tiró en el asiento de al lado, como si pretendiera leerlo. El presentador de la radio estaba analizando la relativa importancia del partido de los Red Sox en el marco del cosmos, y Adam sacó el libro de historia porque tenían un examen; entonces se dio cuenta de que la única razón por la que se había quedado en el coche era para poder ver a Phoebe salir del autobús y entrar en el instituto.

«Maldición», pensó. Metió de nuevo *Cumbres borrascosas* en la mochila, sacó el petate con su equipo de la parte de atrás de la camioneta y se dirigió al edificio.

Estaba a medio camino cuando vio un coche familiar verde detenerse cerca de la curva de la parada de autobuses y una mata de pelo naranja pálido aparecer por encima del techo del coche. Evan se despidió con la mano del conductor y se quedó mirando cómo se alejaba el coche. Adam subió corriendo los escalones que le quedaban para echarle un buen vistazo al conductor, que era una mujer con el pelo un poco más oscuro que Evan.

«Su madre», pensó. Los niños muertos pueden tener madres.

—¡Hola, Evan! —lo llamó—. ¡Espera!

Evan se volvió como si esperase que el grito fuese acompañado de una piedra. Adam lo llamó otra vez, y entonces Evan lo saludó con la mano y lo esperó en la puerta del instituto.

—Hola —dijo Adam; las semanas de entrenamiento lo permitían respirar sin problemas—, gracias por lo de anoche, nos lo pasamos muy bien.

Se dio cuenta de que Evan tenía una lluvia de puntitos de color beis dispersos por el puente de la nariz y bajo los ojos, los fantasmas de sus pecas. Era como dos veces más pequeño que Adam, un chaval pequeño y delgaducho vestido con vaqueros y una camiseta que le quedaba demasiado grande. Miraba a Adam como si esperase el chiste.

—Estuvo bien ver dónde quedáis. Quiero decir, escuchar la música que os gusta y eso. —Adam sacudió la cabeza y silbó—. Ha sonado muy estúpido, ¿eh?

Evan soltó su extraña carcajada, la que era como un balido de cordero.

—Ojalá... todavía pudiera... silbar. Lo... intento... una y otra... vez, pero no me sale. Antes se me daba... genial.

—¿De verdad? —preguntó Adam, sin saber bien qué decir a continuación y sintiéndose muy estúpido por haber hablado antes. Mientras Evan intentaba decir algo, un autobús se acercó por el camino, y sus palabras se perdieron en el ruido del gutural motor.

—¿Qué?

—He... dicho... que Phoebe y... tú... habéis sido... los primeros... chicos... vivos que han ido de visita.

—¿De verdad? Vaya, qué honor. Entonces, ¿tú no... te quedas allí?

—Estoy con mi... familia —respondió. Otro autobús subió por la colina, y Adam vio los pelos rosa de punta de Margi a través de una de las ventanas de atrás.

—¿Ah, sí? ¿Era tu madre la que te ha traído? —Evan asintió, y a Adam le pareció detectar la sombra de una sonrisa en su pálido rostro—. Guay. Entonces, oye, estaba pensando... Tengo que hacerte una pregunta, pero no te lo tomes a mal, ¿vale? No quiero insultarte, así que no te sientas insultado, ¿vale?

Evan parecía intentar encogerse de hombros, aunque uno de ellos se levantó bastante más que el otro.

—Dispara.

—Bueno, lo que me preguntaba era... —empezó Adam, consciente de que, detrás de él, los autobuses empezaban a dejar salir a sus pasajeros—, ¿cómo es? ¿Cómo es estar muerto?

Evan lo miró con sus ojos azules vacíos, sin pestañear, tanto rato que Adam pensó que, a pesar de sus precauciones, lo había insultado. Pero, entonces, el chico habló.

—No lo sé. ¿Cómo es... estar vivo?

Se empezó a reír otra vez, pero sin cambiar de expresión; sonaba como si alguien hubiese pisado uno de esos perros de juguete que pitan al aplastarlos.

Adam sonrió.

Miró hacia los autobuses justo cuando Phoebe bajaba y levantó la mano para saludarla. Ella no lo miraba; una cortina de reluciente pelo negro le tapaba la cara mientras Margi hablaba con ella, atravesando el aire con sus brazos llenos de pulseras para darle énfasis a la tontería que le estuviese contando. Tommy estaba justo detrás de ellas.

Phoebe se rió, y el pelo le cayó sobre el hombro y dejó al descubierto su boca abierta y su suave piel blanca. Adam sonrió, pero entonces Tommy consiguió alcanzarlas y le tapó la vista.

—Vamos a clase, Evan —dijo Adam, suspirando; se echó el petate al hombro y frenó un poco para que el chico pudiera seguirle el ritmo.

16

—BUENAS TARDES A TODOS —dijo Angela, entrando en la sala a paso ligero. Al acercarse a Phoebe de camino al centro del cuarto, le puso en el hombro una mano suave y cálida.

Detrás de ella iban Alish y un joven atlético al que Phoebe identificó rápidamente: era Skip Slydell, autor de muchos libros y artículos sobre el movimiento de los muertos vivientes.

—Hoy tenemos a un invitado especial al que reconoceréis del vídeo de la CNN de la semana pasada. Vamos a dar la bienvenida a Skip Slydell, por favor.

—Gracias, Angela y señor Hunter, por permitirme estar hoy aquí —repuso él, saludando—. Y, sobre todo, gracias a vosotros, estudiantes, por aguantarme durante la próxima hora.

Margi miró a Phoebe y puso los ojos en blanco, ya que cada vez que la directora Kim o Angela presentaban a un orador invitado lo hacían con una especie de solemnidad eufórica extrema, como si la llegada del invitado fuese una ocasión alegre y seria a la vez.

Lo primero que hizo Slydell fue repartir tarjetas de visita a todos los chicos. Phoebe vio que Tayshawn agarraba la suya con las dos manos y se la llevaba a pocos centímetros de la nariz, poniéndose bizco.

«SKIP SLYDELL ENTERPRISES», decía la tarjeta, y se veía una foto de la cabeza y hombros de Skip sonriendo sobre una pila de libros y productos. «EN COLABORACIÓN CON LA FUNDACIÓN HUNTER.» Había un número de teléfono gratuito en la parte de abajo de la tarjeta.

—Empecemos, ¿de acuerdo? —dijo Slydell—. La señorita Hunter me ha dicho que uno de los principales objetivos de la fundación en la que trabajáis y aprendéis es algo a lo que me gusta referirme como la aclimatación de las personas con diferente factor biótico a la sociedad, así como la aclimatación de la sociedad para que acepte mejor a las personas con diferente factor biótico en su seno. ¿Tiene sentido? ¿Alguna pregunta?

No esperó a que respondieran a ninguna de las dos cuestiones. Caminaba mientras hablaba, agitando sus grandes manos de suave aspecto, y señalando a uno y otro lado para enfatizar sus opiniones. Procuró mirar a los ojos de todas y cada una de las personas presentes, y sostenía la mirada un poco más cuando se trataba de un chico con DFB. Hablaba tan deprisa que Phoebe pensó que la mayoría de los chicos muertos no podría seguirlo. A ella también le habría costado seguirlo de no haberse preparado un café al entrar.

—¿Podéis poneros todos mirando hacia aquí? ¿Os parece bien? —Había dos largas mesas al fondo de la sala, las dos cubiertas por una tela blanca que ocultaba lo que hubiese debajo. Se puso delante de ellas—. Por tanto, la pregunta es: ¿cómo podemos facilitar la aclimatación? ¿Cómo podemos conseguirlo? Lo que pretendemos no es fácil. Cambiar la cultura. Cambiar la cultura es muy, muy difícil, incluso en este país. Vosotros y yo... —empezó a decir, y sostuvo la mirada de Sylvia durante una pausa de casi veinte segundos— ...Vosotros y yo no hemos elegido el camino fácil. En absoluto. No es fácil transformar la cultura.

Se apoyó en la mesa, tambaleándose un poco, como si la enormidad de la tarea lo hubiese dejado sin aliento. Margi empezó a hacer un ruido, como un zumbido, y Phoebe sonrió, porque significaba que su amiga había activado su detector de gilipolleces.

—Lo que vamos a hacer no es sencillo, pero puede hacerse. Incluso aquí, en Estados Unidos. Elvis Presley lo hizo; Martin Luther King lo hizo; Jimi Hendrix; John F. Kennedy; Bill Gates; Michael Jordan; los dos tipos que crearon *South Park*. —«El colectivo estadounidense de santos», pensó Phoebe—. Y nosotros también podemos hacerlo. ¿Me seguís? Lo cierto es que ya se ha hecho lo más gordo, el trabajo más complicado. ¿Sabéis por qué? —preguntó, sonriendo—. Porque los muertos vivientes son un hecho consumado de la vida. Qué gracioso, ¿verdad? Casi parece un oxímoron. Decidlo conmigo: «Los muertos vivientes son un hecho consumado de la vida».

Nadie se unió a él en coro, pero algunos chicos parecían algo incómodos; la expresión «muerto viviente» no se consideraba muy educada en público, y menos en una habitación llena de muertos vivientes.

—¿Qué os ha hecho sentir lo que acabo de decir? Pensadlo

un minuto. Los muertos vivientes son un hecho consumado de la vida. ¿Cómo os sentís? Karen, ¿no? ¿Podrías compartir con nosotros tus sentimientos al respecto?

Karen parpadeó y dijo:

—Es cierto. —Después parpadeó otra vez y siguió hablando—. Ha presentado una realidad que no todos deciden... aceptar.

—Vaya —dijo Slydell, sonriendo—. Vaya. Una realidad que no todos deciden aceptar. Vaya. Lo voy a escribir. —Sacó un cuaderno de una funda de cuero y empezó a escribir—. Extraordinario. Gracias por la aportación. ¿Y la terminología que he usado? ¿Qué te parece?

—No me parece... nada. Pero me molesta que algunas personas utilicen esas palabras para referirse a mí.

—Sin embargo, no te ha molestado que lo diga yo, ¿no? —preguntó él, tirando el cuaderno sobre la mesa.

Ella sacudió la cabeza, lo que hizo que su cabello se agitase como unas cortinas de platino llevadas por la brisa.

—Gracias, significa mucho, gracias.

—Al menos, por ahora —repuso ella, devolviéndole la mirada con calma. Evan dejó escapar su risa de cordero.

—Me parece justo —respondió Slydell, riéndose también. Quitó uno de los manteles, como un mago a punto de revelar un truco—. Angela me contó que a vosotros..., los que estáis muertos..., también os gusta llamaros zombis. ¿Es cierto? Puede responderme cualquiera.

—Sí —contestó Evan.

—¿Se aplican las mismas reglas? ¿Vosotros podéis decir «zombi», pero os enfadáis si alguien... alguien vivo lo dice?

—Depende —repuso Tommy.

—¿De qué? —preguntó Skip, asintiendo para animarlo.

—Depende de cómo lo diga.

—Vale —siguió Slydell, volviéndose hacia la otra mitad de la sala, donde estaban los chicos vivos—. ¿Y vosotros? No os quedéis ahí sentados como zombis, ¡y menos cuando los zombis me están respondiendo a todo! ¿Qué pensáis?

—¿Sobre qué? —preguntó Adam, visiblemente irritado.

—¡Sobre la palabra «zombi»! ¿Has llamado así alguna vez a Tommy Williams?

—No.

—Bueno, ¿y por qué no? —insistió él, alzando los brazos al cielo. Parecía estar emocionándose un montón con el tema.

—Porque respeto a Tommy. No le diría nada que pudiera herirlo.

—¿Y tú, Williams? —preguntó Slydell, asintiendo—. ¿Te importa cómo te llame el señor Layman? ¿Te mosquearías si te llamase cabeza muerta o zombi?

Tommy sacudió la cabeza.

—¿Por qué?

—Porque Adam... es mi amigo.

—¡Aleluya! —chilló Slydell, mirando al techo—. ¿Lo veis? ¿Lo veis todos? Nuestro amigo Layman no quiere llamar zombi a su colega Tommy porque lo respeta. Y al viejo Tom no le importaría que Adam lo hiciera, porque lo considera un amigo. ¿Lo veis? ¿Entendéis adónde quiero ir a parar? —Se colocó delante de Zumbrowski con las manos en las caderas—. Kevin, Sylvia, Margi, ¿sabéis lo que están haciendo esos dos? Esos dos están transformando la cultura, y de eso se trata. —Cogió sus artículos misteriosos de la mesa y empezó a desdoblar lo que parecía ser una camiseta negra—. ¿Cómo os hicisteis amigos, chicos? ¿Fue por el fútbol?

—Sí.

—Básicamente.

—Entonces, hizo falta una acción radical (que un zombi se pusiera las hombreras y el casco) para que eso sucediera, ¿no?

—Supongo —respondió Adam.

—¿Supones? ¿Supones? Será mejor que lo sepas, hijo, porque Tommy y tú estáis al mismísimo comienzo de una nueva sociedad. Vosotros sois esa sociedad. La transformación siempre requiere una acción radical. ¿Me seguís? La transformación siempre requiere una acción radical. Si Elvis Presley no hubiese tomado la radical decisión de cantar un estilo de música tradicionalmente reservado a los negros, puede que nunca hubiésemos experimentado la transformación que el *rock and roll* supuso para la sociedad moderna. Si Martin Luther King no hubiese tomado la radical decisión de organizar la causa a favor de los derechos humanos y hablar sobre ella, puede que nunca hubiésemos pasado por la transformación de estado opresor a estado libre con igualdad de oportunidades para todos. Y esa transformación todavía no ha terminado. Vosotros, chicos, tanto los vivos como los muertos, sois la prueba.

—¿Qué decisión radical tomó Michael Jordan? —preguntó Thornton.

—Un chico listo, ¿eh? —comentó Slydell, sonriéndole—. Ninguna. Simplemente era radicalmente mejor que los demás, y sólo con eso logró transformar el juego. Y eso es lo que queremos aquí: transformar el juego.

Phoebe se preguntó cómo podía hablar sin parar, sin tan siquiera detenerse a respirar. Pensó en lo divertido (y agotador) que sería observar una conversación entre Margi y él; pero Margi no estaba de buen humor.

—Vale. Un poco más de filosofía. Después os diré cómo podéis ayudarme. Y cuando digo que podéis ayudarme, en realidad estoy diciendo que podéis ayudar a la sociedad y ayudaros a vosotros mismos. Ayudadme a hacerlo, ¿vale? Ahora, vosotros dos, Adam y Tommy. Sois amigos. ¿Habías tenido algún otro amigo muerto antes que Tommy, Adam?

—No, la verdad es que no.

—¿Y tú, Tomás? ¿Algún saco de sangre al que considerases tu amigo?

—Unos cuantos —respondió él, mirando a Phoebe.

—Unos cuantos. Bueno, vale. Pero, en este caso, hizo falta una acción radical por tu parte para transformar a Adam. Sin la acción radical, la transformación no se hubiese producido. Adam no tendría amigos muertos.

—Un momento —lo interrumpió Adam—. No puede suponer...

—Sigue mi razonamiento, Adam. Llegaremos a tus opiniones dentro de un momento. Sin la acción radical, la transformación no se hubiese producido. ¿Estaban todos tan encantados con dicha acción como Adam? ¿Dieron todos la bienvenida a Tommy Williams al equipo de fútbol y todo fue de color de rosa? ¿No? ¡No! Por lo que recuerdo, ¡hubo manifestaciones en las calles! Si los periódicos no se equivocan, como a menudo sabemos que sucede, hubo carteles, pancartas y consignas. ¡Tiraron fruta!

Phoebe miró a Adam, que se había sentado algo apartado del grupo, como hacía siempre. Tenía las manos entrelazadas y los codos sobre las rodillas. Miraba al suelo.

—Ése es el segundo ingrediente necesario para el cambio de la cultura, gente. La segunda clave de la transformación: el conflicto. La acción radical unida a la respuesta radical. Sólo entonces podremos conseguir el verdadero cambio. He utilizado palabras fuertes por una razón, palabras maleducadas como «zombi», «muerto viviente» y «saco de sangre», y la razón no es que deseara resultar ofensivo. Las he utilizado porque, ahora mismo, son palabras radicales y quería provocar una reacción radical en vosotros. A algunos no os importa usar la palabra «zombi» entre vosotros. A otros no os gusta el término en absoluto. Con mis disculpas a Angela, necesito vuestra ayuda para acuñar un término que nos guste a todos, porque «persona con diferente factor biótico» no nos vale. Es demasiado frío, tiene demasiadas sílabas. Le falta estilo. La verdad, no es lo bastante sexy. Por otro lado, «zombi»... Personalmente, me parece que es una declaración de principios. El primer paso para transformar una cultura es dar nombres y definiciones a los aspectos transformadores de la misma. Sois zombis, chicos, y tenéis que usar ese término con orgullo, al margen de la reacción que provoque.

Phoebe se preguntó si los demás chicos se daban cuenta de que Skip les había dado tres «primeros pasos» en su charla. Pero era como un tren que debía volver a la estación antes de la puesta de sol; Colette había levantado la mano en cierto momento del discurso sobre los aspectos unificadores de los deportes de equipo, y Slydell todavía no la había dejado hablar.

Desdobló la camiseta que sostenía. Era una camiseta negra básica con las palabras «MUERTO... ¡Y DISFRUTÁNDOLO!» en letras verdes que seguramente brillarían en la oscuridad. La palabra «muerto» estaba escrita con una fuente de película de miedo, y el resto en letras mayúsculas.

—¿Qué os parece la camiseta? —preguntó Skip—. ¿Qué os hace sentir?

—Creo... que está guay —dijo Evan, sonriendo.

—Bien, para ti —respondió él, tirándosela a la cara—. ¿Y ésta? —Era una camiseta gris con un puño blanco y las palabras «¡PODER ZOMBI!» escritas con la misma fuente de peli de terror. La caricatura del puño tenía la piel muy estirada, de modo que los nudillos resultaban claramente visibles—. De ésta tengo unas cuantas. —Le lanzó una a Tayshawn, otra a Sylvia y otra a Thornton—. Ésta es un poco atrevida —dijo—, un poco más radical. A ver qué os parece.

La camiseta era negra con unas letras sin adornos. Decía «TUMBAS ABIERTAS, MENTES ABIERTAS», encima de una imagen estilizada de una tumba abierta en un cementerio.

—A mí me gusta —dijo Phoebe, a la vez que Karen.

—¿En serio? —repuso Slydell—. Genial, tengo dos.

Sacó algunos artículos más: gorras, muñequeras y tatuajes temporales que también servían para la piel acorchada de los muertos.

—Bueno, chicos —dijo Skip—, resumiendo: no temáis ser

quienes sois. Y tampoco temáis decirles a los demás quiénes sois. Entended que lo que os he dado se ha diseñado para provocar una reacción en la gente, y que esa reacción no siempre será agradable. Tenéis que ser valientes, porque ser valientes es el primer paso hacia la transformación de la cultura.

«Otra vez —pensó Phoebe—. Otro primer paso.» Acarició la suave tela de algodón de su camiseta nueva. La verdad era que estaba guay...

—Una última cosa y os dejo tranquilos. Como sabéis, al inicio de mi charla os dije que necesitaría vuestra ayuda para conseguir el cambio, y es cierto. Nos guste o no, una de las formas más rápidas de lograr un cambio cultural es poner el mensaje en manos de los jóvenes y los modernos. En otras palabras, necesito un equipo de calle que me ayude a llevar el mensaje. Muchos de estos productos se venderán en las tiendas Wild Thingz! y en algunas tiendas de música. También vamos a sacar una recopilación musical, una que tenga a los Creeps, los Restless Souls y otras bandas que seguramente conoceréis. Os voy a poner deberes: lo que quiero es que penséis y anotéis ideas para otros productos, ya sea de moda, entretenimiento o lo que sea, que creáis que ayudarían a dar a conocer nuestro mensaje de transformación radical y empezar a cambiar de verdad el mundo. Así que pensad en eso, y nos divertiremos analizándolo cuando la encantadora señorita Angela me vuelva a invitar. También traeré más regalos. Podéis escribirme a skippy@slydellco.com. Me encantaría recibir vuestros mensajes. Me he quedado sin tiempo, así que me largo ya. ¡Gracias!

Phoebe lo vio salir de la clase. Algunos chicos aplaudieron y, sin volverse, él levantó la mano por encima de la cabeza, como si celebrase su triunfo. El salón parecía vacío y sin energía sin sus palabras.

—Todavía nos queda tiempo —dijo Margi, mirando el móvil con cara de aburrimiento.

—Oye, Daffy —repuso Adam—, a ti no te ha dado nada.

Margi se encogió de hombros. Seguía siendo la más callada del grupo; hablaba incluso menos que Sylvia y Colette, y sólo lo hacía cuando le preguntaban, lo que alucinaba a Phoebe.

—Quizá no tenga claro cuál es exactamente nuestro mensaje... de transformación —dijo Karen—. A mí me pasa.

Margi parecía enfadada, como si pensara que Karen se burlaba de ella, pero, antes de que Phoebe pudiese intervenir, Adam dijo:

—Creo que el mensaje es que podemos llamar la atención sobre el sufrimiento de las personas con diferente factor biótico si conseguimos que nuestros amigos compren camisetas.

Evan, que llevaba puestas la camiseta y la gorra negra de béisbol que decía, simplemente, «MUERTO», se rió con sus carcajadas abruptas y desconcertantes. Parecía aún más pálido con el pelo rojo aplastado por la gorra negra.

—Así que el camino hacia el cambio social en Estados Unidos pasa a través del consumismo ostentoso ¿eh? —comentó Karen—. Ese tema de los zombis resulta bastante manido. —Hizo una pausa y le guiñó un ojo a Phoebe—. Pero la camiseta está guay.

17

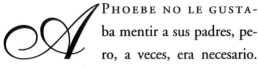PHOEBE NO LE GUSTA-
ba mentir a sus padres, pe-
ro, a veces, era necesario.
Por muy progresistas que se considerasen (y había que reconocer
que lo eran), de ningún modo la dejarían pasar tiempo a solas
con un chico muerto.

Estaba sentada en la cafetería con Adam y Margi, que la miraban con una expresión mezcla de preocupación y enfado.

—Dios, ahora mismo os parecéis tanto a mis padres que me
asustáis.

—Espero que no —repuso Margi—. Prefiero pensar que a
Lelo Man y a mí nos dices la verdad.

—Ahora qué nos has atrapado en tu impenetrable red de
mentiras, ¿nos repites qué se supone que tenemos que decir?
—preguntó Adam.

—Que fui a casa de Margi a escuchar un disco nuevo —empezó Phoebe, suspirando.

—Ah, el viejo recurso.

—Sí. Escuchamos música un rato, y entonces llamó Adam para ver si queríamos ir a ver una peli.

—Sí, algo muy probable —dijo Adam—. ¿Qué peli? Ni siquiera sé qué ponen.

—Espera un momento —protestó Margi—. ¿Por qué íbamos a salir con Adam?

—Porque tenemos que salir de tu casa, por si tus padres hablan con los míos —respondió Phoebe, suspirando otra vez.

—Y, de todos modos, ¿por qué me involucras a mí? —preguntó Margi—. ¿Por qué no les dijiste directamente que ibas a salir con Adam?

—No se me ocurrió —respondió Phoebe, encogiéndose de hombros—. Ya sabes que este tipo de historias se suelen desmadrar solas.

Margi hizo un ruidito, enfadada, y dejó caer el resto de su sándwich de queso en la mesa.

Adam sacudía la cabeza.

—Entonces, básicamente, para cubrir tus cuentos chinos tengo que salir de mi casa toda la noche, por si tu padre se asoma a la ventana y ve la camioneta del PDT en la entrada.

—No tenías planes, ¿no? —preguntó Phoebe, hundiéndose en el asiento.

—Pensaba aprovechar para hacer los deberes de lengua. Iba a leer *Cumbres borrascosas* y a darme un agradable baño de burbujas. —Todos se rieron—. Pero bueno, en serio, espero poder conseguir la camioneta.

—Entonces, ¿qué se supone que debo hacer? —preguntó Margi—. ¿Esconderme en el bosque con tus otros colegas zombis?

—Se me había ocurrido que quizá Adam y tú podríais ir a ver una peli. Así me contaríais el argumento cuando Adam me llevase a casa.

Margi parpadeó y le tiró su postre, un pastelito Hostess, que rebotó en el pecho de Phoebe. Adam miró a Margi y después a Phoebe.

—Tú pagas —le dijo a la última.

Margi le hizo algunas preguntas más a Phoebe en el autobús, de camino a casa.

—Me parece increíble que dieses por sentado que mentiría por ti —le dijo, rozando la ventana con el flequillo de punta rosa al volverse para no mirarla.

—No te lo parece. No es eso lo que te molesta.

—¿Ah, sí, señorita telepatética? ¿Y qué me molesta?

—Percibo... —respondió Phoebe, cerrando un ojo y tocando la sien de Margi— ...confusión... y rabia... y preocupación.

—¡Pues claro que estoy preocupada, imbécil! ¡Está muerto!

—¡Chisss! —repuso su amiga; Colette estaba sentada a tres asientos de distancia, con Tommy al otro lado del pasillo.

—No me mandes callar, Phoebe. Es raro y lo sabes. Mira, ¡tengo la piel de gallina! Tócame el brazo.

—Cierto, piel de gallina —respondió Phoebe después de hacerlo—. O un peligroso ataque de acné en los brazos. O de bracné, como yo lo llamo.

Al principio, su estúpido comentario no consiguió generar la risa que pretendía, pero Margi no fue capaz de reprimirse mucho tiempo y acabó soltando la carcajada y sacudiendo la cabeza.

Phoebe le dio una palmada en la espalda.

—Ahora, por favor ¿podrías pasar del tema? Es sólo un amigo y vamos a casa de su madre, ¿vale? Su madre llega de trabajar a las cuatro.

—Pueden pasar muchas cosas en una hora.

—Por-fa-vor. Como si tú lo supieras. —Le dio un codazo en las costillas y Margi soltó una risita, lo que sirvió para mosquearla más todavía.

—Me da escalofríos.

—Abre tu mente.

—Puaj.

—Vete a casa y ponte tu camiseta de «¡PODER ZOMBI!».

—No me llevé ésa. Elegí la de «ALGUNOS DE MIS MEJORES AMIGOS ESTÁN MUERTOS», y sólo porque Angela se aseguró de que no saliese de allí sin nada.

—Qué chorrada.

—Sí.

—He estado pensando en algunos eslóganes chulos para la próxima semana: «LA VIDA NO ES MÁS QUE UN ESTADO DE ÁNIMO», «MUERE JOVEN... Y VUELVE CON UN BONITO CADÁVER».

—Muy divertido —respondió Margi, sin entusiasmo—. Phoebe.

—¿Sí?

—Ten cuidado.

La parada de Margi estaba antes que la de Phoebe, que se levantó para dejarla salir.

El autobús se paró en la entrada del camping de casas móviles Oxoboxo Pines. Las botas de Phoebe hicieron crujir la arena basta del sendero de entrada mientras caminaba junto a Tommy, que no había dicho nada desde el autobús.

—¿Dónde vive Colette? —le preguntó Phoebe, aunque después se corrigió—. Es decir, ¿dónde se queda?

Tommy sonrió. En los últimos días, su boca parecía más flexible; en vez de un ligero tic en el lateral, las dos comisuras de los labios se estiraron hacia arriba.

—En la Casa Encantada.

—¿De verdad? Cuando sus padres se mudaron...

—Las leyes... no siempre protegen... a los muertos. Y a veces pasa. Un padre deja de ser legalmente... responsable... de sus... hijos muertos. A Colette la abandonaron, igual que a muchos de nosotros.

Phoebe pensó en los padres de Colette, en una excursión que hizo con ellos a la playa el año antes de la muerte de su amiga. Recordaba estar aplastada en el asiento entre Colette y su hermano durante el largo camino a Misquamicut. La señora Beauvoir se pasó el día tostándose al sol, mientras Peter jugaba al Frisbee con ella y con Colette, que no era demasiado buena, ni siquiera entonces. La señora Beauvoir se quedó toda la tarde en la silla plegable, dormida. Después de la muerte de Colette, su padre consiguió un trabajo en el sur y todos se mudaron, menos Colette.

—Pero ¿cómo se lo permiten? —preguntó—. Quiero decir, si yo intentara vivir en una casa abandonada, vendrían a por mí y me meterían en un reformatorio o algo así.

—Tú no estás muerta.

Llegaron a la casa móvil, que tenía contraventanas azules y un jardín bien cuidado. Un toldo de plástico cubría el sendero que daba a los escalones de entrada. Había varios maceteros con plantas y flores colgados del marco de la puerta y colocados en el suelo.

Tommy sacó una llave del bolsillo, proceso que le costaba mucho más que a un chico normal. Phoebe lo contempló, sin saber si debía ofrecerle ayuda.

—Somos... incómodos. Nadie sabe qué... hacer con nosotros. Ni siquiera lo sabemos... nosotros.

Abrió la puerta y entraron en el salón. Había un sofá, un televisor y plantas por todas partes. También vio una mesita redonda con cuatro asientos en una esquina, cerca de la cortina de cuentas que separaba la habitación de la cocina. Un gordo gato negro entró al trote para saludarlos y olió las botas de Phoebe. Ella se agachó para acariciarlo y el gato arqueó el lomo, encantado.

—Es *Gamera* —dijo Tommy—. Odia a los muertos.

A *Gamera* le gustaba que le rascaran el cuello. Phoebe miró a Tommy, que sonreía.

—Hay un refugio en Winford en el que se quedan... muchos zombis. La misión de St. Jude. La lleva... un sacerdote que simpatiza... con nuestra causa. Colette se queda allí a veces y... también Kevin. No es un hogar. La Casa Encantada es mejor... para la mayoría.

Phoebe se levantó, quitándose pelo de gato de los vaqueros. *Gamera* se enrolló en su bota.

—¿Dónde se quedan los demás chicos del grupo de las prácticas? ¿Karen y los demás?

—Karen... está con sus padres. Evan también. Tayshawn está con su abuela, pero la situación es... diferente. Sylvia está... en la fundación.

—¿Vive allí? —preguntó, y Tommy sonrió—. Ya sabes lo que quiero decir. Creía que habías dicho que se quedaba en la Casa Encantada.

—Queríamos que se quedara en la Casa, pero necesita... mucho. Y la fundación está... bien equipada.

—Ah.

—Sí, también tenemos nuestras preocupaciones.

—¿Nosotros? ¿A quiénes te refieres? ¿Es el plural mayestático? ¿Como el del papa?

—Quiero enseñarte algo —respondió él, y a Phoebe le pareció que su sonrisa era más amplia. Le hizo un gesto para que lo siguiera al otro lado de la cocina, donde había una puerta cerrada que, sin duda, conducía a su dormitorio.

—Esto..., ¿podrías decirme dónde está el servicio?

—Por donde hemos venido. A la... derecha.

—Gracias.

Dejó las manos bajo el grifo abierto un par de minutos; el agua fría le hizo cosquillas y el aroma floral del jabón se le metió por la nariz. Oía las palabras de Margi en la cabeza y se quedó detrás de la puerta cerrada más de lo necesario.

Volvió con Tommy. La puerta estaba abierta y el chico tenía la piel azulada por el brillo de la pantalla del ordenador en el cuarto a oscuras. El dormitorio era una versión masculina del suyo, con libros, un equipo de música y pósteres, aunque la diferencia residía en que el equipo de Tommy era más barato y en los pósteres se mezclaban las estrellas deportivas con los músicos; y la habitación estaba mucho más ordenada.

—Quería enseñarte esto —le dijo Tommy, y señaló la pantalla.

Phoebe vio que estaba en un sitio web llamado <supuestamentedead.com>. La página de entrada estaba decorada con zombis de cómic que salían de sus tumbas arrastrando los pies y amenazaban a gente de color rosita, sobre todo rubias tetonas. También se veían algunas mascotas típicas del heavy metal.

—¿Qué es? —preguntó ella, asomándose por encima del hombro de Tommy. El chico olía un poco a algo, a algo que no lograba identificar. Como a naturaleza. Resistió el impulso de tocarlo.

—Mi blog.

—¿Tu blog? No.

—Sí. Tengo casi mil suscriptores.

—Guau —respondió ella, acercándose más. Cuando Tommy escribía, veía el movimiento de los músculos de sus brazos bajo la camiseta.

Había algunos enlaces en la página inicial: Archivo, Línea muerta, Antiguos alumnos de MSCU, Enlaces.

—Intento escribir... todos los días.

—¿Puedo leer algo?

Pinchó en el enlace de Línea muerta, y allí estaba la entrada del día anterior. Empezó a leer.

Semana tres del experimento necrohumanitario de la Fundación Hunter. La clase se sometió a los argumentos insensibles, aunque persuasivos, del señor Steven «Skip» Slydell, con el que ya estaréis familiarizados, ya que es la carne de cañón preferida de muchos blogs. La principal tesis de Skip parece ser que el colectivo zombi puede alcanzar la legitimidad a través del consumismo y los eslóganes. Trajo algunos regalos para la clase; ahora soy el orgulloso propietario de una camiseta nueva en la que se lee: «¡PODER ZOMBI!». Su charlatanería descarada tiene algo que resulta casi entrañable, y las cosas que nos enseñó hacen gala de cierto estilo «chic» radical. No puedo evitar cuestionarme sus motivos, que seguramente tendrán que ver con los beneficios, pero, a la vez, es inevitable sentirse atraído por su círculo de «transformación positiva». Si la verdad universal viene envuelta en un papel de regalo cursi, ¿lo que hay dentro pierde validez?

En un universo perfecto, no necesitaríamos que ningún Skip Slydell nos vendiese los mensajes que deberíamos crear nosotros mismos. Sin embargo, lo cierto es que, hasta que como grupo logremos aprovechar del todo la ética del «hágalo usted mismo» con la que se construyó este país, estamos a la merced de la gente como Slydell. Hasta que no tengamos una prensa, una voz, un lugar en los medios, necesitamos aprovechar lo que podamos. Hasta que no nos contraten y contemos con valor económico, necesitamos aprovechar lo que podamos. Muchos de nosotros llevamos ya muertos tres años, lo que, en términos humanos, significa que ya tenemos dieciocho años y deberíamos disfrutar del derecho al voto. No obstante, nuestros certificados de defunción suponen, a todos los efectos, una revocación de nuestros derechos y nuestra ciudadanía.

Así que trabajaré con Skip Slydell todo lo que pueda. Lo haré sabiendo que me estoy vendiendo y que os estoy vendiendo a todos, pero venderse es esencial para conseguir que las cosas cambien.

Al final de la entrada había un anuncio parpadeante que decía: «Apoya la Proposición 77».

—¿Qué es la Proposición 77?

—Una propuesta para que el Gobierno federal emita un certificado de renacimiento a cualquiera que regrese... de entre los muertos. Es lo que nos garantizaría algunos derechos y... la ciudadanía.

—Para poder salir con los humanos, ¿eh?

—¿No he elegido bien la palabra? —preguntó él, mirándola.

—No me molesta, pero ya sabes cómo somos los sacos de sangre. En serio, Tommy, es increíble. Escribes muy bien.

—Ojalá fuese mejor... mecanógrafo —repuso él, moviendo los dedos.

Se miraron a los ojos, y Phoebe se imaginó que su pálida piel no se diferenciaba mucho de la de él bajo el suave brillo azul de la pantalla.

En aquel momento se abrió la puerta principal y Phoebe dio un bote, como si la hubiesen pillado haciendo algo malo. *Gamera* bajó de un salto del regazo de Tommy y corrió al salón.

—¡Ya estoy en caaasa! —anunció una voz aguda. Una mujer rubia de ojos azules vestida de enfermera entró en la casa móvil y colgó las llaves en un gancho de la pared.

—Tú debes de ser Phoebe —dijo mientras atravesaba la cocina y la abrazaba. Phoebe sintió el calor de las manos de la mujer, a pesar de que la tela con volantes de su blusa era bastante gruesa—. He oído hablar mucho de ti. Bienvenida.

La abrazó con tanta fuerza que la chica apenas pudo decirle hola.

—Phoebe —dijo el chico—, ésta es mi madre.

—Llámame Faith —respondió ella, con los ojos tan brillantes que Phoebe temió que se echara a llorar. Faith la soltó y rodeó los hombros de su hijo con un brazo, acercándolo para darle un húmedo beso en la mejilla—. Hola, chaval, ¿cómo va la vida?

—Dímelo tú. Le estaba... enseñando a Phoebe mi página.

—Mi hijo, el escritor. ¿No es genial?

Phoebe asintió, todavía conmocionada. No se había puesto a imaginarse cómo sería la madre de Tommy, pero aquella diminuta mujer de carácter alegre no era lo que se esperaba.

—¡Thomas Williams! No le has ofrecido nada a la pobre chica. Algunos de nosotros todavía tenemos que comer y beber, ¿sabes?

—Lo siento, mamá —respondió él, mientras su madre daba dos pasos para entrar en la cocina y sacar una bolsa de bolitas de queso y un vaso de los armarios.

—¿Qué prefieres, Phoebe? Tengo Pepsi Light, leche, zumo de naranja... Podría hacer café. ¿Te gusta el café?

—Me gusta el café.

—¡Buena chica! —repuso la mujer. Su sonrisa hacía que hasta la de Angela Hunter pareciera poca cosa, quizá porque expresaba una sinceridad que no se percibía en la de la otra.

—Le gustas —susurró Tommy.

—¿Qué? Lo he oído, Tommy. Pues claro que me gusta. ¿Por qué no me iba a gustar?

Phoebe la vio hurgar en los armarios, sin duda en busca del café perdido, que al final encontró en el congelador. Se dio cuenta de que Faith estaba tan nerviosa como ella, pero la mujer también estaba tan contenta que parecía irradiar la emoción. Phoebe se sintió un poco culpable.

—Mis padres no saben que estoy aquí —soltó.

Faith dejó de moverse y la miró, con una taza de café en la mano. Se puso un poco más seria, aunque todavía se le notaba la sonrisa en los ojos. Tommy dejó escapar el aire por la nariz, como si suspirase.

—Ahora hablaremos de eso, Phoebe —respondió la mujer, en tono dulce y cálido—. Tenemos tiempo. ¿Te gusta con azúcar? ¿Nata?

Phoebe aceptó las dos cosas y siguió a Tommy hasta la mesa redonda, a esperar el café.

—Bueno —dijo Adam, mirando a su acompañante. Margi llevaba sentada con los brazos cruzados sobre el pecho y una expresión airada desde que la había recogido. Miraba por la ventana sin hablar, mientras él conducía dando vueltas por Oakvale Heights y las sinuosas carreteras que salían de la urbanización—. ¿Qué quieres hacer?

—Me parece increíble que me haga esto —repuso Margi, agitando las pulseras al descruzar los brazos para alzarlos al cielo. A Adam no le importaba que no hiciese caso a la pregunta; al menos se alegraba de que volviese a hablar—. ¿Te lo puedes creer?

—Podríamos ir al Honeybee, si quieres, y comprar batidos.

—Es una irresponsable, eso es lo que es. Irresponsable. Pensar que la cubriríamos para poder salir por ahí con un chico muerto...

—¿Hay alguna peli que quieras ver? —preguntó Adam, mirándola por el rabillo del ojo, divirtiéndose con el inicio del tifón Margi. Sabía que a ella no le importaba mentir para cubrir a una amiga. De hecho, solía ser Margi la que lo sugería.

—Y obligarte a ti también —añadió, volviéndose hacia él, como si de repente se acordara de que estaba en la camioneta con ella—. Para mí es malo, pero para ti... es la gota que colma el vaso. Encima de cornudos, apaleados. —Sus ojos, debajo de la sombra rosa, tenían una mirada feroz y salvaje.

Adam estuvo a punto de seguirle la corriente, pero Margi no siempre era una fuente de información fiable, y lo último que deseaba era recibir datos equivocados sobre Phoebe. Así que lo dejó pasar.

—Tengo un Frisbee, si quieres que juguemos —repuso—. Phoebe y yo lo hacemos de vez en cuando.

—Phoebe es la sensata, se supone que no debería hacer estas cosas. —Se sorbió los mocos, y Adam se dio cuenta, horrorizado, de que la chica podía ponerse a llorar—. ¿Y si vamos al lago? Antes me gustaba ir.

Adam asintió y se dirigió a la carretera de acceso a Oxoboxo Park, una pequeña playa pública que la ciudad mantenía llena de arena.

—Ahí aprendí a nadar —dijo Adam—. El centro recreativo de Oakvale solía dar clases.

—Yo también —respondió Margi, metiendo la mano en su enorme bolso para sacar un puñado de pañuelos de papel arrugados—. Estaba en la clase de Colette. Llegamos juntas al nivel de Pececitas.

Y entonces se puso a sollozar. Adam se agarró al volante y pisó el acelerador.

Como todo en Oakvale, el Oxoboxo Park estaba a un paseo en coche de distancia. La ciudad consistía en un centro asimétrico alrededor del lago y los bosques que lo rodeaban, y el parque se encontraba en la esquina sudeste, donde el río Oxoboxo se unía al lago.

La zona de aparcamiento estaba cercada con cuerdas, así que Adam aparcó al lado de las cuerdas y se dedicó a dar vueltas delante de la camioneta mientras Margi lloraba un rato. Al cabo de unos minutos, la chica se dio cuenta de que tenía el maquillaje completamente arruinado y de que lo más sensato era quitárselo en la medida de lo posible. Adam la vio restregarse las mejillas y los ojos con los pañuelos arrugados. Le pareció que necesitaba aire fresco, así que abrió la puerta de la camioneta.

—Daffy —le dijo—, ¿por qué no sales? Podemos hablar.

—No me mires —le respondió ella, entre sollozos—. Estoy horrorosa.

—No más de lo normal —contestó Adam, pero el gemido de Margi le indicó que el humor no era la respuesta. Miró hacia donde el Oxoboxo se unía a la amplia media luna de arena que el pueblo había creado hacía años y rellenado desde entonces. Del agua salía una brisa fresca que la movía y hacía que las olas acariciasen suavemente la orilla. Más allá de la media luna, al otro lado, la vegetación era densa, con árboles llenos de hojas rojas, amarillas y naranjas que habían empezado a marchitarse, como si las hubiese decolorado el cielo grisáceo que tenían encima.

—Vamos, Daffy, es una broma. Para mí siempre serás preciosa.

Ella soltó una risa cortante y Adam miró hacia otro lado, en parte porque era lo más educado y en parte porque le daba asco la gran burbuja de saliva que le había salido de la boca a su amiga.

—Sí, venga. Ojalá me lo tragara.

—Daffy...

—Phoebe y tú deberíais salir juntos —dijo ella—. Así no me sentiría tan mal.

—Seguro —respondió él, ya que no se le ocurrió ninguna respuesta graciosa.

—Llévame a casa, por favor. No me siento muy bien.

—Todavía no. Querías venir aquí, así que aquí estamos. Hablemos.

Ella lo miró con los ojos rojos de tanto llorar. Entonces pareció tranquilizarse y respirar mejor.

Adam le ofreció la mano y le hizo un gesto para que saliera. Ella se restregó por última vez la cara hinchada y aceptó la mano, dejando que la sacase de la camioneta.

—Bueno —dijo Margi—, he dejado claro que soy idiota. Una idiota integral.

—Nah —repuso él—, es que estás enfadada; y estabas a punto de decirme por qué.

Ella respiró hondo rápidamente y metió la cabeza en el asiento para volver a rebuscar en su bolso.

—Phoebe. Colette. Zombis. Vaya, qué frío hace hoy, ¿no?

—¿Por qué no empiezas por Phoebe? —preguntó Adam, y notó que se le contraía un músculo de la mandíbula. Por suerte, Margi sólo buscaba un paquete de chicles. Aceptó uno y se lo cambió por su cazadora del equipo de fútbol.

—Esto huele bien —comentó ella, abrigándose mejor por los hombros—. ¿Qué colonia es?

—Mi almizcle natural. ¿Phoebe?

—Nada, es que estoy preocupada por ella. Es raro que salga con un chico muerto. Que nos pida que la cubramos. ¿No te parece raro?

—Sí —coincidió él; dobló el chicle de canela, se lo metió en la boca y empezó a masticar.

—No me habla del tema, y eso también es raro. No me cuenta cómo se siente de verdad.

«A mí tampoco», pensó él, pero no tenía mucho sentido decírselo.

—Seguramente no lo sabe —respondió—. Cuando sientes algo por alguien no es como si te cayese de repente un rayo encima.

—Lo sé, lo sé. Supongo que la idea me resulta... espeluznante.

—Tommy es un buen chico —repuso él, esperando que no notase que hablaba con cautela.

—Ya, pero está muerto. ¿Qué futuro tienen?

Adam no sabía la respuesta, así que empezó a acercarse al agua.

—Adam, ¿podemos irnos ya?

Él se volvió, listo para soltarle alguna bromita, pero notó su tono de voz y vio que temblaba debajo de la cazadora.

Parecía aterrada.

—Daffy...

—Aquí es donde murió —dijo ella; hablaba tan bajo que el ruido de las hojas con el viento ahogaba su voz—. Aquí no, al otro lado, donde nos escondíamos. Las Hermanas Raras, dábamos miedo. ¡Mieeedo, buuu! Teníamos nuestra gruta secreta en lo más profundo del bosque. Allí se ahogó, justo al lado de la gruta.

—¿Quién? —preguntó Adam, aunque lo supo en cuanto terminó de decirlo—. ¿Colette?

Ella asintió, restregándose los ojos, lo que hizo que las pulseras tintineasen.

—Creía que, si venía aquí contigo, ya sabes, con alguien tan grande como tú, no tendría miedo. Sé que creerás que me burlo, pero ¿cómo iba a asustarse una chica estando contigo? Creía que podría acercarme al agua, meter dentro el dedo gordo y hacer que todo volviese a estar bien. No tendría miedo.

—Margi, no sé en qué estaría pensando cuando mencioné lo de las clases. Normalmente no soy un tipo muy listo.

—Pero sigo estándolo. Asustada, quiero decir. Sigo estando asustada.

Adam miró al agua y le pareció que la superficie del lago se había oscurecido, como un gigantesco anillo de los que cambian de color según el humor de su propietario.

—No había vuelto desde entonces —dijo Margi.

—Margi, no se ahogó por tu culpa. Se desmayó, tuvo un ataque o algo. No fue culpa de nadie.

—Esa parte no fue por mi culpa —respondió ella, tan bajito que apenas la entendía. Dos lágrimas le cayeron por las mejillas, dejándole un rastro grisáceo en la piel.

—Podrías hablar con ella.

—Eso es lo que dice Phoebe, pero es demasiado difícil, Adam. Es muy difícil verla, verla caminar o intentar levantarse de la silla cuando acaba la clase. Y me mira de una forma...

—Margi...

—Creía que la clase cambiaría algo, Adam. De verdad. Creía que daría un paso adelante o algo así, y que lo aceptaría todo. Pero no. No estoy bien. Cuanto más tiempo paso con chicos muertos, más tiempo paso pensando en chicos muertos, y no sé cuánto más aguantaré. Empiezo a pensar en lo que sería estar muerta. Y ahora que Phoebe nos cambia por zombis, no sé qué hacer.

—No nos está cambiando por nadie.

—No la dejé entrar. Llamó y no la dejé entrar.

—¿Quién llamó, Margi? —preguntó él. ¿Era una extraña metáfora al estilo de Daffy para explicar lo que estaba pasando con Phoebe?

—Me gustaría irme ya, Adam. Por favor.

Adam asintió. Su baño de lágrimas la había dejado desaliñada, y con la cazadora, que la cubría como una tienda de campaña, parecía una niña de la calle.

—Claro, guapa —respondió él, y se subió a la camioneta.

Al salir del área de aparcamiento, se dio cuenta de que Margi no había mirado hacia el lago ni una sola vez durante el tiempo que habían estado allí, ni siquiera desde el retrovisor.

18

—¿**N**o vienes, Pe-
te? Vamos a lle-
gar tarde.

A Pete se le pasaron por la cabeza media docena de respuestas mordaces, pero dejó que se evaporasen sin hacer ningún comentario.

—Id delante —respondió, mientras observaba desde el vestíbulo cómo Williams subía al autobús—. Decidle al entrenador
que tengo diarrea o algo así. Saldré dentro de un momento.

—¿De verdad? —le preguntó Stavis—. ¿Estás enfermo?

Pete se volvió hacia él y sacudió la cabeza. El chico muerto se
movía muy deprisa para ser un zombi, mucho más que la chica
a la que había dejado entrar en el autobús delante de él.

—¿Quieres que vaya a por la enfermera o algo?

—No, TC —respondió Pete, apretando los dientes—. No, no
quiero que vayas a por la enfermera. Lo que quiero es que salgas
de aquí, vayas al entrenamiento y le digas al entrenador que estoy
enfermo. Dile que saldré al campo en cuanto vacíe el colon.

—¿Quieres que le diga eso? —preguntó Stavis—. No puedo decirle eso, se va a mosquear.

—TC, invéntate algo. Eres un tío creativo.

—¿Sí? ¿Tú crees?

—Sí, lo creo. Lárgate ya.

Pete dejó la mochila en el suelo y sacó la lista que había arrancado de la pared del despacho. La hoja azul estaba arrugada y rota por algunas partes, y todavía tenía un trozo pegajoso de cinta adhesiva amarilla en la esquina que le quedaba. Había cuatro de ellos en el autobús: Phoebe Kendall, Margi Vachon, Tommy Williams y... otra chica muerta, o Sylvia Stelman o Colette Beauvoir, porque la que tenía pinta de zorra era Karen De-Sonne. A una de las chicas, Sylvia o Colette, la recogían todos los días en una furgoneta azul en la que también iba otro zombi, seguramente Kevin Dumbrowski, porque Evan Talbot era el rarito pelirrojo que vivía en el barrio de Pete, y Tayshawn Wade era el zombi negro. Bueno, el zombi gris.

Eso sólo dejaba a Adam Layman y Thornton Harrowwood, que, sin duda, se estarían vistiendo para ir al entrenamiento con el atontado de Stavis.

Para Pete, Williams era una oportunidad perdida. El que Stavis y él hubiesen tenido la oportunidad de atizarle y no lo hubiesen logrado todavía le dolía. Y lo había intentado. Cada vez que Williams tocaba la pelota, cada vez que se disponía a bloquear o a cubrir, Pete le daba con todas sus fuerzas. Por mucho que se esforzaban Stavis y él, Williams volvía a levantarse como si nada.

Había oído que el zombi dejaba el equipo. Se alegraba, claro, pero se habría sentido mucho más satisfecho si se hubiese ido con algunos huesos rotos sin posibilidad de curación.

«Mucho hablar, Martinsburg.»

Eso le había dicho el entrenador, y las palabras seguían sonándole dentro de la cabeza como un grito en un gimnasio vacío.

—Mucho hablar, Martinsburg. Estás todo el rato venga parlotear de lo fantástico que eres y de todas las chicas que se supone que te has tirado. El gran hombre.

Pete se había quedado en el vestuario después del primer partido «poszombi». Casi todos los demás jugadores se habían ido ya al autobús, pero Pete estaba dándoles la charla a Stavis y a Harris. Se sentía muy satisfecho de su actuación; había derribado a uno, y conseguido una intercepción y unos cuantos placajes importantes detrás de la línea de defensa. En realidad sólo la había cagado en un juego, pero, incluso así, habían derrotado al débil equipo de Waterford por tres *touchdowns*.

Algo de lo que les estaba diciendo a sus compañeros tuvo que mosquear a Konrathy, porque ordenó al resto de los chicos que se fueran al autobús y le dijo a Pete que se reuniese con él en el pasillo. Cuando recordaba el tono de voz que el entrenador había empleado con él, sentía que se le tensaban los músculos de los brazos. Ya había pasado una semana, y seguía enfadado.

—Sí, eres todo un dios para esos tontos del culo, imbéciles como Stavis que no saben nada. Pero Layman ya no se traga tu mierda, ¿verdad? Y ese chico muerto tampoco lo hizo nunca.

Pete se alegró de que el entrenador hubiese mandado fuera al resto del equipo, porque así no vieron cómo lo machacaba.

También se alegró de que no pudiesen oír cómo se le quebraba la voz al intentar responder.

—Entrenador —le dijo—, al menos lo hemos echado del equipo.

Konrathy lo miró como si Pete fuese algo que se le hubiese pegado en la suela del zapato.

—No habéis echado a nadie. Se fue porque quiso. Esperaba que, al menos, Stavis consiguiese hacerlo, pero él también es un inútil.

Pete se sentía humillado. Habría querido decirle al entrenador que también había sido una cobardía dejar que Kimchi se saliese con la suya y no sacar a Williams del equipo. Konrathy no tenía derecho a criticarlo por no haber eliminado al zombi. Al menos, lo intentó. ¿Qué había hecho el entrenador, aparte de darle la señal?

Pasó por debajo de una enorme pancarta escrita a mano en la que se anunciaba el próximo partido de bienvenida contra los Ballouville Wildcats y la fiesta que se celebraría a continuación.

—Eres un bocazas, Martinsburg —le había dicho el entrenador—. Te he oído parlotear sobre la lección que quieres dar a esos chicos muertos. Hasta ahora sólo les has enseñado lo cobarde que eres.

«Maldita sea», pensó Pete, tomándose su bebida energética de un trago. Cerró de golpe el maletero de su coche y allí estaba, la chica zombi de la minifalda, rumbo al bosque a través del aparcamiento.

Lanzó la botella vacía contra el capó del coche de algún memo.

«Pues ahora voy a darles más información», pensó, dirigiéndose a los árboles.

Notaba su furia como si fuese una burbuja muy prieta dentro del pecho, con tentáculos de rabia que le recorrían las venas. Llevaba los puños cerrados y notaba la boca seca. ¿Qué derecho tenía aquella zorra muerta a caminar por el bosque con sus falditas cortas y sus calcetines largos, si Julie seguía dentro de su tumba, en algún cementerio californiano? ¿Por qué tenía la cara de una muñeca de porcelana de piel blanca, mientras que Julie se pudría bajo tierra?

Ahogó una tos apretándose los labios con el puño. No estaba seguro de qué iba a hacer; era como si una cortina de niebla roja le nublase la vista, y no se disipaba por mucho que parpadease. Sólo sabía que aquella zombi no tenía derecho a deambular por el bosque.

Ningún derecho.

El sendero era lo bastante amplio para que entrase un coche pequeño o un par de bicicletas en paralelo, y se ondulaba como una serpiente que se desenrosca después de una inclinada cuesta descendente. Las hojas crujían bajo sus pies. Pensó en su último paseo por aquel mismo lugar, cuando Williams llamó a sus amigos zombis para que saliesen de sus tumbas ocultas en el bosque. Se detuvo al borde de los árboles y la observó caminar.

Vio cómo la falda de cuadros se balanceaba a izquierda y derecha. Llevaba puestos unos auriculares, con el cable enchufado en algún cacharro escondido dentro de su mochilita gris. La audacia de llevar calcetines blancos largos y zapatos de charol lo enfurecía. ¿Adónde iba? ¿A alguna guarida secreta de zombis en el bosque o a algún ritual de muertos vivientes a la orilla del Oxoboxo?

La chica muerta era rápida para ser un zombi. Pasó la pendiente y llevaba recorrida buena parte del sendero sinuoso; estaba acercándose a un bosquecillo de finos abedules cuyas ramas se inclinaban y ocultaban parte del sendero. Las ramas la tapaban de cintura para arriba, pero Pete pudo ver brevemente sus suaves piernas blancas. Esperó hasta dejar de tenerla a la vista antes de empezar a correr. Supuso que recorrería la distancia que los separaba cuando llegase a los abedules. Seguro que un zombi no podía correr más que él; era uno de los atletas más veloces del instituto.

«La cogeré en un segundo», pensó mientras aceleraba. Una vez al otro lado de los abedules, el sendero seguía en línea recta.

La chica no estaba.

Pete empezaba a cansarse de jugar al escondite. Miró detrás de unos arbustos frondosos y después examinó los restos de un muro bajo de piedra. Y allí estaba, tumbada en el suelo cubierto de rocío y musgo, con hojas e insectos enredados en el pelo, la carne de la cara podrida, y un ojo sin pestañas y de mirada vacía clavado en él. Retrocedió tambaleándose, porque no era a la chica zombi lo que veía, sino a Julie; Julie con los calcetines largos, los zapatos de charol gastados y una falda demasiado corta para resultar decente; era Julie la que lo esperaba detrás de los árboles y en los rincones oscuros.

Pete soltó una palabrota y se restregó los ojos, notando que la rabia se convertía en otra sensación completamente distinta. Quizá si no existieran los zombis podría dejar a Julie donde debía estar, muerta y enterrada. Volvió a soltar una palabrota y, al volverse, la chica muerta (Karen) estaba a menos de cinco metros de él, de pie bajo la sombra de las ramas de los abedules, con las manos entrelazadas en la espalda.

La chica muerta se quedó mirándolo con la vista baja; sus ojos estaban tan vacíos que Pete se estremeció. Eran como diamantes sin su chispa. Y Karen no parpadeaba.

—Me estabas siguiendo —dijo ella. Pete asintió, sintiendo que le temblaba un músculo de la mandíbula. Se preguntó si aquel monstruo le habría metido en la cabeza la imagen de la pobre Julie—. ¿Por qué me seguías?

Él no respondió. La chica no parecía asustada, pero, por lo poco que sabía de zombis, era consciente de que no se trataba de seres muy expresivos. Podría abalanzarse sobre ella y derribarla antes de que sus labios muertos fuesen capaces de decir otra palabra.

—¿Querías... hacerme... daño? ¿Es eso?

Pete asintió. Con precaución, dio un paso adelante, como si la chica fuese un ciervo a punto de huir o un perro dispuesto a morder.

—Sí —respondió, susurrando—. Eso es.

—Igual que intentaste hacerle daño a Tommy —afirmó ella, asintiendo.

Se había pintado los labios de un suave tono melocotón, y a Pete le pareció distinguir en ellos la sombra de una sonrisa. No sabía si se burlaba de él o estaba coqueteando.

—Igual que intenté hacerle daño a Tommy.

—¿Eso te haría sentir... mejor? —preguntó ella, dejando escapar una especie de suspiro—. ¿Hacerme... daño?

—Oh, sí —respondió él, dando otro paso. Había una rama rota a un lado del sendero, así que la cogió y la rompió contra la rodilla. Eso lo dejó con una rama de un metro de largo acabada en una punta irregular y afilada—. Creo que me ayudará.

La chica asintió, sin apartar ni un segundo sus ojos de diamante de los ojos de Pete.

—Entonces, hazme daño —susurró.

Él se rió y dio un paso adelante, apuntando con la estaca a la uve que formaba el collar de la blusa blanca de la chica.

—Pero usa una roca —añadió ella, señalando con la cabeza al muro de piedra—. No somos vampiros.

Pete se detuvo y consideró la posibilidad.

—Es un comienzo —respondió, agarrando el palo por una zona más cercana a la punta.

Ella entreabrió los labios, como si fuese a contestar, pero asintió y se desabrochó el tercer botón de la blusa.

—Adelante —le dijo.

«Me va a dejar hacerlo de verdad —pensó él—. Zorra loca.»

Se tomó su tiempo, pero, justo cuando iba a lanzarse, oyó un ruido detrás de él que, por su tono y volumen, le erizó el vello de la nuca; era como el rugido de un gran animal prehistórico.

Se volvió y vio a dos figuras a lo lejos, en el sendero. Una de ellas era el gran zombi negro, que hizo el ruido de nuevo; Pete se dio cuenta de que gritaba el nombre de la chica muerta. Se movía lo más deprisa que sus piernas muertas le permitían, lo que no era mucho. La pierna derecha parecía bloqueada a la altura de la rodilla y la izquierda se convulsionaba de manera violenta con cada paso. El efecto global era como observar a un viejo borracho que intentaba huir de la policía mientras tenía un infarto.

Sin embargo, el otro daba miedo.

Se movía bien; era un chico con aspecto asiático, pelo largo negro y una chaqueta de cuero. Casi corría, y sonreía, lo que resultaba extraño, porque los zombis rara vez sonreían, y menos enseñando los dientes.

—Deprisa —le dijo la chica muerta, y él se volvió, dispuesto a acabar con ella al instante, en vez de tomarse su tiempo, como le habría gustado. Sin embargo, vio en su cara que la chica no hablaba con sus amigos zombis, sino con él.

—Te dejaré para el final —le dijo Pete, tirando el palo. Se obligó a caminar, en vez de a correr, de vuelta por el sendero hacia el aparcamiento del instituto.

—¿Soy yo, o éste es el turno más largo de la historia? —preguntó Thorny, retrepándose en la silla mientras desenvolvía una barrita de muesli con chocolate.

—Eres tú —contestó Adam mientras observaba los cuatro monitores que mostraban imágenes en tiempo real de las aproximadamente doce cámaras de seguridad que había por la instalación. En cada ciclo, el monitor cuatro les enseñaba el laboratorio, en el que Alish explicaba algo a Kevin y Margi, que llevaban puestas sus batas blancas de laboratorio con el logo de la Fundación Hunter: unas letras hache y efe doradas sobre un escudo negro. A Adam le parecía uno de esos símbolos que se ponen en las gorras los dueños de los yates. Tommy estaba sentado a su lado, con la camisa de trabajo azul que también llevaban Thorny y él, y que tenía bordado el mismo emblema en el bolsillo de la izquierda. Adam intentaba averiguar si Tommy parpadeaba cuando los monitores cambiaban de cámara.

—No, de verdad —insistió Thorny, poniendo los pies sobre el escritorio de Duke Davidson—. ¿Cuánto llevamos aquí? ¿Cuatro horas?

—Tres.

—¿Ves lo que te digo? —preguntó Thorny—. Es una eternidad.

—Los turnos pasan mucho más deprisa cuando no estás conmigo —repuso Adam.

Tommy sonrió por reflejo, pero sólo con una parte de la cara. Se levantó para estirarse, y a Adam le pareció oír cómo las vértebras le crujían y volvían a ponerse en su sitio.

—¿Te estiras? —preguntó Thorny, con la boca llena de muesli. Quizá fuera eso lo que Adam había oído—. ¿Para qué te sirve?

—Ayuda.

—¿Cómo? —preguntó Thorny, y Adam se volvió hacia él—. No, en serio. ¿Cómo te ayuda? Ya no tienes problemas de circulación ni nada, ¿no? Y...

La pregunta le murió en los labios cuando Duke Davidson entró en el cuarto y le apartó los pies de su mesa de un guantazo, con lo que estuvo a punto de tirarlo al suelo. A Adam le parecía que el viejo Duke se movía bastante deprisa, a pesar de ser una versión más vieja y desagradable de los estudiantes con diferente factor biótico de su clase.

—¿Es que no tenéis nada que hacer? —preguntó el hombre, hablando como si pegara latigazos.

—Bueno, estamos vigilando los monitores —respondió Thorny. Duke lo miró, y sus ojos inyectados en sangre hicieron que Thorny se encogiese en la silla y se tragase sin masticar un trozo de su barrita de cereales.

Adam suponía que Duke había sido poli. O eso, o recluso; en alguna parte había leído que muchos reclusos liberados acababan en trabajos de seguridad. Para ser tan alto y de extremidades tan largas, Duke se movía con lo que el maestro Griffin denominaba «equilibrio centrado», es decir, que ahorraba movimientos y siempre estaba preparado para actuar rápidamente ante cualquier situación.

—Vigilando los monitores —repitió Duke, inclinándose sobre él—. ¿Por qué no recogéis la basura?

Thorny estuvo a punto de responder que ya lo habían hecho, pero Adam lo cortó antes de que su insolencia les causara más problemas.

—Sí, señor —dijo—. Ahora mismo. —Salió al pasillo con Tommy y Thorny—. Vamos al laboratorio.

—¿Qué? —preguntó Thorny, acelerando para alcanzarlo—. ¿Qué he hecho?

Adam se percató de que a Tommy no le costaba seguirlo.

—Nada, Thorny. No has hecho nada.

—Excepto demostrar cierta falta de... ambición —añadió Tommy.

A Adam le seguía haciendo gracia el sentido del humor de Tommy, tan tranquilo e irónico. «De muerte», pensó, sonriendo para sí.

—¿Qué? —preguntó Thorny, perdido.

—Olvídalo, vamos.

—Odio el laboratorio.

—¿Por qué? —preguntó Tommy.

—Allí... hacen cosas —dijo, bajando la voz. A Adam le habría hecho gracia el comentario de no haberle visto cara de miedo—. Experimentos.

—Bueno, son unas instalaciones científicas. Al menos sobre el papel —repuso Adam.

—Sí, pero hay más.

—¿Qué... quieres decir?

El chico miró a sus dos compañeros y después al techo, como si buscase cámaras o micrófonos ocultos. Bajó la voz hasta convertirla en un ronco susurro.

—Oí a Alish y a Angela hablar sobre Sylvia y Kevin, sobre tomarles «muestras». —Se pasó la mano por el pelo—. ¿Qué clase de muestras, eh?

—Venga ya —respondió Adam, aunque, en cierto sentido, no se sorprendía. Si no, ¿cómo iban a averiguar cosas sobre los muertos?

—No, de verdad —insistió Thorny—. Los oí. Él decía que no entendía por qué algunos de los zombis podían andar y hablar mejor que los demás.

—A mí... no me ha... pinchado con agujas —comentó Tommy.

—No te toca turno de laboratorio —le dijo Thorny. Se calló cuando Margi salió al pasillo, cargada con un montón de papeles.

—Todavía —susurró Thorny.

—Hola, chicos —dijo Margi—. Voy a hacer fotocopias.

—Qué suerte —contestó Adam, pensando que parecía un poco más feliz que la Margi granulada que había visto por las pantallas. Sospechaba que tenía más que ver con salir del laboratorio que con verlos a ellos.

—Llevas... un buen par... de tochos encima —dijo Tommy.

Margi entrecerró los ojos y siguió caminando.

—¿Eso ha sido una broma? —preguntó Adam—. ¿Estabas en plan gracioso?

—¿Qué... he... dicho?

—No lo pillo —dijo Thorny.

Pero Tommy sí que lo pilló, un minuto después. Adam casi podía ver cómo iba dándose cuenta poco a poco por la expresión de sus ojos. Estaba siendo testigo de lo más cerca que había estado jamás un zombi de ruborizarse, y eso le levantó el ánimo durante el resto del camino.

Sin embargo, volvió a bajarle la moral cuando llegaron a la puerta del laboratorio y la encontraron cerrada. Era la única habitación de las instalaciones que no podían abrir con sus tarjetas.

19

A PHOEBE LE GUSTABA oír bien alta hasta la música más tranquila, así que llevaba puestos los auriculares mientras leía las palabras de Tommy en la pantalla. Estaba escuchando un disco de This Mortal Coil, uno que había copiado de la amplia colección reunida por el hermano mayor de Colette antes de irse a la guerra. Cuando oía los violines, era como si los arcos tensaran las cuerdas que unían su tronco encefálico a su columna vertebral. Se estremeció pensando en Tommy, Colette y todo lo que sentía.

Pulsó a lo loco la flecha descendente para ver la página. La piel de sus brazos desnudos era de un blanco espectral; resultaba suave y luminosa en la oscuridad del cuarto.

«Como la de Karen», pensó.

Hacemos tratos con el diablo todos los días, metafóricamente. Sé que hay gente que dice que nosotros hemos hecho algún trato con el diablo para seguir existiendo, pero el trato que hice con uno de los muchos diablos de mi vida fue bastante literal.

He escrito largo y tendido sobre mis razones para unirme al equipo de fútbol de Oakvale High. No habría logrado ninguno de mis objetivos de no haber tenido la oportunidad de jugar, y el entrenador se negaba a sacarme. Recibió presiones internas de la administración del instituto, y también lo criticaron los medios y los pocos políticos que simpatizan con nuestra causa. Sin embargo, mi diablo era cabezón y se negaba a ceder. Así que, llegados a la mitad del partido, no había jugado ni un minuto, y no habría logrado jugar los tres minutos y treinta y siete segundos que lo hice de no haber hablado con él en el vestuario durante el descanso.

Ojalá pudiera deciros lo que a muchos seguramente os gustaría escuchar: que lo amenacé, que lo asusté con la promesa de una horda de muertos vivientes que lo visitaría durante la noche. Sin embargo, no lo hice, sino que me ofrecí a abandonar.

Phoebe se inclinó sobre la pantalla para leer la línea por segunda vez, pero decía lo mismo: «Me ofrecí a abandonar».

«¿Qué?», me dijo el entrenador, que apenas soportaba mirarme.

«Dejaré el equipo si me saca hoy. Póngame a jugar un rato.»

Él puso la misma cara que un perro desconfiado al que le ofrecen un trozo de carne.

«¿Abandonarás?»

«Todo esto desaparecerá —respondí, asintiendo—. Todo el circo. Y si alguien me pregunta por qué lo hice, su nombre no aparecerá por ninguna parte.»

Él me observó durante un minuto, lleno de odio. No respondió y, cuando pasó a mi lado, procuró no tocarme.

Me sacó y jugué. Sin embargo, la vida real no es como las películas, porque el equipo no se unió en torno al marginado zombi, ni tampoco mi espectacular actuación sirvió para cambiar radicalmente la actitud de los demás. El chico al que plaqué cayó, sobre todo, porque me tenía mucho miedo... y no puedo culparlo.

Aparte de sus intentos por explotarnos, algunos de los conceptos del señor Slydell parecen ciertos. La transformación suele ser el resultado de una acción radical, y, en el mundo de hoy en día, un chico muerto jugando en un deporte de equipo es una acción radical. Lo que Slydell no cuenta es que muchas acciones radicales conllevan reacciones radicales y que el instituto hervía de violencia el día del partido.

No pasé miedo durante el mismo. Por muchas granadas y bombas de clavos que hubiesen lanzado los manifestantes, no habría temido por mí. Yo ya estoy muerto.

Pero temía por aquellos de mis amigos que no han experimentado lo mismo que yo. Y temía por las demás personas vivas que estaban allí, las que, aparte de miedo, demostraban compasión. No habría querido verlas heridas sólo para poder probar algo jugando al fútbol, y eso habría sucedido si me hubiese quedado en el equipo; la violencia que hervía en las gradas habría estallado en algún momento, y la gente habría resultado herida.

Sé que muchos de vosotros pensáis que retroceder estuvo mal, que tuve la oportunidad de luchar contra el demonio y vacilé. No os lo voy a discutir, aunque sí diré que hice lo que pretendía hacer, es decir, plantar una semilla. No quería regar esa semilla con la sangre de los vivos.

Phoebe se echó hacia atrás y se estiró. Dejó descansar los dedos sobre el teclado. Habían publicado unas cuantas respuestas, la primera de las cuales consistía en una corta diatriba de All-DEAD, que llamaba a Tommy cobarde y decía que sólo a través de la violencia y la muerte comprenderían los «sacos de sangre» lo que significaba estar muerto en un mundo de vivos.

Phoebe se humedeció los labios. AllDEAD no entendía lo esencial; la decisión de Tommy hizo que lo admirase aún más. Empezó el proceso necesario para registrarse en el blog y poder dejar un comentario, pero lo canceló dos veces. Quería hablar sobre su propia experiencia, sobre ver a Tommy desde las gradas y sentirse en medio del ojo del huracán, un huracán que soplaba sobre la superficie del infierno. Sin embargo, al final, no lo hizo.

Soñó con Tommy aquella noche. Estaba solo en el campo de fútbol, iluminado por una gran luna llena y con todo el uniforme puesto, aunque sin el casco. Ella estaba en las gradas, aplaudiendo, pero rodeada de personas enfadadas que gritaban y abucheaban. Un grupo de chicos muertos esperaba a la sombra del bosque de Oxoboxo. Tommy la miraba, caminaba hacia ella por el campo, y entonces la gente empezó a lanzarle comida. Cogollos de lechuga, perritos calientes, manzanas, botellas de refrescos. Un tomate le dio justo encima de su número. Phoebe se levantó cuando algunos de ellos se pusieron a gritar. Tenía los brazos llenos de poemas que revoloteaban a su alrededor como hojas muertas, mientras las balas destrozaban el uniforme de Tommy y atravesaban su cuerpo. Él seguía esperando. Una botella con un trapo ardiendo dentro le cayó encima y le incendió el costado. Los agujeros de bala le dibujaron una línea en el pecho; estaba más cerca, y Phoebe vio los agujeros negros de la mejilla, del cuello, de los muslos. El fuego empezó a derretirle la piel. Dio un paso hacia las gradas, y Phoebe se despertó.

La cuarta semana de la clase de estudios zombis (incluso Phoebe había empezado a llamarla así) empezó con el relato de Tommy de los actos violentos más recientes cometidos por todo el país contra personas con diferente factor biótico. Phoebe las había leído casi todas en el sitio web de Tommy, pero oírlo contarlas en voz alta era aún más horrendo.

—Atropellaron a una chica... en Memphis —contaba—. Tenía... trece años. Murió... dos veces en... dos semanas.

—Terrible —comentó Angela, sacudiendo la cabeza con compasión. Phoebe miró a su alrededor para evaluar la reacción de sus compañeros: los chicos muertos permanecían impasibles, mientras que a los vivos les costaba levantar la mirada del suelo, como si hubiesen participado de algún modo en las atrocidades que describía Tommy.

Phoebe también notaba aquel mismo sentimiento de culpa, la sensación de ser responsables en cierta medida de los crímenes.

—Se informó otra vez... de la presencia de... una furgoneta blanca... en Massachusetts. Y del asesinato... de un zombi.

Las furgonetas blancas aparecían en muchas de las noticias del blog. Tommy tenía la teoría de que muchos de los actos violentos al azar cometidos contra su gente no eran tan al azar. Angela, según vio Phoebe, ni aprobaba ni rebatía la teoría.

—Gracias, Tommy —dijo la mujer después de que el chico

describiera cómo unos padres habían encontrado a su hijo zombi muerto en el patio de atrás de su casa, con dos balas de fusil de alto calibre en la cabeza—. ¿Por qué creéis que estas historias nunca llegan a las noticias nacionales? —preguntó al grupo.

—Racismo —respondió Thorny. Llevaba temblando como un galgo mojado desde que se había sentado, después de beberse dos latas de refresco del frigorífico nada más llegar a la clase. Les había dicho a Phoebe y a Adam que intentaba atiborrarse de azúcar para ganar peso—. Es decir, biotismo. ¿Es eso una palabra? Lo que quiero decir es que hay mucha gente por ahí que odia a los zombis, así que los medios no informan sobre todo, como deberían.

—Quizá —dijo Margi. Estaba de mal humor, y Phoebe sabía que, cuando su amiga estaba así, podía decir cualquier cosa—. O quizá es que todas esas historias no son más que leyendas urbanas.

—¿Qué te hace decir eso, Margi? —le preguntó Angela. Tayshawn soltó una palabrota, y Margi lo miró antes de responder.

—Sólo... sólo quería decir que me parece muy raro que estén matando a todos esos zomb..., quiero decir, a todas esas personas con DFB, y nadie haga nada para evitarlo.

—¿Y por qué iban a hacerlo? —preguntó Karen—. No es... ilegal... matar a un zombi.

—Lo sé, lo sé. Es que no me puedo creer que la gente se quede mirando cómo matan a alguien y no haga nada.

—¿Lo harías tú? —le preguntó Karen—. ¿Harías algo?

Margi abrió la boca y la cerró de forma abrupta. Se le puso la cara tan rosa como el pelo.

—Claro que lo haríamos —respondió Phoebe, cubriendo a su amiga lo mejor que pudo—. Pero es muy extraño que a Tommy le cueste encontrar esas historias. Sobre todo lo de la furgoneta blanca. ¿Qué creéis que es? ¿Una especie de grupo fanático?

—El... Gobierno —dijo Tayshawn.

—¿Eso crees, Tayshawn? —le preguntó Angela, y él asintió.

—Me... dejaron —dijo de repente Colette.

Todas las cabezas, unas más deprisa y otras más despacio, se volvieron hacia ella, aunque Phoebe miró a Margi. La chica llevaba un animalito de peluche, un gato negro, en un llavero, colgado de la cartera, y lo estaba apretando tan fuerte que se le habían puesto blancos los nudillos.

Angela, al parecer menos interesada en las conspiraciones gubernamentales que en los sentimientos y experiencias de Colette, asintió.

—¿Que te dejaron?

—Todos... me... dejaron —respondió Colette, después de una larga pausa.

Angela empezó a hablar, pero se detuvo cuando se dio cuenta de que Colette tenía más cosas que decir y no necesitaba más preguntas, sino tiempo para verbalizar sus pensamientos. Era su cuarta sesión de grupo, y los zombis más lentos (Colette, Kevin y Sylvia) nunca habían hablado por iniciativa propia..., salvo en aquellos momentos.

—Mis... padres... no... me... permitieron... entrar... en casa. Caminé... desde el... depósito... de cadáveres... de Winford. Once... kilómetros.

Phoebe se puso a mirar el suelo. Si inclinaba la cabeza lo suficiente, su largo pelo negro evitaría que los demás vieran las lágrimas.

—Llamé... a... la puerta. Llamé... al timbre. Mi... madre... me... gritaba... que... me fuera. Llamé... a la... ventana... y la... ventana... se rompió. Papá... —A Phoebe se le escapó un sollozo, y notó que Margi se apartaba de ella en el sofá—. Papá... salió... del garaje —siguió Colette, con la vista clavada al frente, como si sus ojos fuesen portales a otro mundo—. Tenía... una... pala.

—Por Dios —dijo Adam.

—Me... fui. Me... quedé... en el... bosque. Tres... días. Fui... a la... casa... de mi amiga.

—¡Estabas muerta, Colette! —exclamó Margi, saltando del sofá—. ¿Qué querías que hiciera? ¡Estabas muerta!

—Mi... amiga... no me... dejó entrar. —Miró a Phoebe—. Ninguno de... mis amigos... me dejó... entrar.

—¡Tenía miedo, Colette! —gritó Margi, con voz aguda—. Estabas toda... toda... ¡Tenía miedo!

Phoebe quería decir algo, pero no se podía mover; la culpa la había paralizado. Sólo era capaz de llorar, cosa que hizo; la pintura de los ojos le cayó por las mejillas formando delgados riachuelos negros.

Colette se volvió hacia Margi y después se levantó. Margi dio un bote, tropezó con el sofá y estuvo a punto de caerse. Salió corriendo de la habitación.

—Puede que sea un buen momento para un descanso —comentó Adam, pero Angela sacudió la cabeza. Phoebe encontró en su interior la fuerza necesaria para levantarse, con la intención de ir a por Margi. Pero Colette la llamó por su nombre y la dejó inmóvil.

—Quédate —dijo Colette. Phoebe se volvió hacia ella. Su amiga parecía impasible, tan fría y lenta. No tenía expresión alguna en el rostro, ninguno de los tics ni inflexiones de voz que procuraban imitar los chicos muertos en mejor estado. A Phoebe le dio la impresión de que los negros ojos de Colette le atravesaban el cráneo—. Por favor.

—Yo iré a por Daffy —dijo Adam en voz baja, tocándole el brazo antes de salir. Phoebe se sentó.

—¿Qué pasó entonces, Colette? —le preguntó Angela.

—Me... escondí —respondió ella, sin sentarse—. En el... bosque. Y después... en el... lago. Tommy... me... encontró.

—Es un... don —comentó Tommy, subiendo el brazo izquierdo; su forma de encogerse de hombros.

—¿Qué hiciste cuando la encontraste? —quiso saber Angela.

—Hablé... con ella. La llevé a... casa.

—¿A casa? ¿A tu casa? —Tommy asintió—. ¿A tu madre no le importó?

—Mi madre... me ayudó.

—¿Has llevado a otros chicos con diferente factor biótico a casa de tu madre? —le preguntó Angela, arqueando las cejas. Tommy asintió otra vez—. ¿Se quedan?

—No hay sitio.

—¿Adónde van? —Tommy respondió con su encogimiento de hombros parcial—. ¿Colette? ¿Adónde fuiste después de estar con Tommy?

—Me... fui. Fui... a... la... casa.

—¿La casa?

—Pasó un tiempo conmigo —dijo Karen—. Y también con Evan.

—¿Tenéis una casa en la que os quedáis?

—Algunos de nosotros nos alojamos juntos —respondió Tommy.

—¿Dónde?

—No sería buena idea que... todos... lo supieran.

—Cierto —repuso Angela—, pero seguro que puedes confiar en las personas de esta sala, ¿no?

—Sin duda —respondió él, moviendo los labios. Pero no lo dijo, y ninguno de los demás chicos con DFB quiso rellenar el hueco.

—Muy bien —contestó Angela—. Gracias por compartir tu historia, Colette. Estoy segura de que ha sido una experiencia muy dolorosa para ti. Compartirla, quiero decir. Ya casi no nos queda tiempo.

Phoebe sentía como si se le hubiese congelado el corazón en el pecho. Los chicos pasaron junto a ella arrastrando los pies. Seguía llorando y no podía hablar.

Colette se sentó a su lado en el sofá, y Phoebe la miró, con los ojos ardiendo y la visión nublada por el maquillaje que había intentado limpiarse. La mirada de Colette era indescifrable.

—Colette, lo... lo...

Colette la abrazó en la sala vacía.

Phoebe oyó gritar al PDT cuando Adam cogió el teléfono.

—¿Sí?

—Soy yo.

—Hola.

—¿Cómo está Margi?

—No estoy seguro. No quiso hablar conmigo. Nos dieron permiso para marcharnos antes y la llevé a casa. Ella me dio las gracias y nada más. —Suspiró—. ¿Cómo estás tú?

—Bueno...

—Ya, me lo imaginaba. ¿Frisbee?

—Vale.

—Dame media hora. Primero tengo que hacer algunas chorradas para el PDT.

—Vale.

Se hizo de noche demasiado deprisa, así que Phoebe sugirió ir al campo de fútbol, donde podrían jugar bajo los focos. Se sintió mejor en cuanto entró en la camioneta de Adam y se sintió aún mejor cuando él le lanzó el reluciente disco amarillo trazando una perezosa espiral en el aire.

—Ni me acuerdo de la última vez que te vi con zapatillas de deporte —le dijo Adam, mirando sus zapatillas negras—. ¿No te destrozan los pies esas botas que llevas todo el tiempo?

Ella le devolvió el Frisbee e hizo una mueca al ver que iba a quedarse corto por casi cinco metros.

—No, son bastante cómodas. Y me puse estas zapatillas la semana pasada, cuando estuvimos aquí.

—Oh —respondió él, corriendo a recoger el disco y agarrándolo justo antes de que cayera al suelo. Adam sabía tirar el Frisbee de veinte formas distintas, así que aquella vez lo lanzó moviendo el brazo en paralelo al suelo. Phoebe lo cogió detrás de la espalda.

—Muy bonito. Temía que hubieses perdido tu don después de pasarte todo el día bebiendo café y escribiendo poesía gótica.

—Oh, ¿te has enterado?

—¿Enterado de qué? —repitió él, con fingida inocencia, y corrió hacia atrás para capturar el disco, que ella le había lanzado muy por encima de la cabeza.

—Da igual.

—Vale. —Adam lanzó el siguiente con un movimiento rápido por encima del antebrazo y un giro de muñeca. Ella intentó volver a recogerlo en la espalda, pero le rebotó en el costado—. Ayyy —dijo el chico, a modo de disculpa—. Bueno, ¿qué es lo que pasa?

Phoebe recogió el Frisbee del césped y se lo lanzó a la altura del pecho, a la distancia correcta.

—Colette me abrazó.

—Oh —respondió él, lanzándoselo de la misma forma—. Eso es bueno, ¿no?

—Ajá. Yo estaba llorando como un bebé.

—Es conmovedor que te abrazara. Aunque también da un poco de miedo.

Phoebe tuvo que correr para llegar a su siguiente lanzamiento y lo agarró con las puntas de los dedos.

—Sí, pero mira el miedo que pasó ella.

Él asintió, recogiendo fácilmente su tiro. Se movía con una elegancia natural poco común en alguien de su tamaño.

—No se puede sentir lo que sienten los demás. Sólo puedes intentar imaginarte lo que sienten.

—La abandonamos, Adam.

—No estás hablando del lago, ¿verdad? No fue culpa vuestra.

El siguiente tiro fue directo hacia ella, y Phoebe admiró el efecto de retroceso del disco.

—No, que se ahogara no fue culpa de nadie. Estoy hablando de su regreso.

—Oh.

—Vino a nuestras casas, Adam, y nosotras le dimos la espalda.

—Segundas oportunidades —respondió Adam, al cabo de un buen rato—. Te abrazó.

—Sí.

—Margi acabará viéndolo.

Jugaron durante tres cuartos de hora, cambiando de tema para dejar reposar un tiempo el problema de Margi y Colette. Se rieron con ganas de Thornton, que había llevado puesta al instituto una camiseta con el eslogan «ALGUNOS DE MIS MEJORES AMIGOS ESTÁN MUERTOS» aquella semana y su tutor lo había castigado, aunque después la directora Kim le había levantado el castigo.

—¿Qué te parece que Tommy dejase el equipo de fútbol? —le preguntó Phoebe a Adam.

—Estoy decepcionado. Era bastante bueno.

—¿Has hablado con él sobre el tema?

—No, supuse que no quería que las protestas y demás se desmadrasen.

—¿Desde cuándo eres un tío tan intuitivo, Adam? —le preguntó ella, sonriendo, pero él no le hizo caso.

—Me gusta esa sudadera. Deberías ir de blanco más a menudo. Creía que sólo tenías ropa negra.

—No es verdad. Tengo ropa gris, gris marengo y azabache.

—Claro, perdón —respondió él, entre risas—. Vámonos ya.

Lo primero que hizo Phoebe al llegar a casa fue mirar su correo electrónico, pero Margi no había contestado, ni tampoco le había devuelto la llamada al móvil.

—Papá, ¿ha llamado Margi?

—Me alegra informarla de que no ha recibido ninguna llamada, señorita —respondió él, apartando la vista de su novela de misterio.

Pero Phoebe no estaba alegre, sino preocupada.

20

NGELA SE SENTÓ EN LA
oficina con Phoebe y Karen
mientras las dos chicas hacían su último turno en la sección administrativa. Después, Phoebe iría al salvaje mundo del mantenimiento y Karen a hacer trabajo de verdad en el laboratorio. A Phoebe no le gustaba el cambio, ya que no le llamaba demasiado la atención pasar tiempo con Duke Davidson, la persona más espeluznante que había conocido.

—Quería agradeceros todo el trabajo que habéis hecho, chicas —les dijo Angela—. Habéis ayudado mucho.

—Para eso estamos aquí —respondió Phoebe—. Pero me gustaría haber encontrado más comentarios positivos para ustedes.

—Algún día —repuso Angela, riéndose—. Algún día veremos que la gente acepta a regañadientes lo que hacemos. La sociedad tendrá que crecer.

—¿Qué cree que hará falta para eso, señorita Hunter? —le preguntó Karen, mientras enderezaba un montón de papeles.

—Ojalá lo supiera con exactitud, Karen. Creo que será una combinación de varias cosas, pero, sobre todo, hará falta un gran esfuerzo por parte de personas como tú.

Karen la miró con la expresión vacía de los muertos, expresión que Phoebe sabía que podía activar y desactivar a voluntad, como una máscara.

—¿A qué se refiere? —preguntó Karen.

—Lo siento, no quería que te sintieras presionada. Sin embargo, creo que si las personas con diferente... los zombis lográis una aceptación real, será por gente como tú.

—¿Como yo?

—Zombis más evolucionados. Hablas con menos pausas, te mueves bien, tu rostro es más expresivo..., cuando tú quieres.

Phoebe observó a Karen para ver su reacción, pero ella mantuvo la mirada vacía.

—Más evolucionados —repitió.

—Por favor, no lo tomes como un insulto. Ya sabrás que eres distinta a la mayoría de los estudiantes con diferente factor biótico. Casi podrías...

—¿Pasar por humana?

—Iba a decir que podrías servir de modelo para los demás —dijo Angela. Si se sentía insultada, lo ocultó bien detrás de su sonrisa—. El colectivo con DFB necesita líderes. En el arte, en la cultura... Gente como Tommy y como tú podría marcar la diferencia.

—Porque los demás... nos verían como el modelo a seguir.

—Y porque podéis comunicaros bien. Podéis ser el rostro público de las personas con DFB.

—Vaya por Dios —repuso Karen, frunciendo el ceño, más o menos.

—Es cierto, Karen —intervino Phoebe—. Eres preciosa.

—Y tú eres un cielo, Phoebe —respondió Karen, permitiéndose sonreír. Cuando Karen sonreía, su belleza resultaba casi magnética, pero a Phoebe le parecía desconcertante la rápida transición desde el vacío.

—Bueno, es cierto.

—Dentro de Tommy y de ti hay algo que los demás todavía no han encontrado —comentó Angela, asintiendo—. Una creatividad..., un espíritu... No sé lo que es, pero sí sé que ninguno de los dos lo demostráis lo suficiente. Sobre todo Tommy.

—Eso no es verdad —empezó a decir Phoebe, pero Karen la interrumpió.

—Agradezco lo que dice, pero está... asumiendo... que los vivos quieren que actuemos, caminemos y hablemos como ellos. No creo que sea así.

Phoebe escribió en un trozo de papel la dirección de la página web de Tommy, <www.supuestamentedead.com>, junto con su identificación de usuario y su contraseña.

—¿No crees que eso hace que la gente te escuche?

—Alguna gente. Creo que para otra es más difícil. Cuanto más actuamos como ellos, más conscientes son de que no lo somos. Los vuelve paranoicos.

—¿De verdad?

—Creo que... se les iría la olla... si no pudieran... distinguirnos.

—Mmm.

—Tommy es muy creativo —intervino Phoebe.

—Seguro que sí, aunque no deja que lo veamos —repuso Angela.

—Eso no es verdad. Tiene su propia página web.

—¿Una página web?

—Y un blog. Los chicos muertos de todo el país leen lo que escribe. Así que no creo que deba suponer que nadie es poco creativo o tiene poca conciencia social sólo porque no está todo el rato parloteando sobre ello en clase.

—Lo siento, Phoebe —respondió Angela—. Tienes razón, no debería hacer ese tipo de suposiciones.

—Sin embargo, ha hecho una observación interesante —dijo Karen—. Quizá yo misma debería tener más conciencia social. Quiero decir, está claro que los muertos más jóvenes me ven como un ejemplo a seguir, en cierto modo (al menos, Colette y Sylvia), y puede que debiera...

—¿Cuál es la dirección de la página, Phoebe? —preguntó Angela.

—www.sup...

—¿Quién sabe? Quizá debería presentarme como representante de los estudiantes ante el cuerpo de profesores. ¿Lo pilla? ¿Cuerpo de profesores? Ya veo los titulares: «KAREN DESONNE ENTIERRA A SUS COMPETIDORES EN UNA VICTORIA APLASTANTE». ¿Lo pilla? ¿Entierra? Ja, ja.

Phoebe miró a Karen, que no sólo estaba hablando más deprisa que cualquier persona muerta que conociese, sino que hablaba incluso más deprisa que Margi.

—¿Phoebe? —insistió Angela—. ¿La web?

—<supuestamentedead.com>

Podría haber jurado que oyó suspirar a Karen cuando le dio la dirección, aunque, por supuesto, los muertos vivientes no podían respirar.

Angela siguió esbozando su perenne sonrisa de gato de Cheshire, y Phoebe empezó a pensar que quizá hubiese cometido un grave error.

Adam vio cómo Phoebe y Margi cruzaban la cafetería, y que Margi levantaba la mano, formando un remolino de tintineantes pulseras de plata, para agarrar a su amiga por el brazo y apartarla de la mesa en la que se sentaba sola Karen DeSonne, rodeada por un anillo de Tupperware.

Karen había extendido una servilleta de tela y, en ella, había colocado un termo con forma de cuenco, como los que usaban los chicos para llevar sopa de pollo o macarrones con queso, y un contenedor redondo más pequeño, una reluciente manzana roja y un yogur. Sacó una cuchara de plástico y le quitó la tapa al contenedor. Adam se asomó y vio que dentro había una pirámide cuidadosamente montada de palitos de zanahoria. En otro bote llevaba fresas en rodajas.

Margi apartó a Phoebe del picnic de la chica muerta y la dirigió al lugar donde se sentaba Adam, que masticaba el segundo de sus sándwiches de rosbif. Adam vio que Phoebe se sacudía la mano de Margi antes de sentarse delante de él.

—Hola, Adam —lo saludó, claramente irritada. Él asintió, aunque sin dejar de observar a Karen, que estaba sentada mirando fijamente la mesa que había preparado con tanta concentración.

—No puedo soportarlo —susurró Margi, soltando su bolsa de la comida en la mesa—. Es que no puedo.

—Tía, está sola... —empezó Phoebe, pero Margi sacudía la cabeza.

—Tiene comida, Phoebe. Comida. Tiene comida, y sabes que no comen. No lo soporto más, no está bien, no es natural...

—Chisss, baja la voz, ¿quieres?

Margi le pegó un empujón a su comida, y una naranja salió rodando de la bolsa y cayó al suelo.

Adam las miró durante un momento, mientras mordía el sándwich para no tener que decir nada. Phoebe lo miró, lo que significaba que tenía que intervenir, como si ellos dos fuesen los padres de Margi, que estaba ocupada poniéndose histérica. Le temblaban las manos, no parecía su melodrama normal de siempre.

—Oye, Daffy, ¿estás bien? —le preguntó el chico, después de tragarse lo que tenía en la boca.

Margi se inclinó sobre la mesa, bajando la voz.

—Tiene comida, Adam. Sopa... y... y... leche...

Adam asintió y puso una mano encima de la de la chica.

—Lo sé, se ha montado todo un picnic, pero no se lo come. ¿Ves? —le explicó, señalando la mesa de al lado con la cabeza, aunque ella no miró—. Seguramente sólo quiere ser normal, Margi. Seguramente sólo intenta actuar como los demás chicos de la cafetería.

—¡Pero no puede! A eso me refiero, ¡a eso precisamente me refiero! —Phoebe miraba a Margi como si la rara fuese ella. Adam se encogió de hombros—. Voy a dejar la clase —siguió diciendo Margi, apartando la mano, de modo que los fríos anillos y pulseras de plata pasaron por debajo de las puntas de los dedos del chico como si fuesen agua—. Necesito hablar con la enfermera —añadió; se levantó y salió a toda prisa de la cafetería.

—¡Vale, yo le limpio la mesa a la señora! —le gritó Phoebe.

—Está mal —comentó Adam. No le gustaba ver a Phoebe ponerse sarcástica con su amiga; no parecía ella misma.

—Y no me quiere decir por qué. Me dan ganas de matarla.

—Así podrías conseguir que se sentara con Karen.

—Hay algo más que no me cuenta —dijo ella, sin hacer caso de la broma—, algo sobre Colette. La convencí para que entrase en las prácticas porque creía que la ayudaría a superar el miedo o lo que sea que siente por Colette.

—Es complicado —repuso Adam. En la mesa de al lado, Karen contemplaba la comida como si intentara hacerla flotar sobre la mesa. Martinsburg, que entraba con una bandeja, se volvió hacia su sombra, Stavis, y le dijo algo que lo hizo reír—. La muerte da miedo.

—Pero no tiene por qué, y menos ahora.

Aquello no tenía mucho sentido para Adam, aunque no se lo dijo. La observó quitarle la corteza al pan de su sándwich de queso durante unos minutos antes de cambiar su enfoque del asunto.

—¿Estás segura de que Margi se unió al grupo para superar lo de Colette? ¿Estás segura de que no lo hizo por ti?

—¿Qué quieres decir? —preguntó, con tono de estar enfadada.

—No lo sé —respondió él, aunque sí lo sabía. Él se había unido al grupo por eso.

Por el rabillo del ojo vio que Stavis y Martinsburg se sentaban a unas mesas de distancia, sin dejar de mirar a Karen con malicia.

—Oye, ¿quieres que nos sentemos con ella? —le preguntó a Phoebe, y ella se animó al instante.

—Claro.

Recogieron sus cosas y se acercaron a la chica muerta, que estaba completamente inmóvil.

—¿Podemos sentarnos contigo? —le preguntó Phoebe, y Karen asintió lentamente. Adam le echó una mirada muy significativa a Stavis y a Pete antes de sentarse; Pete le sopló un beso.

Karen los miró y volvió a sonreír, como si alguien hubiese encendido un interruptor dentro de ella.

—¿A que es bonito? Las fresas rojas, su forma de brillar, el naranja chillón de las zanahorias... También me gusta mi servilleta azul marino.

—Es muy bonito —dijo Phoebe.

—Me alegro mucho de poder seguir viendo los colores, ¿sabéis? Quiero decir, a veces me pregunto si los veo apagados, como si algunos de los pigmentos de mis ojos se hubiesen desgastado al morir, pero, al menos, todavía sé que eso es rojo y eso naranja, y que la leche es blanca. Ni me imagino lo que sería ir por la vida en blanco y negro, ¿y vosotros? ¿En un mundo sin colores?

—Yo tampoco —respondió Phoebe, y Adam asintió.

—Antes, mis ojos eran azules.

—Ahora son como diamantes —le dijo Phoebe—. Puede que sean los ojos más bonitos que he visto nunca.

—Ojalá pudiera olerlas —comentó Karen, acercándose a la nariz el tarrito con fresas—. A veces me parece que puedo, un poquito. Pero después... me pregunto... si estaré... recordando cómo olían. Lo que resulta irónico... porque dicen que el... olor... está muy relacionado... con la... memoria.

—La sopa también huele bien —dijo Phoebe.

—¡Sopa! —exclamó Karen, haciendo un ruidito parecido a la risa—. Sí, ¿recuerdas la sopa? Dios.

Adam no olía la sopa porque tenía a Phoebe tan cerca que casi se tocaban, así que sólo olía el perfume de su champú. Le habría gustado tener un tercer sándwich para poder dar a sus manos y boca algo que hacer. Le daba la impresión de que a Karen se le estaba yendo la olla a su manera, igual que a Margi. ¿Es que ninguna chica, ni viva ni muerta, era capaz de mantener la cordura durante más de tres horas seguidas?

—Todavía... oigo. Y... siento —les dijo, sonriendo—. Creo.

—Adam quería decirle a Phoebe que la abrazase o algo, pero entonces Karen empezó a tapar los contenedores—. Gracias por sentaros aquí. Y gracias, Adam, por ser tan protector conmigo. Es gracioso pensar en proteger a una chica muerta, ¿no? —Soltó una risita, y el ruido le quedó mucho más auténtico que el anterior.

—¿A qué... te refieres?

—Venga ya, te he visto. Esos chicos malos... Soy consciente de ello. Hiperconsciente, de hecho. Quizá sea porque ya no puedo... sentir... tanto como antes. —Le tocó la mano. La de ella era fría y suave—. No dejes que hagan daño a los otros. Quieren hacerlo, ¿sabes? Hay algo, algo dentro del guapo. Algo más que miedo.

—¿De quién? ¿Pete?

—No dejes que haga daño... a los otros —repuso ella, asintiendo.

—Lo intentaré.

—Sé que lo harás. Siempre lo haces —dijo Karen, dándole un par de palmaditas en la mano—. Bueno, Phoebe, ¿adónde te lleva Tommy para la cita?

Phoebe se ruborizó hasta el cuello. Adam se habría reído de no haber sentido un repentino dolor en la boca del estómago, uno que no podía aliviarse por muchos sándwiches de rosbif que se comiera.

Pete ya casi tenía pensado el espectáculo público que pensaba dar con la chica muerta, pero entonces Adam y Pantisnegros se sentaron a su lado y le fastidiaron la idea. Aunque Adam no le daba miedo, no quería que el enfrentamiento final con Lelo Man fuese en la cafetería del instituto. Pete era tan realista como Adam grande, y sabía que quizá le faltara lo necesario para ganar al enorme paleto en una pelea justa, así que tendría que esperar a una injusta.

Cuando la hora de la comida estaba a punto de acabar, Adam se acercó a su mesa.

—¿Puedo hablar contigo un momento, Pete? ¿A solas?

—¿Quieres pelea? —preguntó Pete, sonriendo.

—Sólo si tú golpeas primero —respondió Lelo Man, sacudiendo la cabeza.

—Hablar, ¿eh? —repitió Pete. Sonrió con satisfacción a Stavis y sus otros parásitos—. Vamos a hablar.

Se fueron a un rincón de la cafetería, que ya empezaba a vaciarse. Pete vio que Pantisnegros y Zombina se largaban, y se aseguró de que Adam lo viera hacerlo.

—Pete, esto tiene que acabar.

—¿El qué? —preguntó Pete, sin dejar de mirarlas hasta que salieron al pasillo.

—Esta campaña de odio que estás montando. Amenazar a la gente.

—¿Amenazar a la gente?

—Tommy, Karen. Thornton me contó que le dijiste que Stavis y tú le patearíais el culo algún día.

—No son amenazas, son promesas —respondió Pete, sonriendo. La sonrisa se ensanchó cuando vio que sus palabras penetraban la armadura de la que se rodeaba Adam.

—Pete..., éramos amigos.

—Éramos, como bien has dicho. Elegiste tu equipo.

—¿Todo porque el entrenador te pidió que le dieras una paliza a un chico y yo no te seguí el juego?

—Un chico no. Eso es lo que no acabas de pillar. No es un chico. Es un zombi, un zombi sucio, podrido y comido de bichos. A eso prefieres antes que a mí.

—No lo entiendo, ¿por qué tanto odio?

Pete se humedeció los labios y estuvo a punto, a punto de

contarle a Adam lo de Julie. Pero nunca se lo había contado a nadie, y nadie salvo su padre sabía nada sobre ella.

—Es mi deber como ciudadano —repuso, encogiéndose de hombros.

—Te dejó sin aliento. ¿Y qué? Y tuvimos una buena pelea en el bosque. Dejémoslo ahí. Estoy dispuesto a alejarme, si tú también lo estás.

—Adam —respondió Pete, riéndose—, tengo una lista en el bolsillo, una lista con toda la gente de tu estúpida clase de amantes de los zombis. La llevo a todas partes; que sepas que todos los que salen en ella, todos vosotros, vais a pasarlo mal.

—Serás... —Adam estaba tan enfadado que no podía ni hablar, lo que a Pete le vino bien. Estaba harto de escuchar a Adam.

En aquel momento sonó el timbre. Pete se volvió y se fue con Stavis, que estaba observando desde la puerta.

21

«QUÉ INCÓMODO», PENSÓ Phoebe. Estaba sentada en el asiento del copiloto del PT Cruiser de Faith. Tommy estaba sentado atrás, tan hablador como una maleta. Faith los llevaba al centro comercial, donde iban a ver una película.

La situación se volvía cada vez más incómoda.

—¿Saben tus padres dónde estás esta noche? —le preguntó Faith.

—Bueno, saben que voy al centro comercial a ver una película.

Faith la miró, pero aquella breve mirada cayó sobre la conciencia de Phoebe como si fuese una tonelada de ladrillos.

—¿Y saben cómo vas a llegar hasta allí? ¿Y con quién vas?

—Bueno...

—Adoro a mi hijo, Phoebe, pero ésta es la última vez que te cubro las espaldas. Tienes que decirles a tus padres lo que estás haciendo. No es justo para ellos.

Tommy hizo un ruido en el asiento de atrás, como si intentara aclararse la garganta. Era un ruido horroroso, uno que Phoebe no deseaba volver a oír jamás.

—Tiene razón, se lo diré.

Faith le dio una palmadita a Phoebe en la mano, y Phoebe notó su calor.

—Sé que lo harás, cielo. Eres una chica valiente. No hay muchas chicas de tu edad dispuestas a ser amigas de un muerto viviente.

Phoebe le devolvió la sonrisa, aunque no se sentía muy valiente. Tommy era valiente. Karen era valiente. Adam era valiente porque se arriesgaba a que lo expulsaran del equipo de fútbol por Tommy.

—Mamá —dijo una voz seca de rana desde la parte de atrás—. No soy un muerto viviente, soy un zombi.

—No seas malo. Ya sabes que no me gusta esa palabra.

—Zzzzzzzzzombi —contestó él.

Phoebe se volvió y lo pilló sonriendo, mientras su madre se reía.

—Os recogeré a las diez —les dijo Faith antes de alejarse, dejándolos en la gran entrada de neón del centro comercial de Winford. Phoebe se sentía aún menos valiente allí de pie, en la acera, con Tommy. Una mujer pasó junto a ellos y se agarró con fuerza a su bolsa de plástico. Sobre las puertas, en unas letras cursivas de neón rosa, se leía: «Winford Mall». Phoebe miró las letras y frunció el ceño.

—Si quieres, nos vamos —le dijo Tommy, llevándose la mano al móvil, que estaba en el cinturón.

Phoebe sacudió la cabeza, secándose el sudor frío de las palmas en los vaqueros negros. Después le ofreció la mano a Tommy.

—No, nos espera la película.

Él la miró durante un rato; el neón trazaba brillantes rayas rosa y naranja en la lustrosa superficie sin vida de sus ojos.

La cogió de la mano y entraron en el centro comercial.

La gente empezó a mirarlos raro en cuanto entraron. Un chico con un jersey de los Patriots se volvió hacia su amigo y dijo en voz alta:

—¡Eh, mira eso! *¡El amanecer de los muertos!*

—Sí, pero todavía no se la ha comido —respondió su ingenioso colega.

Compartieron una carcajada estridente y Phoebe se ruborizó, pero se agarró con más fuerza a la mano de Tommy, que tenía los puños cerrados e intentaba acercarse.

—No —le susurró ella, y siguieron andando.

Aparte de en *El amanecer de los muertos*, Phoebe sabía que los muertos vivientes de verdad rara vez entraban en los centros comerciales. No se veía a los chicos con diferente factor biótico pasando el rato en la bolera o dándole a la lengua en la puerta del Starbucks. No necesitaban ir a los restaurantes y, aparte de Tommy Williams, pocos se veían participando en acontecimientos deportivos u observándolos. Los zombis, por lo general, eran chicos caseros..., al menos los que todavía podían quedarse en su casa.

Recorrieron el pasillo, pasaron junto a una cadena de restaurantes y una joyería, y llegaron a un atrio abierto desde cuya barandilla alta podía verse el nivel inferior. Un grupo de pequeños abedules de aspecto frágil crecía en un agujero abierto en el suelo de baldosas blancas. La copa de uno de los árboles estaba casi a la misma altura que el borde de la barandilla, y vieron que las ramas tenían hojas pequeñas y oscuras. Cuando se acercaron a la barandilla, un pajarito marrón salió volando de las vigas y aterrizó en una rama cercana.

—Un gorrión, pobrecito—comentó Phoebe.

—Sé... cómo se siente —respondió Tommy. Detrás de él, Phoebe vio que una anciana los miraba con el ceño fruncido desde la puerta de Pretty Nails. Tommy se volvió justo cuando la mujer hacía un gesto.

—¿Acaba de echarnos el mal de ojo? —preguntó él.

—Eso creo, o algo peor.

Phoebe miró a su alrededor. ¿Eran imaginaciones suyas o todo el mundo los miraba?

Quizá exagerara.

En cualquier caso, el camino hasta el cine, en la otra punta del centro comercial, se le hizo muy largo.

Pasaron junto a una tienda Wild Thingz!, y Phoebe señaló un pequeño expositor del escaparate en el que tenían las camisetas de «¡PODER ZOMBI!» y «ALGUNOS DE MIS MEJORES AMIGOS ESTÁN MUERTOS», además de un par de gorras, pañuelos y muñequeras con eslóganes similares de Slydellco. También había unas cuantas botellas y tubos en el expositor. Phoebe empezó a reírse al darse cuenta de lo que era.

—Dios mío, ¡productos de higiene para zombis! —Había champús, loción hidratante y dos tipos de pasta de dientes diferentes. Lo que más le gustó fue un spray con una gran zeta plateada en un bote cilíndrico negro. Abajo ponía: «PARA EL HOMBRE MUERTO ACTIVO».

—Quizá debería comprarme una —comentó Tommy, sonriendo—. Soy bastante... activo.

—Lo siento —respondió ella, sin parar de reírse—. No sé por qué me hace tanta gracia.

Entraron y recorrieron las estanterías llenas de camisetas y accesorios góticos. El humor de Phoebe mejoró cuando oyó la voz de M. T. Graves salir de los altavoces de la tienda. Le preguntaron a la dependienta si tenía muestras de Z. La dependienta tardó en reaccionar. Podría haber sido la doble de Margi, aunque sus puntas eran moradas y tenía un gran anillo plateado en la nariz, a juego con las pulseras y brazaletes de cuero del brazo.

—Lo flipo, ¡un zombi de verdad! —les dijo, sonriendo—. Vaya, llevaba tiempo esperando que entrase uno de vosotros.

—Les explicó que no tenía muestras, pero que Tommy podía oler un poquito la botella que tenían en el escaparate. Él aceptó la oferta y le preguntó a Phoebe qué le parecía.

Ella olió el aire que lo rodeaba. El perfume recordaba a las especias, pero con una fuerte nota de algo cítrico, quizá lima.

—A mí me encanta esa porquería —comentó la Margi morada—. Le compré a mi novio, Jason, un bote, y se lo pone siempre.

—Gracias —respondió Tommy, mirando a Phoebe—. ¿Huele bien?

—A mí me gusta —respondió ella, y Tommy compró un bote.

La amabilidad de la dependienta alivió un poco la paranoia de Phoebe, al igual que la idea de los productos de higiene para muertos vivientes. Sin embargo, cuanto más pensaba en ello, más nerviosa se ponía. Vale, los muertos no sudaban y, obviamente, no se podrían, lo que habría supuesto graves problemas. Quizá las bacterias que causaban el olor no podían sobrevivir en su piel o algo así.

—Mi madre me dijo que te llevase a una... peli para tías —comentó Tommy, y ella se dio cuenta de que ya estaban en el cine.

—Hmmm. *Perros callejeros y tablas de surf* o *Mr. Caos* —dijo Phoebe—. Pues *Perros*.

Tommy pagó las entradas y le compró una bolsa de palomitas y un refresco. Faith había advertido a Phoebe en el coche que el chico pagaría todo y que no montase una escena porque «ya la estaréis montando de sobra». El chico pecoso del puesto de palomitas puso cara de haberse tragado una rana cuando Phoebe se volvió y le preguntó a Tommy si quería sucedáneo de mantequilla líquida en sus palomitas.

—Antes me encantaba... el sucedáneo de mantequilla —respondió. Phoebe se rió. A Tommy no le importaba que se le olvidase que estaba muerto.

En la película no había ningún zombi; era una comedia ligera sobre una mujer que trabajaba en una perrera y siempre acababa encontrándose con el adorable cachorro de labrador marrón de un tío que diseñaba tablas de surf.

A Phoebe la película le resultaba aburrida, y la idea de estar sentada a oscuras con Tommy comiendo palomitas empezaba a parecerle claramente absurda. «Si pudieras volver a la vida, Phoebe Kendall —pensó—, seguro que te la pasarías viendo las tontas payasadas del perro Ruffles y esperando pacientemente a que estrenasen *Perros callejeros y tablas de surf II*.»

Por algún extraño motivo, la obligada escena de cama de la película le recordó al momento pasado en el suelo polvoriento de la Casa Encantada, en la más completa oscuridad. Por suerte, era una escena de risa; Ruffles saltó encima de la cama durante los festejos, y el chico surfero rompió una lámpara al intentar echar al encantador diablillo.

Phoebe miró a Tommy durante la escena. Miraba al frente sin pestañear, como solían hacer los muertos, y se preguntó qué hacían allí los dos.

Regresaron a las luces excesivamente brillantes del centro comercial sobre las nueve de la noche. Las pocas personas que salían del cine se tambaleaban con cara de sueño por el vestíbulo, arrastrándose como los zombis más tradicionales de la historia del cine.

—¿Te ha gustado... la película? —preguntó Tommy.

—El perro era mono.

—A mí... —murmuró él, alargando la palabra— tampoco.

—Tommy, ¿esto es como el fútbol para ti?

Tommy ladeó la cabeza, como había hecho Ruffles al ver a la chica de los perros quitándole el sitio en la cama del surfero en aquella horrenda película.

—¿A qué... te refieres?

—Me refiero a estar conmigo. Te uniste al equipo de fútbol para demostrar algo, no porque te encantase el deporte. ¿Por eso estás conmigo?

Pasaron junto a una tienda de ropa. Había menos gente que antes y, al parecer, la que había les prestaba menos atención. Quizá los visitantes nocturnos aceptaban mejor a los chicos con DFB.

—¿Quién ha dicho que no me guste el fútbol? —preguntó él, al cabo de un momento.

Estaba de broma, seguro. ¿O no? Era difícil interpretar el humor de las personas con diferente factor biótico, igual que era difícil interpretar el verdadero significado de los correos electrónicos enviados a última hora de la noche. Justo cuando Tommy iba a decir algo más, vio algo en la tienda de al lado y lo señaló con la cabeza.

Phoebe siguió su mirada hasta la librería, donde Margi estaba leyendo un libro que había sacado del montón colocado en un expositor cercano a la entrada. Los vio a la vez que ellos la vieron.

—Hola, chicos —saludó, dejando el libro donde estaba e intentando parecer despreocupada..., cosa que Margi nunca era. Lo normal para ella habría sido hablar sin parar.

Phoebe miró el título del libro que Margi había estado hojeando: *Y la tierra abrirá sus tumbas y devolverá a los muertos*, del reverendo Nathan Mathers.

—¿Mathers? ¿Es interesante, Margi? —Miró la contracubierta y empezó a leerla en voz alta—: «En este estimulante libro de uno de los expertos más preeminentes de nuestra nación en el fenómeno de los discapacitados vitales, el polémico reverendo Nathan Mathers utiliza tanto los antiguos textos teológicos como los titulares más actuales para ofrecernos sólidos argumentos que demuestran que la existencia de estos seres es una señal de la llegada del Apocalipsis, y resume cómo deben prepararse los cristianos para el acontecimiento».

—Vaya, me han pillado —comentó Tommy, pero Phoebe estaba esperando a que Margi dijese algo.

Ella no lo hizo, durante un rato. En vez de ello, se apartó las puntas rosas de los ojos y evitó mirarla a la cara.

—Creo que hay mucho miedo —respondió.

—Esto es el... progreso —repuso Tommy, mirando el resto de artículos del expositor—. Mira, hay unos cuantos libros de... Slydell. *Los muertos... no tienen vida* —leyó—, *Lo que los padres necesitan... saber sobre sus hijos muertos*. Éste lo tiene... mi madre.

—No dejarás de verdad las prácticas, ¿verdad Margi? —le preguntó Phoebe.

Margi apartó la vista. A Phoebe le ponía más nerviosa la pregunta que caminar de la mano de un zombi.

—Tengo que hacerlo, Phoebe —respondió Margi, susurrando para que Tommy no lo oyera..., cosa que era poco probable, porque el chico estaba echando un vistazo al libro que había escrito un abogado: *El derecho civil y los muertos vivientes*—. No lo aguanto más.

—¿El qué? —le preguntó Phoebe, casi chillando—. Margi...

—Tengo que irme —repuso Margi. Masculló algo sobre reunirse con su madre y su amiga no intentó detenerla.

—¿Tommy?

—¿Hmmm? —preguntó él, sacando las narices del libro para responder—. ¿Se ha ido... Margi?

—Sí —respondió ella, y él dejó el libro y la miró durante un momento.

—Mi madre me dijo que debía invitarte a un... batido. Dice que... te gustan... los batidos.

—Me encantan los batidos —le aseguró ella, deseando poder interpretar mejor sus reacciones.

Fueron al Honeybee Dairy, una de las pocas tiendas del centro comercial que no pertenecía a una cadena. El Honeybee Dairy era el restaurante favorito de Phoebe; se había pasado mucho tiempo comiendo hamburguesas y bebiendo batidos con Adam y Margi en el establecimiento original de Oakvale.

Y con Colette. Colette solía ir con ellos.

Se sentaron en la barra, en unos relucientes taburetes plateados con asientos de vinilo rojo. Escogieron la barra porque estaba vacía. En algunos de los reservados había clientes: un cuarteto de adolescentes ruidosos, una joven pareja que Phoebe reconoció del cine y un trío de damas con el pelo azulado. Todos parecieron volverse para mirarlos cuando se sentaron en los taburetes.

—Ojalá pudiera ayudarte... con Margi. Entiendo... lo que siente.

—¿Ah, sí? —preguntó Phoebe, aunque en realidad pensaba: «¿Y Colette?».

—Se lo he oído a alguna gente... de mi página web. Los muertos... ya han vivido..., mientras que los vivos... todavía no han muerto.

—Hablas de los muertos como si todos fuerais iguales. ¿De verdad es así? Seguís siendo personas individuales, ¿no?

—Pero unidas... por una experiencia común.

—¿De verdad? ¿Todos vosotros visteis... experimentasteis o lo que sea... lo mismo al morir?

Tommy empezó a responder, pero se detuvo. A Phoebe le parecía que quizá aquella experiencia común no fuese en realidad tan común. ¿Cómo era posible, si Karen era capaz de correr una maratón y ganar un concurso de belleza, mientras que Sylvia necesitaba diez minutos de ventaja para subir unas escaleras?

Un chico poco mayor que ellos con una camiseta del Honeybee y un gorro de papel en la cabeza se acercó para tomarles nota. Phoebe pidió un batido de jarabe de arce y nueces. Sintió compasión por el chico, que se puso rojo como un tomate y empezó a tartamudear cuando se volvió hacia Tommy.

—¿Y... para... usted, señor?

Tommy esbozó la sonrisa torcida a la que Phoebe todavía no se había acostumbrado y sacudió la cabeza. El muchacho corrió a por el batido de Phoebe.

—Al menos lo intenta —comentó ella. Estaba más enfadada de lo que creía; le parecía que la mueca de Tommy tenía algo de condescendiente—. La mayoría de las personas que hay aquí preferirían tirarnos el batido encima.

—¿Crees que... leer mi... blog... ayudaría a Margi? —preguntó Tommy, perdiendo la sonrisa—. Quizá la ayude... a ver... que no somos más que... chicos.

Una servilleta enrollada, lanzada por el cuarteto ruidoso, le dio en la espalda, pero o no lo notó, o fingió no hacerlo.

—Puede. Puede que sí, la verdad. —Le hizo un gesto al señor Tartamudo—. ¿Me lo pone para llevar?

—Tienes derecho a sentarte aquí... conmigo —repuso Tommy, sacudiendo la cabeza. Había fuerza en su voz, la misma fuerza implacable que percibía en él cuando iban de la mano o le tocaba el hombro.

—No quiero liarla, Tommy. Esta noche no.

Él miró hacia la mesa justo cuando una segunda servilleta le rebotaba en el hombro. Se oyeron risas ahogadas del cuarteto, pero se callaron rápidamente bajo el peso de la mirada de Tommy.

—¿Sabes? Pensaba en mi... blog... como una forma de dar esperanza... a los muertos. Aunque quizá su verdadero valor resida en aportar... comprensión... a los vivos.

El chico tartamudo les llevó el batido en un vaso de papel encerado. Phoebe se quedó algo decepcionada, porque parte de la experiencia del Honeybee era tomarse el batido en un vaso de boca ancha, con la taza de metal frío para rellenarlo al lado.

Empezó a levantarse, pero Tommy la agarró del brazo.

—Tengo una pregunta antes de que nos vayamos —le dijo, sin darle ninguna pista con su expresión—. ¿Cómo haces que las nueces suban por la pajita?

Ella se rió y él sonrió, una sonrisa de verdad, sin segundas intenciones. Tommy dejó tres dólares en el mostrador y salieron a esperar a su madre.

—¿Nada de antorchas? —preguntó Faith cuando entraron en el vehículo—. ¿Ni alquitrán con plumas?

—Pareces... decepcionada —respondió Tommy.

—No sé cómo podéis hacer bromas sobre eso —dijo Phoebe—. Esas cosas pasan de verdad.

—Por eso bromeamos —le explicó Tommy—. Es una forma de dar... gracias.

—¿Estoy oliendo a arce? —preguntó Faith.

—Lo siento —dijo Phoebe, ofreciéndole un trago—; tendríamos que haberle traído algo.

—No puedo —respondió Faith, agitando los dedos, que tenían las uñas pintadas de vivos colores—. Sigo la dieta de Weight Watchers.

Faith dejó a Phoebe en la carretera, cerca de su casa, al otro lado de la de los Layman. El camión del PDT estaba aparcado en el sendero, y Phoebe esperaba que sus padres no hubiesen visto a Adam, ya que el chico era su coartada de aquella noche.

—Phoebe —le dijo Tommy al salir del coche, en principio para sentarse delante. Phoebe se dio cuenta de que Faith hacía todo lo posible por parecer interesada en los arbustos que se veían por la ventanilla, en su lado del coche.

—Me lo he pasado muy bien, Tommy —le dijo ella, hablando muy deprisa—. Muchas gracias.

—Phoebe —repitió él, antes de que pudiera irse. A Phoebe le latía el corazón como si acabase de meterse un triple chute de capuchino.

¿Qué haría si él intentaba besarla?

Sin embargo, Tommy fue muy respetuoso y dio un paso atrás.

—Sólo... quería... que supieras... que quería... salir... contigo... porque... quería salir contigo.

Ella sonrió y le ofreció la mano.

—Gracias, Tommy. Yo también.

Él aceptó la mano. La piel de Tommy era fría, tan fría que ella la envolvió en las suyas.

—No me respondas ahora —dijo él—, pero ¿te gustaría ir al baile de bienvenida conmigo?

Cortó su respuesta llevándose a la boca la mano que tenía libre y apretándose los labios con el índice para pedirle silencio.

—No me respondas todavía. Por ahora... sólo quiero disfrutar de la posibilidad de que aceptes.

Cuando Phoebe se soltó y empezó a caminar hacia su casa todavía notaba el subidón de miedo, de nervios o de ambas cosas. No estaba muy segura.

22

OMMY LEÍA EL ARTÍCULO con voz fría y firme. Adam, que lo observaba desde el otro lado de la habitación, se daba cuenta de que Tommy estaba muy enfadado.

—«Los asaltantes utilizaron escopetas y un lanzallamas contra Dickinson House, un refugio de capital privado para personas con discapacidad vital al norte de Springfield (Massachusetts). Siete discapacitados vitales y dos empleados fallecieron en el incendio. Un tercer empleado llamado Amos Burke afirmó que los asaltantes eran "dos hombres con uniformes negros y gafas oscuras que escaparon en una furgoneta blanca". Burke también comentó que "dos de las personas con diferente factor biótico que residían en Dickinson House consiguieron salvarse de la destrucción, pero, a juzgar por las quemaduras sufridas, es probable que desearan no haberlo hecho". "Juro que los zombis estaban gritando —siguió diciendo Burke—, pero no sabía si era de felicidad o de dolor." Burke estaba en el refugio haciendo trabajos para la comunidad después de que el juez lo condenara por intentar robar una licorería en Northampton.»

Tommy dejó el periódico en el regazo, y la clase guardó silencio durante unos minutos.

—Gracias por compartirlo con nosotros, Tommy —le dijo Angela—. Estoy segura de que no te ha resultado fácil leerlo.

—No me lo puedo creer —intervino Phoebe—. ¿Por qué no ha salido en la televisión? Mis padres ven la CNN dos horas todas las noches, por lo general, y no había oído nada.

Karen sacudió la cabeza, y Adam observó cómo sus ondas de platino flotaban de un lado a otro.

—Pasa continuamente. Asesinan... a zombis por todo el país y casi... nunca... sale en las noticias.

—Es una locura —dijo Thorny—. Ni siquiera puedo creerme que algo así pase en Estados Unidos.

Adam se preguntó si Thorny sería de verdad tan crédulo o se lo hacía. También se preguntó, teniendo en cuenta su última conversación con Pete Martinsburg, dónde estaría Sylvia. Dudaba mucho que sus compromisos sociales la estuviesen apartando de las clases.

—¿Qué opináis los demás? —preguntó Angela—. ¿Creéis que esto está pasando de verdad?

—Algo... está pasando —respondió Evan—. ¿Cómo iban... a ponerlo... en las noticias?

—A mí lo que me interesa es... por qué no lo han puesto en las noticias —repuso Karen—. *The Winford... Bulletin* es un periódico pequeño. ¿Por qué ellos tienen la historia y *The Hartford... Courant* no?

—Si me pregunta por mi opinión —añadió Tommy—, yo creo que alguien está... matando zombis.

—¿De verdad? —preguntó Angela.

—Lleva pasando desde... Dallas Jones. Lleva años pasando, pero ahora parece más... sistemático. Y mire cómo el periodista ha sentido la necesidad de... desacreditar al testigo.

—¿Por qué no dan más difusión a la historia? —preguntó Adam, echándose hacia delante—. Han muerto nueve personas.

—Han muerto dos personas —lo corrigió Karen, susurrando—. Y siete han vuelto a morir.

—¿Qué... —empezó a decir Colette, que estaba sentada con Kevin Zumbrowski al fondo del cuarto; todos se volvieron hacia ella— están... haciendo... por... los dos... que... sobrevivieron?

—Se han puesto en contacto con nosotros y esperamos que puedan enviarlos aquí para que los ayudemos —respondió Angela.

—Sufrieron quemaduras... graves... en más del ochenta por ciento... del cuerpo —dijo Tommy. Adam se dio cuenta de que la rabia hacía que tuviese más problemas para hablar.

—¿Vosotros podéis sentir dolor? —le preguntó Thornton.

—Sí —respondieron Tommy y Karen, y Tayshawn y Evan respondieron lo mismo.

Angela se dirigió a Tommy y le preguntó:

—¿De verdad?

A Phoebe le pareció que su pregunta era genuina. La eterna expresión de calidez y empatía de Angela había dado paso a una expresión de curiosidad, como si se pusiera en duda una hipótesis bien asentada.

—No sentimos... mucho —respondió Tommy—, a no ser que el... estímulo... sea intenso. —Angela asintió—. Una vez... me... dispararon... con una flecha. Dolió.

Ahora le tocaba a Phoebe sorprenderse. No había leído nada sobre el tema en el blog.

—Sientes más cuanto más... vuelves —dijo Karen.

—Esperamos poder ayudar a esos pobres niños, igual que estamos ayudando a Sylvia —les aseguró Angela, sonriendo a Adam—. Dickinson House tenía una reputación maravillosa por su trabajo con chicos con DFB, pero estoy segura de que sufrir este trauma les habrá supuesto dar un paso atrás.

Adam quería preguntarle cuáles eran los planes concretos de la fundación para aquellos chicos.

—¿Qué? —preguntó Angela, y él se dio cuenta de que la había estado mirando fijamente—. Adam, ¿querías añadir algo? —insistió, en un tono algo desafiante.

—Sí, bueno, ha mencionado a Sylvia, ¿no? —respondió él, después de aclararse la garganta.

—Sí. Sylvia no está hoy en clase porque participa en unas pruebas que, esperamos, la ayudarán a desarrollarse mejor. —Miró hacia la parte de atrás de la sala, donde estaban sentados Colette y Kevin—. Si todo va bien, debería servir para impulsar el desarrollo de todos los chicos con DFB.

—Eso es genial —comentó Adam.

—Eso pensamos nosotros. Sin embargo, en cuanto a los crímenes de los que nos ha hablado Tommy...

Adam asintió, aliviado de que Pete todavía no hubiese cumplido su promesa. Al pensar en Pete, se le ocurrió algo.

—Sí, lo que me gustaría saber es qué pasaría si realmente hubiera una especie de grupo que se dedicara a cazar chicos muertos. ¿Cómo se las apañaría?

—¿A qué te refieres?

—Los chicos muertos... los chicos muertos ya no son ciudadanos —respondió—. No tienen derechos, ¿verdad?

—Adam, ya sabes que la Fundación Hunter está comprometida con los derechos...

—Sí, sí, ya. No estaba hablando de eso. Quiero decir que la tarjeta de la seguridad social vence cuando la palmas, ¿no? Así que nadie guarda un registro de los chicos muertos, ¿verdad?

—Leí en alguna parte que podría haber unas tres mil personas con diferente factor biótico en Estados Unidos —comentó Thorny.

—Sí, yo también hice los deberes de la semana pasada —contestó Adam—. Y ahora hay dos chicos muertos en Canadá; genial. Pero son estadísticas, no registros.

—Tiene razón —añadió Phoebe—. Leí por ahí que la documentación sobre los discapacitados vitales es muy escasa porque se empezaron a cuestionar muchas de nuestras leyes. Se presentó un proyecto de ley que requería la inscripción obligatoria...

—La ley de ciudadanos no muertos —la interrumpió Angela—. Uno de los muchos proyectos de ley inspirados por el miedo que rechazó el Congreso. El senador Mallory, de Idaho, lo presentó comparando a los afectados con los inmigrantes ilegales.

—Muchos... padres... no quieren que nadie sepa... que su hijo... ha muerto —comentó Evan—. Mis padres... no dejaron... que mi muerte saliese en el periódico.

—Y no tenemos seguridad social, ja, ja —dijo Karen—. Ni siquiera puedo sacarme el carné de la biblioteca.

—Lo dices en broma, pero se trata de un asunto serio —repuso Angela—. No podéis salir legalmente del país. No podéis votar ni conducir.

—Pero... quieren... reclutarnos... de todos modos —dijo Tayshawn.

—Es cierto. Existe un proyecto de ley que exige el servicio militar obligatorio para todas las personas con DFB en un plazo de tres semanas a partir de su muerte tradicional.

—¿Cómo pueden hacer eso? —preguntó Phoebe—. Algunos sólo tienen trece años, ¿cómo vamos a mandarlos a la guerra? No tiene ningún sentido.

—Tiene mucho sentido —repuso Tommy—. Para deshacerse... de nosotros.

—No creo que el Gobierno quiera esperar a que su organización secreta acabe con nosotros —dijo Karen—. Supongo que sería más... rápido hacer que todos nos inscribiéramos en un registro y enviarnos a Oriente Medio.

—¿Por qué crees que es una organización del Gobierno? —le preguntó Adam.

—¿Quién más iba a tener los fondos o el interés necesario? Si el movimiento por los derechos de los no muertos tiene éxito, si se aprueba la Proposición 77, el Gobierno tendrá que gastarse una cantidad considerable del dinero de los impuestos en... la creación de la infraestructura. Seguramente les resultará más... rentable... comprar unos cuantos trajes negros y un par de lanzallamas.

—¿Sentís que podéis hacer algo al respecto? ¿U os parece que no podéis controlar la situación? —preguntó Angela.

—Creo... que tenemos que seguir... recordando a la gente... que estamos aquí —respondió Tommy—. Tenemos que cuestionar las percepciones... de los vivos.

—Lo que necesitamos son armas —repuso Tayshawn.

Adam se preguntó si sería el único que se había dado cuenta de que, de repente, Tayshawn no hacía pausas al hablar.

—Vamos a hacer un descanso —sugirió Angela.

Cuando terminó la clase y salieron al largo pasillo gris que daba a la entrada, donde les esperaba la furgoneta de la fundación (y se fijó en que era una furgoneta azul y no blanca), Phoebe decidió hacer algo para disipar un poco la nube que se había posado sobre ellos.

—Eh, Tommy —dijo, dándole con el hombro. Él la miró—. Sí.

El chico tardó un segundo en darse cuenta de lo que quería decir, pero, cuando lo supo, esbozó una amplia sonrisa, y ella le dio otra vez con el hombro antes de salir corriendo delante de él por el pasillo.

23

PHOEBE DIO LA NOTICIA bomba durante la cena; viéndolo en retrospectiva, ella misma reconocía que no había sido una idea demasiado inteligente.

—Voy a ir a la fiesta de bienvenida de este año —dijo—. Con Tommy Williams.

Su madre estaba encantada, pero sólo porque no había visto la reacción de su padre, que se estaba llevando una cucharada de la sopa de cebolla que había hecho su mujer (una de sus recetas favoritas) a la boca; bajó la cuchara.

—¿Tommy Williams? ¿No es ése el chico muerto?

Su madre ahogó una exclamación.

—Ahora los llaman personas con diferente factor biótico, papá —respondió Phoebe, sin poder evitar alzar la voz.

—Me da igual cómo los llamen, no vas a ir a ninguna fiesta con un chico muerto.

—¿Qué?

—Cielo —intervino su madre—, ¿es eso verdad? ¿Quieres ir a un baile con un chico con diferente factor biótico?

—¿Qué más da qué... qué factor biótico tenga?

—Por amor de Dios, Phoebe, ser amigos está bien; puede que sea un poco raro, pero está bien —repuso su padre—. Pero ¿tener una cita con él? ¿Qué es eso? ¿Por qué no puedes ir con el hijo de los Ramírez o algo así? ¿O con Adam?

—¡Porque me lo pidió Tommy!

—¿De verdad, Phoebe? —insistió su madre—. ¿Un chico con diferente factor biótico?

—Sabía que pasaba algo cuando me pediste que te llevara al partido de fútbol —dijo su padre.

—No está pasando nada. Tommy sólo es mi...

—Pero pensé que lo mejor era seguirte la corriente...

— ...mi amigo, somos amigos...

— ...porque creía que por fin te interesaban cosas normales y sanas.

—¿Cosas normales y sanas? —repitió ella, con un tono de voz más agudo, a pesar de las lágrimas.

—Sí —respondió su padre, mirándola con el ceño fruncido—. ¡Los chicos, por ejemplo! ¡Los chicos vivos! —Phoebe lo miró, dio un golpe en la mesa y se levantó—. Vuelve a sentarte ahora mismo, señorita —le dijo él, pero ella se fue a su cuarto hecha una furia.

Cerró la puerta; estuvo a punto de hacerlo de un portazo, pero se controló, porque no quería darles esa satisfacción. Puso su equipo de música a tope y se tiró en la cama.

Su madre entró un rato después.

—Hola, Phee —dijo, llamando a la puerta mientras la abría.

—Hola —respondió Phoebe, intentando no lloriquear. Su madre se sentó a su lado en la cama y se puso a alisar la colcha.

—Tu padre no pretendía ponerse así, pero a veces le pasa.

—Lo sé —dijo Phoebe, rompiendo a llorar de nuevo—. Sé que cuesta aceptarlo, pero de verdad que sólo somos amigos.

—Eso está bien, cariño.

Guardaron silencio un instante, y Phoebe cerró los ojos y dejó que su madre le acariciase el pelo.

—Yo nunca he tenido el pelo tan negro, ni tan reluciente. Ya sabes que papá sólo quiere lo mejor para ti; igual que yo.

—Ya lo sé, mamá.

—Entonces, ¿entiendes que nos preocupe que vayas a un baile con un... con un chico con diferente factor biótico? ¿Es ése el término?

—Supongo que sí. Pero, de verdad, no es más que un baile.

—Se sentó e intentó interpretar la expresión de su madre.

—Phoebe, el instituto es una época muy especial. Muy especial y muy corta. Tienes unos cuantos años buenos, los últimos años de tu vida en los que estarás realmente protegida. Dentro de muy poco te irás a la universidad, después conseguirás un trabajo y quién sabe qué. —Phoebe pensó en Colette y en los demás, y se preguntó hasta qué punto podía estar protegida una persona. Sin embargo, guardó silencio y dejó que su madre llegase a la conclusión a la que intentaba llegar—. Phoebe, ¿te imaginas repasando tu álbum de recortes dentro de veinte años para recordar los que, en teoría, fueron los mejores años de tu vida?

¿Te imaginas hojeando las fotos de la graduación y los anuarios, y encontrándote allí con un chico muerto vestido de esmoquin? ¿De verdad es eso lo que quieres?

A Phoebe se le volvieron a llenar los ojos de lágrimas. Se sentía como si le hubiesen dado una bofetada. Era casi como si observara desde fuera aquella conversación con su madre y, en el fondo, supiera que aquél era el momento que iba a recordar: la reacción de sus padres ante una de las primeras cosas que le importaban de verdad.

—¿Entiendes lo que te digo, Phoebe? ¿Es ése el recuerdo que quieres?

Phoebe cerró los ojos y esperó un rato antes de abrirlos.

—Mamá, entiendo lo que me dices.

—Sabía que lo harías, cielo.

—Pero creo que tú también necesitas entender algo —añadió, después de respirar hondo—. Los mejores años de tu vida, esos años de los que me hablas... Tommy y los otros chicos no los tendrán, ¿entiendes? Se los han quitado. ¿Qué recuerdos les van a quedar? ¿Las piedras que les tiraban sus compañeros? ¿Que se pasaron la noche de la graduación escondidos por miedo a que alguien los arrastrase a campo abierto y les prendiese fuego?

—Entonces, ¿lo haces por caridad?

—No. No, es por amistad. Es lo que estaba intentando deciros a los dos, pero no me escucháis.

—Phoebe —dijo su padre, desde la puerta—. No es sólo por eso. ¿Recuerdas a la gente del partido? ¿Qué crees que harán si se enteran de que un discapacitado vital va a llevar a una chica viva a un baile del instituto? Él no será el único al que tiren piedras. También te caerán a ti.

—Papá...

—Escúchame un segundo, Phoebe. ¿Sabes cómo nos sentiríamos tu madre y yo si te pasara algo? Ya has visto a esa gente. Estaban locos. ¿Sabes cómo nos sentiríamos si te hicieran daño?

Phoebe se sentó en la cama. De repente, las lágrimas se le secaron.

—Podrían hacerme daño. —Su padre cruzó los brazos y se apoyó en la jamba de la puerta—. Podrían pasarme mil cosas diferentes: me podrían tirar rocas; el autobús podría estrellarse; alguien podría echarme por encima un cubo lleno de sangre de cerdo, y yo podría hacer estallar el instituto con mis poderes telepatéticos.

—Phoebe...

—Espera, papá. Espera. ¿Y si me pasara algo? ¿Y si me mataran? ¿Y si muriese?

—No te pongas histérica, Phoebe.

—Sólo estoy haciendo una pregunta. ¿Y si muriese? Seguro que los padres de Colette tampoco pensaban que algún día tendrían que hacer frente a esa pregunta. —Sus padres parecían incómodos—. ¿Y bien? ¿Querríais que volviera?

—Claro que sí —respondieron los dos a la vez.

Phoebe no había estado segura de la respuesta, pero, ahora que la tenía, se alegraba de haber preguntado.

—La madre de Tommy también quería que volviese. Y lo hizo, y así es el mundo ahora. Podemos fingir, pero no podemos ocultarlo. Y podéis fingir que tenéis el poder necesario para protegerme y librarme de las consecuencias de todas las decisiones que tome en la vida, pero no podéis. Todas las acciones tienen sus consecuencias. Puede que vaya al baile y que lo peor que pase sea que Tommy se sienta normal por un ratito. Puede que incluso me divierta. O puede que me griten, me marginen y tenga que escabullirme por la puerta de atrás. Pero ¿sabéis qué? Prefiero vivir con las consecuencias de mi elección que con las consecuencias del miedo. De vuestro miedo.

—Buen discurso —dijo su padre, y Phoebe entrecerró los ojos—. No, en serio. Seguramente es el discurso que tendría que haberte dado yo, en vez de comportarme como un idiota.

—Papá.

—Eres una chica responsable, Phoebe. Eres buena. Siempre hemos podido confiar en que no hicieses ninguna estupidez. Puede que hubiese preferido que tuvieses gustos diferentes en ropa y música, pero no parece que eso te haya perjudicado. —Hizo una pausa para pasarse una mano por el pelo, oscuro y tupido—. Pero ¿crees que también pondrías en peligro a otros chicos?

—No le daremos mucho bombo, papá. Nadie tiene por qué saberlo hasta que lleguemos allí. Si pasa algo, me iré. Incluso te llamaré, si quieres.

—Este... chico, no puede conducir, ¿no?

—Va a alquilar una limusina.

—Ya.

Phoebe sabía que su padre era lo bastante listo para percibir que había otra historia detrás de su contestación, pero también lo era para decidir que ya habían tenido demasiada guerra por una noche.

—¿Podemos pensárnoslo? —dijo su padre.

—Lo vais a hacer de todos modos —respondió ella, sonriendo.

Él la abrazó. Ella se sentía frágil, como si una palabra equivocada de sus padres pudiera romperla en mil pedazos. Ellos parecieron darse cuenta al levantarse para salir del cuarto.

—Te hemos guardado sopa —le dijo su madre.

—No tengo hambre —respondió Phoebe, intentando sonar lo bastante alegre para que la creyeran—. ¿Os parece bien que llame a Adam?

«El chico muerto está cantando —pensó Pete—. Increíble.»

Pete estaba agachado detrás de un arbusto con Stavis y Morgan Harris, al lado de la propiedad del chico muerto, y el chico muerto cantaba mientras trabajaba, berreando la canción con su aguda voz monótona y sin inflexiones.

—*Wouldn't it be... nice... if we could wake up* —cantaba el chico pelirrojo, haciendo pausas para pasarse la mano por el pelo. Pete se rió al verlo pasar la máquina cortadora de malas hierbas alrededor de la alcantarilla, justo al borde de un anillo de tulipanes mustios y marrones, apagados por los primeros fríos de octubre.

—¿Te lo puedes creer, tío? —dijo Pete, viendo cómo pasaba el ruidoso cacharro por uno de los tulipanes, levantando una lluvia de confeti de pétalos secos. No se molestó en susurrar, aunque Stavis y Morgan tenían cara de desear estar en cualquier otra parte.

Levantó una pesada maza que tenía el borde romo de tantos años cortando leña.

El chico muerto había tenido que tirar doce veces de la cuerda para arrancar el cortador, y resultaba casi doloroso ver cómo sus muertas extremidades, con sus movimientos entrecortados, intentaban devolverle la vida a la máquina.

«Ja, ja», pensó Pete.

Llevaba semanas planeándolo. Dos jueves seguidos se había dado cuenta de que los coches de los Talbot no estaban delante de su casa cuando volvía del entrenamiento, y el patrón se repitió el tercer jueves. Había visto cómo el chico muerto hacía tareas en el patio esos mismos días; primero recogía las ramas que se habían caído o rastrillaba hojas, pero siempre acababa con el cortador de malas hierbas. Le encantaba aquel cacharro. Pete se preguntó si podría sentir las vibraciones de la máquina a través de sus dedos muertos.

Los Talbot vivían en una calle sin salida de Oakvale Heights, la más bonita de las dos urbanizaciones principales de Oakvale. En el bosque que había detrás de su casa había senderos que llevaban al lago, y Pete se imaginaba que allí, en el oscuro corazón del bosque, había un nido de asquerosos zombis. Soñaba con ellos y, al despertarse, fantaseaba con prender fuego a los árboles.

Un ruido similar a la risa salió de la garganta del chico muerto cuando no logró llegar ni de lejos a una de las notas agudas de la canción, mientras pasaba el cacharro por la base de un roble.

Pete corrió hacia él levantando la pesada maza sobre la cabeza.

Adam cogió el disco volador.

—¿Se lo dijiste durante la cena? Phoebe, no se puede ser más típica.

—Lo sé, tan oportuna como siempre.

Phoebe llevaba puesta una sudadera negra con capucha lo bastante grande para que le sirviese a Adam, con las mangas colgando hasta las puntas de los dedos. Adam le había dicho que parecía el fantasma de las Navidades futuras.

—¿Qué hicieron? ¿Alucinaron?

—¿Tú qué crees? —respondió ella, y el Frisbee le rebotó en los nudillos—. Mi padre estuvo a punto de echar la sopa por la nariz. Sopa de cebolla, nada menos.

—Bonita imagen. ¿La de tu madre?

—Sí.

—Qué pena, tu madre sabe hacer una sopa estupenda.

La vio recoger el disco del césped. Estaba chupándose los nudillos, que se le habían abierto con el golpe del Frisbee.

—Sí, cierto.

—Bueno, ¿y eso dónde te deja? ¿Te van a dar permiso para ir?

Ella asintió, enviándole el disco con su lanzamiento especial con efecto de retroceso. Él lo atrapó sin problemas.

—Sí, les di un gran discurso sobre sus preocupaciones y bla, bla, bla, y creía que mi madre lo entendía, pero me parece que ahora le preocupa que quiera poner sobre la chimenea mi foto del baile de graduación con un chico muerto. Además, creo que insinuó que le preocupaba que yo fuera lesbiana.

—Buf —respondió él, devolviéndole el disco—. ¿Lo eres?

—Claro, por supuesto.

Adam le lanzó el siguiente muy por encima de la cabeza para poder verla correr; las largas mangas de la sudadera rozaban el césped artificial mientras salía disparada por el campo.

—Pero hicieron algunos comentarios buenos —siguió diciendo, con la respiración entrecortada—. Ni siquiera se me había ocurrido que a la gente se le fuera la pinza si se enteraba.

—El resurgir de la segregación. Tienen razón; yo de ti no diría nada.

—¿Has dicho «resurgir»?

—He estado estudiando —respondió él—. Me han contado que a las tías les gustan los vocabularios amplios, y todavía no tengo pareja para la fiesta.

—¿Y como se llame?

—¿Qué pasa con ella? Bueno, ¿me vas a decir de una vez si vas en serio con el chico muerto o qué?

—Por favor —contestó ella, atrapando uno de sus tiros de gancho—, no sigas por ahí otra vez. Te lo diré en cuanto lo sepa, ¿vale?

—Vale.

—Somos amigos. Lo admiro mucho. Trabaja con ganas para ayudar a otras personas con diferente factor biótico, ¿sabes?

Adam lo sabía. Cuando Tommy hablaba en la clase de estudios de DFB se transformaba en una especie de carismático líder de los muertos vivientes. Y los estudiantes, tanto vivos como muertos, estaban atentos a cada una de sus palabras. Resultaba difícil no admirarlo.

—Crees que soy una pirada, ¿no?

—Nah —respondió él, preguntándose si la respuesta significaría mucho para ella. El Frisbee le rebotó en la palma de la mano, un error poco frecuente—. La verdad es que, si tuviese valor para hacerlo, se lo pediría a Karen. —No podía ver la expresión de Phoebe debajo de la capucha, pero esperaba que se sintiese contenta y aliviada—. Está buena.

Phoebe se rió y se ofreció a invitarlo a batido en el Honeybee Dairy, que, curiosamente, le parecía el sitio perfecto en una noche tan fría como aquélla. Pasaron junto a un par de coches de policía que corrían en dirección contraria, hacia Heights, con las luces puestas y las sirenas aullando..., algo muy raro en su ciudad, que era bastante tranquila.

Adam supuso que no auguraba nada bueno, pero, por el momento, se alegró de poder estar con Phoebe y fingir que el tiempo que pasaban juntos era algo más de lo que en realidad era.

24

*P*HOEBE TUVO TIEMPO PARA la introspección en el viaje en autobús al instituto del día siguiente. Como Adam iba en la camioneta, Margi estaba escondida en la parte de atrás del autobús con los ojos cerrados y los cascos puestos, y Tommy se sentaba con Colette en vez de con ella, se encontraba sola.

Se puso los cascos y eligió un antiguo álbum de The Gathering, mientras se preguntaba por qué Tommy parecía pasar de ella. ¿Se arrepentía de haberla invitado al baile?

En el autobús había otros chicos, pero todos tendían a evitar a Margi y a ella tanto como a sus compañeros de distinto factor biótico. Algunos estudiantes de atrás, casi todos de primer año, estaban haciendo el gamba y contando chistes de zombis.

—¿Qué es un zombi en un jacuzzi? —oyó decir a uno.

Phoebe vio que un avión de papel volaba hacia la parte delantera del autobús, pasando por encima de los asientos de Tommy y Colette. Tommy se volvió; su cara, que no solía transmitir nada, era la viva imagen del odio. Phoebe se enderezó en su sitio y los alborotadores guardaron silencio hasta que llegaron a la acera de Oakvale High. Nadie se movió de sus asientos hasta que Colette y Tommy salieron del autobús.

Los vio dirigirse al instituto. Tommy estaba muy cerca de Colette, casi encima de ella, mientras subían las escaleras. Lo vio arrancarles la sonrisa de la cara a algunos chicos con tan sólo una mirada.

Phoebe salió corriendo del autobús y entró en el edificio para intentar alcanzarlos. Vio que Tommy llevaba a Colette del brazo y lo siguió por el pasillo hasta que dejó a la chica en su aula. Sabía que, como el grado de desarrollo de Colette era bajo, la habían metido en una clase de apoyo, a pesar de que cuando estaba viva era de las primeras de la clase. Sin embargo, los padres de Colette la habían abandonado, y Phoebe suponía que en la misión de St. Jude nadie sabía lo lista que era..., o que había sido.

Deseó volverse invisible cuando Tommy volvió al pasillo después de comprobar que Colette entraba en su aula. Se escondió detrás de un grupo de taquillas y esperó a que pasara. Él ni siquiera se dio cuenta y siguió caminando; Phoebe notó que llevaba los puños cerrados.

Lo siguió, lo que resultaba fácil, ya que los demás estudiantes se esforzaban por no tocarlo. El chico fue a su taquilla, que se abrió de golpe después de tres firmes giros de muñeca. El poema de Phoebe era el único adorno en el interior.

Phoebe se abrazó a sus libros antes de acercarse a él.

—¿Tommy? —preguntó. Él no se volvió y siguió sacando los libros de la mochila y colocándolos en una ordenada pila en el estante superior de la taquilla—. Tommy, ¿estás enfadado conmigo? —Él se volvió hacia ella, con una expresión indescifrable—. Tu forma de comportarte me confunde, Tommy. ¿He hecho algo malo? —Tommy la miró, pero no dijo nada—. ¿Qué pasa? ¿Es por el baile? —Las facciones de Tommy se suavizaron un poco.

—Han... matado... a Evan —respondió, y cerró de un puñetazo la puerta de la taquilla, con tanta fuerza que el golpe retumbó en los pasillos.

Al principio, Phoebe no lo entendió, pero, cuando su mente comprendió lo que le había dicho, sintió un escalofrío.

—Oh, Tommy —dijo, y le puso la mano en la mejilla, sin hacer caso de las risitas de los estudiantes que pasaban por allí y hacían comentarios desagradables sobre la chica gótica y su novio muerto.

Ella sólo podía pensar en Tommy y, en aquel momento, le daba igual quién lo supiera.

El féretro permaneció cerrado durante el segundo funeral de Evan Talbot. Phoebe estaba con Adam, Tommy y Karen, mirando la caja negra justo antes de que la introdujesen en el agujero. Estaba apoyada en Adam, agarrada a su brazo e intentando sacar fuerzas de él, mientras lloraba sin parar.

Se imaginaba a Evan abriendo lentamente la tapa del ataúd y pidiéndoles ayuda con su aguda voz burlona retumbando en aquella prisión revestida de satén. Lo veía saliendo del féretro de un salto, igual que había salido de debajo de la lona de pintor aquella noche de lluvia que habían pasado en la Casa Encantada, con el pelo naranja alborotado sobre la cara sonriente, como un payaso.

Sin embargo, no pasó nada de eso.

Miró a los Talbot, reunidos delante de la pequeña multitud que se había reunido para ofrecerles sus condolencias. Angela y su padre, los dos con ropa a medida de color negro puro, estaban a su lado. Alish se apoyaba en su bastón de caoba; llevaba una larga bufanda gris que le protegía el escuálido cuello del viento helado.

Phoebe intentó imaginarse el dolor que sentían los Talbot. Perder a su único hijo... otra vez. ¿Cómo podían soportarlo? Justo entonces, la señora Talbot miró hacia atrás, hacia donde estaban Phoebe y sus amigos. Volvió a mirar al frente y se apoyó en su marido, que la sostuvo e intentó que dejase de temblar. No lo consiguió.

—Los misterios de la muerte se han multiplicado en los últimos años —dijo el sacerdote. El padre Fitzpatrick era un hombre joven y fuerte que, según había sabido Phoebe, estaba a cargo de la misión de St. Jude. Lo vio mirar a cada miembro del cortejo uno a uno a los ojos antes de alzar la vista al cielo—. Nadie, salvo nuestro Señor, sabe por qué Evan Talbot les ha sido arrebatado a sus padres..., no una, sino dos veces.

Phoebe se oyó llorar como si estuviese viéndose desde lejos. Era como si flotase sobre su cuerpo y mirase las coronillas de los asistentes y la superficie lacada del ataúd. Vio a la directora Kim al fondo, vestida con un discreto traje gris, secándose los ojos con un pañuelo de papel arrugado. El padre Fitzpatrick siguió con su elogio.

—Pero ahora me gustaría pensar que Evan Talbot contribuyó de algún modo al plan divino de Dios, al objetivo que Él, en su infinita sabiduría y eterno amor, tiene preparado para cada uno de nosotros. Me gustaría pensar que Él no desea que nos aflijamos por la segunda muerte de este chico, sino que reflexionemos sobre su segunda vida, esa vida que sus padres, quizá iluminados por la sabiduría y el amor divinos, decidieron aceptar como el regalo que era.

»Podemos debatir sobre si Evan estaba vivo de verdad o no cuando regresó a nosotros. A diferencia de muchos, yo creo que es una cuestión espiritual y no científica.

Hizo una pausa. A Phoebe le pareció ver su propio reflejo en la brillante superficie del ataúd y pensó en Margi, que había sufrido un ataque de histeria junto a su taquilla cuando Phoebe le sugirió ir juntas al funeral. El reverendo Mathers seguramente aceptaría sin vacilación la idea del padre Fitzpatrick de que se trataba de una cuestión espiritual; aunque, por el contrario que Fitzpatrick, era poco probable que tuviese algo positivo que decir al respecto. Había multitud de líderes religiosos dentro de la Iglesia Católica que también estaban de acuerdo con Mathers; al celebrar el rito funerario, Fitzpatrick se arriesgaba a recibir críticas e, incluso, censura.

El sacerdote dejó caer un puño sobre la palma de la mano, y el sonido de la palmada devolvió a Phoebe a su cuerpo.

—Sin embargo, hay algo que no puede negarse: Evan Talbot decidió tomar su regreso como una bendición. Evan Talbot utilizó su segunda... oportunidad, vida o como queramos llamarla, para intentar que el mundo comprendiera. Utilizó su regreso para educar a los que no entendemos por lo que están pasando él y otros como él, e intentó ser un ejemplo positivo para los que lo entendemos demasiado bien. Lo hizo a través del humor, de la alegría, de su personalidad despreocupada.

»Impulsado por el amor incondicional de su familia y amigos, sobre todo de sus padres, Evan intentó marcar la diferencia —siguió diciendo, puntuando cada palabra con otro golpe del puño en la palma—. Y, al marcar la diferencia, estoy seguro de que Evan Talbot cumplió con el plan que Dios tenía para él en la tierra.

Phoebe miró a sus amigos a través de las lágrimas, buscando alguna señal de que creían lo mismo que Fitzpatrick. Le costaba imaginarse a un Dios que exigiera semejante misión (morir, resucitar y volver a morir) a un chico de catorce años. Karen y Tommy parecían estatuas, y Karen llevaba los ojos cubiertos por un velo de gasa negra. Los secos ojos de Tommy miraban al frente, al infinito, al parecer. ¿También se preguntaba cómo sería estar allí abajo, en la oscuridad, con el olor a madera, satén y podredumbre en las fosas nasales?

¿O no tenía que preguntárselo porque le bastaba con recordarlo?

Adam sólo parecía enfadado y se volvía de vez en cuando, como si examinara las filas de tumbas del cementerio de Winford.

—Oremos —dijo el padre Fitzpatrick.

Phoebe se volvió y vio que una sola lágrima caía por debajo del borde del velo de Karen.

Por segunda vez, sintió que abandonaba su cuerpo, aunque,

en esta ocasión, se le doblaron las rodillas y cayó al suelo, desmayada.

Adam la llevó a clase al día siguiente y, cuando se subió a la camioneta y metió dentro la larga falda negra, pensó que nunca le faltaría ropa adecuada para un funeral. Se rió, aunque era una risa amarga que retumbó en el aire rancio del interior del coche.

—¿Estás bien? —le preguntó Adam. Como no respondió, encendió la radio. Phoebe la apagó.

—No, no estoy bien —susurró la chica—. Estoy aterrada.

—Adam asintió—. Es raro. Ya sabes, todas esas cosas en las que no piensas hasta que no te queda más remedio. Lo que significa todo.

—Me asusté cuando te desmayaste.

—Ni siquiera me caí, gracias a ti —respondió ella, riéndose, aunque esta vez de verdad—. Podrías lanzarme por encima del arco del campo de fútbol si quisieras, ¿no?

—Sí, soy la caña de fuerte.

Dejó que sus palabras flotaran en el aire un momento con la esperanza de hacerla reír, pero no. Cuando Phoebe se desmayó no estaba simplemente asustado, sino que, en los últimos tiempos, la idea de que a Phoebe le pasara algo le producía un dolor difuso, una frustración que no podía aliviar por muchas flexiones o ejercicios que hiciera en el campo.

—Pero yo también me asusto —añadió, suspirando—. Pensé que te gustaría saberlo.

—Eres un buen amigo, Adam, aunque te niegues a dejarte ver hablando conmigo en el instituto.

Adam le dio con el hombro... flojito, para no lanzarla a través de la puerta del coche. «Eres un buen amigo, Adam», ésa era la frase que le daba ganas de llorar, casi tanto como el funeral de Evan.

—El mejor. Y no te evito a ti, evito a Daffy. —Phoebe apartó la vista—. Ay, con lo bien que lo estaba haciendo. Zanja abierta y metedura de pata tamaño extragrande.

—Estoy muy preocupada por ella. No asimila nada de esto (Evan, Colette, Tommy...), y no sé qué hacer, ni qué decirle. Para estas cosas no hay guiones.

—Te entiendo.

Phoebe dio una palmada en el salpicadero, algo muy poco propio de ella.

—¿Quién puede haberlo matado? —preguntó—. La descripción del periódico era horrible, horrorosa. ¿Qué clase de monstruo es capaz de hacer eso? Por no hablar del monstruo que escribió el artículo. No lo habrían escrito así si no hubiese sido un zombi. Ni siquiera publicaron una esquela.

—Lo sé —respondió Adam, y el volante crujió con la fuerza de sus manos al tensarse—. Creo que sé perfectamente quién mató a Evan.

Cuando ella lo miró, consciente de repente de a quién se refería, Adam deseó haber cerrado la boca.

Phoebe dejó su bandeja en la mesa y se sentó al lado de Margi, que se comía un racimo de uvas verdes. Estaban en la esquina de la cafetería, de cara a la pared, que estaba pintada de gris industrial.

—Bonita vista —comentó Phoebe. Margi se comió una uva—. ¿Podemos hablar? —Margi se encogió de hombros—. Mira, sé que Colette te puso muy nerviosa —empezó, sin saber bien por dónde entrarle; pero su amiga ya estaba sacudiendo la cabeza.

—No es por lo que dijo, sino por lo que hice.

—¿Lo que hiciste? —preguntó Phoebe—. Lo que hicimos. Yo también le di la espalda.

—Tenía razón en lo que dijo —repuso Margi, sorbiéndose la nariz.

Phoebe asintió, poniéndole un brazo en el hombro.

—Cuando la gente muere, siempre te preguntas por lo que han pasado, ¿sabes? Te preguntas en qué pensaban. Si creen que los has decepcionado.

—Y ahora sé la respuesta —dijo Margi—, pero la sabía desde el principio.

—Margi, esto es distinto, tienes una segunda oportunidad. Puedes hablar con ella, si quieres.

—Ya —contestó Margi, no muy convencida.

—No te culpa por su muerte, ni a mí, ni a nadie. Sólo está molesta por cómo reaccionamos cuando volvió. Pero nos perdonará, sé que lo hará. Verá que ningún amigo es capaz de comprender una cosa como ésa.

—Sí.

—Sí, ¿de verdad? ¿Como en: «Sí, eres tan sabia y lista como siempre, Phoebe»? ¿«Me alegro de que me quieras, yo también te quiero, y seremos grandes amigas para siempre»?

—Sí —repitió Margi, secándose los ojos—. Todo eso.

—Llevamos como dos semanas sin hablar —dijo Phoebe, y le dio un abrazo cariñoso—. Te echo de menos.

—Yo también. ¿Fuiste al entierro?

—Sí, con Adam.

—Siento no haber ido con vosotros, chicos. Lo que le ha pasado a Evan es horrible. No me lo puedo ni creer. Parecía un chico simpático.

—Fue muy triste. Sus padres parecían..., parecían perdidos, ¿sabes?

—También siento haber dejado la clase. Se me da bien hacer estupideces.

—Seguro que puedes hablar con Angela o con la directora Kim. Seguro que...

—No se me da tan bien deshacer estupideces. Angela llamó a mis padres cuando lo dejé, y ellos supusieron que la clase no era nada buena para mi salud mental..., para mi frágil salud mental. Ya sabes cómo son, Phoebe. Nunca entendieron el tema gótico, la música y tal, y mi hermana Caitlyn es una chica hiperfemenina, con Barbies, vestiditos rosa y demás. —Se quedó callada un segundo—. Supongo que me he pasado demasiado tiempo mirando las paredes de mi cuarto, así que están preocupados. Quieren que haga terapia y todo.

—¿Otra vez?

—Otra vez, como funcionó tan bien la anterior... Mira lo estupendamente que me adapto a todo.

Margi cogió una uva y se la metió en la boca. Phoebe cogió dos.

—¿Cómo están todos? —preguntó Margi al cabo de un

rato—. Quiero decir, Tommy y los demás. ¿Cómo llevan la muerte de Evan?

—Hoy será duro. Algunos tenemos turno esta noche en la fundación, y mañana es la primera clase después de... después de su asesinato.

—Me pregunto en qué estarán pensando. Los chicos zombis, me refiero.

—Tommy y Karen no han hablado mucho del tema.

—Claro —repuso Margi, soltando una risita—. ¿Has visto lo que llevaba puesto hoy? Otra faldita de cuadros, una blusa blanca y calcetines hasta las rodillas. Juro por Dios que se ha puesto zapatos de charol, el *look* de colegiala católica completo otra vez.

—Está loca —coincidió Phoebe, riéndose—. Es como si la muerte le hubiese dado licencia para actuar como quiera, para hacer lo que quiera. A algunos de los chicos la muerte los ha asustado, pero ella parece liberada.

—Tenía otra manzana, Phoebe. Lo juro por Dios, se la estaba comiendo. ¿A qué viene eso?

—Estás de coña.

—No, de verdad. ¿A dónde va esa comida? Quiero decir que creía que sus cuerpos no, bueno, que no funcionaban ni nada. Creía que los científicos habían averiguado que era una espora de moho o algo que vivía en su cerebro y que...

—¿Una espora de moho? ¿Dónde has oído eso? ¿En *The Enquirer*?

—No, de verdad, he oído que...

Una sombra cayó sobre ellas, y Pete Martinsburg pegó una palmada en la mesa. Las dos dieron un bote.

El chico dejó una hoja de papel arrugado encima y la alisó, procurando no romperla. Se inclinó sobre la mesa y las miró a las dos, primero a una y después a la otra. Phoebe se tapó más los hombros con su jersey negro.

—Hola, chicas muertas —las saludó, sacándose un rotulador negro del bolsillo de los vaqueros.

—Déjanos en paz, imbécil —respondió Margi, haciendo desaparecer cualquier rastro de fragilidad o inseguridad.

—Sólo quería expresaros mis condolencias —repuso él, entre risas. Quitó la funda al rotulador y trazó una única línea en la página, más o menos por la mitad. Después se acercó el papel a los ojos y asintió, satisfecho; la línea negra se veía a través de la fina hoja. Fue entonces cuando Phoebe se dio cuenta de que se trataba de la lista de aceptación en la clase de estudios zombis.

—No tienes corazón —susurró ella.

Él se encogió de hombros, tapó el rotulador, dobló la lista y se la guardó, dejando después la mano sobre el bolsillo de la camisa.

—Todavía late, no como el de la mayoría de tus amigos.

Phoebe, con los ojos llenos de lágrimas de rabia, intentó levantarse, pero él la empujó hacia el banco y le dejó las manos encima durante un momento.

—No, no te levantes, nos veremos pronto.

Adam tuvo que verlos desde el otro lado de la cafetería, porque corría hacia ellos, abriéndose paso entre el grupo de estudiantes. Pete le hizo un gesto obsceno y se perdió entre la multitud.

—¿Estás bien? —le preguntó Adam a Phoebe—. ¿Te ha hecho daño?

—No —respondió ella, aunque no lo sentía.

25

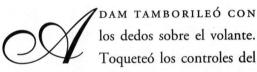ADAM TAMBORILEÓ CON los dedos sobre el volante. Toqueteó los controles del aire acondicionado, incapaz de encontrar el equilibrio perfecto entre el calor y el aire fresco. Miró por el espejo retrovisor por trigésimo séptima vez.

—Adam, ¿te pasa algo? —le preguntó Phoebe.

Adam no la miró. Hasta el sonido de su voz era como un subidón de azúcar, aunque él lo hubiese dado por sentado durante muchos años.

—Bueno, no sé, ¿qué podría pasarme?

—Ya, yo todavía no me lo creo —respondió ella, pensando que hablaba sobre Evan, aunque lo que de verdad le pasaba aquel día era que la chica de la que quizá estuviera enamorado sentía algo indeterminado por un zombi, y que él la estaba llevando a su cita con dicho zombi.

—Entonces, vamos a la Casa Encantada, ¿no? —preguntó—. ¿Sólo para recogerlo?

—Ése es el plan —respondió ella, dándole una palmada en el

brazo—. Oye, casi se me olvida, ¿tienes ya cita para el baile de bienvenida?

—Sí —respondió él, tragándose el nudo de la garganta.

—¿Karen? —preguntó ella, dándole otra palmada—. ¿Se lo has pedido a Karen? No se lo habrás pedido a Margi, ¿no? Bueno, ella me lo habría dicho, creo.

—No y no.

—Oh —repuso Phoebe, perdiendo todo entusiasmo—. ¿A como se llame? —Adam asintió—. Oh.

Él se metió en el camino de tierra que llevaba al camping de casas móviles de Tommy. Tommy estaba en el pequeño patio, vestido con vaqueros y una camisa de batista. A Adam le parecía un espantapájaros muy bien arreglado.

—Ahí está tu chico —dijo, pero Phoebe ya había bajado la ventanilla para saludarlo. Tommy le devolvió el saludo.

Adam vio cómo su amiga salía del camión y se acercaba al zombi dando saltitos. Creyó que iba a abrazarlo o, peor aún, a darle un beso, pero se detuvo antes de llegar, así que tragó saliva y cerró los ojos con fuerza. Sin embargo, al abrirlos, Phoebe y Tommy seguían allí, juntos. Había espacio entre ellos, pero le pareció que menos del habitual.

—¿Habéis visto la furgoneta blanca? —preguntó Tommy, mirando a Adam.

—¿Furgoneta blanca?

Tommy asintió, y a Adam le dio la impresión de que estaba emocionado por haberla visto.

—Hace diez minutos, una furgoneta... blanca se dio la vuelta... en el camping.

—No me he dado cuenta —repuso Adam—. La verdad es que no iba pendiente de eso.

—¿Crees... crees que podría ser una de esas furgonetas blancas? —preguntó Phoebe, tocando al zombi en el brazo.

—No... lo sé.

—Creo que no nos hemos cruzado con ninguna, tío —repuso Adam—. No nos hemos cruzado con casi ningún coche.

—Oh, Dios mío —dijo Phoebe—. Crees que saben lo de la web, ¿verdad?

Adam se volvió. Unas cuantas casas más abajo había una anciana con rulos en el pelo y bata verde echando comida para gatos de un gran saco en un cuenco plateado.

—Es sólo cuestión de tiempo —contestó Tommy—. Creo que hay... una furgoneta blanca... esperando para recogernos a casi todos.

Quizá. La anciana levantó la mirada, vio a Adam y saludó con la mano. En su mundo no existían las furgonetas blancas. O eso, o era medio ciega y no tenía ni idea de que vivía al lado de un zombi. Le devolvió el saludo.

—Adam —dijo Tommy—, si vemos una furgoneta blanca..., por favor, no vayas... a la Casa Encantada.

—A sus órdenes, capitán.

El zombi se movía bastante deprisa cuando quería. Llegó el primero a la camioneta, le abrió la puerta a Phoebe y la ayudó a subir. Adam intentó no apretar los dientes mientras arrancaba.

Cuando llegaron a la Casa Encantada, había un chico delgado de pelo negro largo de pie en el porche. Llevaba una chaqueta de cuero con cadenas plateadas oxidadas colgando de los bolsillos, y parches con los nombres y logos de varias bandas de punk y metal cosidos en el cuero. Los parches estaban sucios y la chaqueta tan gastada que se veía lisa y gris en los hombros y los codos. Parecía estudiar sus arañadas botas de combate negras, así que el pelo le caía como una cortina oscura, ocultándole la cara.

—Éste es... Takayuki —dijo Tommy al salir de la camioneta—. Intentad... no dejar que os asuste.

Phoebe miró a Adam, perpleja, y Adam le devolvió la misma mirada encogiéndose de hombros. Los dos salieron del coche.

Adam vio cómo su amiga alcanzaba a Tommy y saludaba en tono alegre al chico del porche, que no se movió, al parecer más interesado en el apagado brillo de sus botas. Sin embargo, levantó la cabeza como una cobra en cuanto Phoebe puso un pie en los escalones del porche. Phoebe ahogó un grito, y Adam vio por qué.

Al chico le faltaba buena parte de la mejilla derecha. Tenía una fina banda de carne en la parte derecha de la boca y una manifiesta falta de piel que dejaba al descubierto todos los dientes hasta llegar a las últimas muelas. A primera vista parecía estar sonriendo, pero, por la forma en que lo miraba con sus negros ojos, quedaba claro que no.

—Es un error traer aquí a los corazones vivos —dijo el chico muerto, Takayuki; la mejilla hueca le daba a su voz un extraño ceceo.

Tommy se puso delante de Phoebe.

—Son... mis amigos. Guárdate... los insultos.

—No podemos tener... amigos entre los bebedores de aire —respondió Takayuki, y Adam le vio la grisácea lengua a través del agujero de la mejilla—. ¿Cuántas veces te lo tengo que recordar? Karen salió de la Casa Encantada y pasó dando saltitos al lado de Takayuki.

—Perdona, Tak. ¡Me alegro de veros!

Abrazó a Phoebe con gran teatralidad. A Adam no se le daba especialmente bien interpretar el lenguaje corporal de los no muertos, pero, por el sutil movimiento de hombros de Tak, quedaba claro que las acciones de Karen (o la misma Karen) tenían algún efecto en él.

—A Tak no se le da muy bien la gente, ¿verdad? ¿A que no, Takky? Deberíamos conseguirle una entrevista de trabajo como dependiente en Wal-Mart. —Tak volvió a mirarse las botas—. Entrad —dijo Karen, cogiendo a Phoebe del brazo y haciéndole un gesto a Adam—. Todos se mueren por veros.

Adam las vio entrar y captó la mirada entre Tommy y Tak. Se acercó más y vio que el chico muerto estaba esquelético debajo de la pesada chaqueta de cuero. Tanto la chaqueta como la camiseta negra tenían agujeros, y en el aire que lo rodeaba flotaba un olor desagradable. Los otros zombis no olían a nada, que Adam supiera, salvo Tommy y Karen, que se ponían colonia o usaban champú. El olor que le llegaba no era de putrefacción ni de descomposición, sino de algún producto químico.

Procuró darle al chico muerto con el hombro al pasar junto a él.

—Ups, perdona, Sonrisas —le dijo.

El «Sonrisas» le echó una mirada de puro odio. Levantó el brazo izquierdo con la misma velocidad que el maestro Griffin, pero después abrió el puño, como si invitase a Adam a entrar.

Y, entonces, sonrió de verdad. El efecto resultaba horrible; los músculos de la parte alta del pómulo se estiraban para levantar los restos destrozados de piel que todavía le colgaban de la cara.

«¿Por qué habré tenido que hacerlo? —pensó Adam, entrando sigilosamente por la puerta, sin apartar los ojos del rápido zombi—. Como si no tuviese ya suficientes enemigos.»

Se volvió hacia el salón principal a tiempo de ver a Phoebe abrazar a Colette.

«Bien por ti», pensó, contento de que Phoebe no se hubiese quedado helada de miedo después de su encuentro en el porche con Tak. Colette le devolvió la sonrisa, más o menos, y Phoebe le quitó un mechón de lacio pelo castaño grisáceo de los ojos. Tayshawn estaba allí, y también Kevin, el gran Mal, y la chica de un solo brazo. Había caras nuevas (aunque ninguna tan llamativa como la de Tak); unos trece chicos muertos en total, aproximadamente.

«Pero no Evan», pensó. La atmósfera de la casa era diferente sin el chaval, el bufón de la corte de los muertos vivientes. Adam recordó al chico en la parte de atrás de su camioneta, protegiéndose de la lluvia con la lona. Los chicos con diferente factor biótico solían emitir unas vibraciones tristonas, pero parecían más huraños todavía sin Evan por allí.

—Vamos a... empezar —dijo Tommy—. Gracias... a todos por venir. Quería hablaros... de lo que le pasó... a Evan.

Takayuki entró en la casa como una sombra. Adam oyó los crujidos de su chaqueta de cuero (o de su piel) al cruzar los brazos sobre el pecho. No estaba seguro, pero le daba la impresión de que a Tak le faltaba un trozo de piel en el dorso de la mano.

—A Evan... lo asesinaron —dijo Tommy—. No hay otra forma de... decirlo. No sé si sería un... acto... al azar, como tantos otros actos violentos contra nosotros..., o si formaba parte de... un plan mayor.

Adam vio que Phoebe lo estaba mirando y se aclaró la garganta.

—Sé quién mató a Evan —dijo, sintiendo un escalofrío cuando los ojos de los muertos se clavaron en él—. Fue Pete Martinsburg.

—¿Lo... sabes? —preguntó Tommy—. ¿Tienes pruebas?

—Me lo dice el corazón.

—Él mismo me dijo que lo había hecho —añadió Phoebe, bajando tanto la voz que apenas era un susurro.

—¿Confías en estos... bebedores de aire, en tus grandes... amigos, y ellos te ocultan algo así?

—No se lo ocultaba... —empezó a decir Phoebe, pero Tommy levantó la mano, cortándola.

—¿Qué vamos a hacer al respecto, intrépido líder? —preguntó Tak.

—Se lo... contaremos... a la policía —respondió Tommy, volviéndose hacia él; Adam vio que había perdido parte de su confianza—. Publicaremos...

El Sonrisas hizo ademán de escupir, aunque no produjo saliva alguna.

—La policía no hará nada. Las palabras... no harán nada. ¿Cuánto tiempo tardarán.. los bebedores de aire... como él... —añadió, señalando a Adam, que se fijó en las largas uñas negras de Tak, aunque imaginó que estarían pintadas, porque los demás chicos muertos no las tenían de aquel color— en venir a... exterminarnos... a todos?

—Tu solución —repuso Tommy, sacudiendo la cabeza— hará... que nos exterminen... mucho más deprisa.

—Algunos tipos de... muerte —respondió Takayuki, esbozando su horrible sonrisa— son mejores que otros. Escribe tus palabras. Quizá alguien les... preste atención. Los que prefieran... actuar..., que vengan conmigo.

Adam vio que Tayshawn era uno de los que preferían actuar. Unos cinco zombis más se acercaron a Takayuki arrastrando los pies.

Karen también lo hacía, y Adam vio que le ponía una mano en el brazo a su amigo. Él la miró como si aquella mano tuviese el poder de causarle verdadero dolor físico.

—Tak.

—No, Karen. Disfruta de tu... comité del baile de graduación. Sigue... fingiendo.

Adam la vio retroceder un paso, como si le hubiese pegado una bofetada; seguramente habría llorado, de haber podido. Tak se llevó a su banda de la Casa Encantada.

Guardaron silencio unos segundos, y Adam miró por la ventana al patio, donde los zombis doblaron la esquina en dirección al bosque de Oxoboxo. Se dio cuenta de que Karen también los observaba por la ventana.

—Mis... disculpas... por Tak —dijo Tommy a la sala, aunque se dirigía principalmente a Phoebe—. Reaccionamos... de forma distinta... al contradictorio regalo... de nuestro regreso.

—Claro —respondió Adam, viendo que Phoebe se sentía incómoda—. De un modo o de otro, tiene que ser una experiencia traumática. Para todos vosotros.

Los muertos asintieron.

—Sí, sí —coincidió Tommy—. Lo que quería decir antes... era que algunos... no nos quieren aquí. Y ahora que somos... muchos... habrá más... víctimas como Evan Talbot. Debemos tener... mucho cuidado... cuando entremos y salgamos... de esta casa, y de cualquier otro... lugar... en el que nos reunamos. He visto... una furgoneta blanca... en Oakvale. No quiero que nadie... se asuste..., pero los sucesos... de los que los medios... no desean informar al mundo... son muy reales. Debemos tener cuidado. —Esperó a que el mensaje calase antes de seguir hablando—. Ya hemos hablado del... baile de bienvenida... en Oakvale High. Después haremos una fiesta... aquí... para todos vosotros. Karen... quiere deciros... un par de cosas.

—Sí —respondió Karen, apartándose de la ventana—. Gracias, Tommy. He hablado con la... gente de la misión de St. Jude, y tienen vestidos... y trajes para los que no tengáis... otros medios... para conseguirlos.

«Así que de eso iba la broma del comité del baile», pensó Adam, notando que Karen estaba algo alterada. Por su forma de hablar, nadie habría dicho que Karen era una chica con DFB, pero las acciones del Sonrisas le habían hecho mella.

—Vamos a decorar —continuó ella—. Nuestro DJ acaba de irse con los otros Jóvenes Ocultos, pero estoy segura de que podremos... convencerlos... para que vengan. Si no, bueno... nos las apañaremos. Y, a pesar de los votos en... contra..., vamos a invitar a algunos amigos tradicionales.

Tradicionales, por acortar lo de «con factor biótico tradicional». Adam le guiñó un ojo y le pareció que el gesto reavivaba el brillo en la chispeante mirada de Karen.

—Yo me encargo de los refrescos y las bolsas de patatas fritas —comentó. Karen y Tommy sonrieron, pero la broma no caló en el resto del grupo, ni siquiera en Phoebe, que parecía abochornada.

Adam se arrepintió un poco y se dio cuenta de que echaría mucho de menos a Evan y su loco sentido del humor.

—Me voy a casa... por el bosque —dijo Tommy—. Karen y yo... tenemos cosas que hacer.

Adam se volvió para no ver la cara de decepción de Phoebe.

—¿De verdad? —dijo la chica—. Es un camino muy largo y se hace tarde. ¿Por qué no vuelves con nosotros?

—No, gracias. Que sea tarde no significa nada para nosotros. No nos... cansamos. No dormimos.

—Viene bien para los exámenes —comentó Adam—. Pegarte el curro la noche anterior como si nada.

—Sí.

—¿Va a tener problemas el Sonrisas? —preguntó Adam, y Phoebe le dio un puñetazo en el brazo.

—Tarde o temprano —respondió Tommy, después de pestañear. Adam ya se lo suponía.

—Bueno, gracias por la invitación. Hasta mañana.

—Buenas noches.

Adam se volvió para no tener que verlos besarse, si eso era lo que pensaban hacer. Oyó a Phoebe dar las buenas noches y, en un segundo, la tuvo al lado, de camino a la camioneta. Sentía el enfado que irradiaba de ella como el calor del sol.

—¿Qué? —le preguntó cuando entraron en el coche, dándose cuenta de que su amiga cerraba la puerta con más energía de la normal.

—¿Tienes que ser siempre tan maleducado?

—¿Maleducado? —preguntó él, dando la vuelta con la camioneta antes de regresar por el largo sendero sinuoso.

—¿Bolsas de patatas y refrescos? ¿El Sonrisas? Dios, Adam, ¿tenías que decirlo? ¿Cómo crees que los haces sentir?

—Con suerte, con ganas de reírse. Creo que tienen sentido del humor, como cualquier otro adolescente.

—¿Sonrisas? ¿Y por qué no llamas a la chica manca...?

—No lo digas. Ni se te ocurra decirlo, porque eso es completamente distinto, y tú lo sabes.

—¿Y por qué es distinto?

Sabía que tenía que callarse, porque, con cada palabra que decía, la notaba alejarse de él, con lo que se acabaría el Frisbee, los paseos en coche por la ciudad, las visitas al Honeybee Dairy, las bromas sobre Emily Brontë, y quedar para charlar de todo y de nada.

Se acabaría Phoebe.

Sabía que tenía que callarse, pero no pudo.

—Bueno, en primer lugar, ella no te estaba insultando y asustando.

—Ah, así que me estabas protegiendo, ¿no?

—Estaba poniéndome de tu lado. Y del lado de los tradicionales y bebedores de aire del mundo. Tendría que haberle dado una paliza, eso es lo que tendría que haber hecho.

—Sí, gran idea —repuso ella, resoplando—, dales una paliza a todos los que no sean igualitos que tú.

—¿Desde cuándo tiene esto que ver con ser iguales o diferentes? Estamos hablando de un chico que se comporta como un imbécil.

—¿Sólo uno? No creas que tu deber es protegerme, Adam Layman. Tommy estaba haciéndolo bastante bien hablando con él y poniéndose de mi lado.

—Lo que tú digas. Igual de bien que cuando te protegió en el bosque.

—¡Ja! —exclamó ella—. ¡Como si tú lo hubieses hecho mejor!

Bueno, allí estaba. Lo único que evitó que estrellase el puño contra el salpicadero fue la presencia de Phoebe y, quizá, la contención que le había inculcado el maestro Griffin.

Llegó a su casa diez silenciosos y furiosos minutos después, y Phoebe cerró la puerta de la camioneta con fuerza; fue como si cerrase la tapa de un ataúd y lo dejase a él atrapado dentro.

«Quizá si estuviese en un ataúd me prestase más atención», pensó.

Su amiga no le deseó buenas noches. La vio recorrer a toda

prisa el césped que separaba sus dos patios. Se conocían desde hacía años y nunca se habían peleado, ni siquiera habían discutido. Algunas bromas, algunos debates, un insulto de vez en cuando, pero ninguna pelea.

Aquello quedaba en el pasado. Todo había cambiado.

Todo.

26

ARGI MIRÓ VACILANTE a Phoebe, considerando la posibilidad de que su amiga no quisiera que se sentara a su lado en el autobús. Se acercó arrastrando los pies y se quedó allí de pie, como si la hubiesen castigado.

«Con uno basta», pensó Phoebe. Hizo una mueca y tiró de Margi para sentarla con ella.

—¡Eh, cuidado! Que me salen moratones con nada —protestó Margi.

—Pues te aguantas —repuso Phoebe, sorbiéndose las lágrimas.

—*Oh-Dios-mío*, ¡estás llorando! ¡Madre mía! ¡Estás horrorosa!

Margi empezó a hurgar en su enorme bolso negro en busca de pañuelos de papel, sin duda hechos bolas y con un vago olor a pachuli. Phoebe se rió y notó que dos grandes lagrimones le resbalaban por las mejillas.

—¿Qué ha pasado? —le preguntó Margi, acercándose más—.

¿Es que ese chico muerto ha intentado lo que sea? Sabía que pasaba algo, sólo...

Phoebe abrazó a Margi y le dijo que cerrase la boca. Margi la besó en la coronilla y le devolvió el abrazo; y, sorprendentemente, se calló de verdad.

Phoebe sabía que tenía los ojos rojos, y ni siquiera se había molestado en usar delineador y maquillaje por la mañana, aunque lo necesitara después de haberse pasado llorando al menos media noche. Incluso había llorado encima de sus deberes de álgebra, por Dios.

—Por favor, ¿podrías volver a la clase de estudios de DFB?

—Deberías dejarla, Pheebs. Después de lo que te ha hecho, no puedes sentarte en clase con él.

—No fue él, fue Adam.

—¿Adam? ¿Adam intentó meterte mano? —preguntó Margi, echándose hacia atrás—. ¡Dios mío, sabía que no me equivocaba! ¡Sabía que estaba por ti! Me...

Margi le pasó un pañuelo, y Phoebe se deshizo con cariño del abrazo de su amiga para restregarse los ojos.

—No, mema. Adam no intentó hacer nada. Nos peleamos y ya está.

—Oh —repuso Margi, decepcionada. Esbozó una sonrisa maliciosa—. Bueno, eso tiene más sentido. No estarías llorando si hubiese intentado meterte mano.

—¡Margi!

—¡Adam está bueno, Pheebs! Reconócelo, tía. Ese cuerpo que tiene es como un experimento perfecto, como si lo hubiesen fabricado en el laboratorio secreto de una científica ninfómana.

—¿Una científica ninfómana?

—Cada vez hay más chicas que nos dedicamos a las ciencias puras. Lo vi en las noticias.

Las dos se partieron de risa.

—Lo dices para animarme —respondió Phoebe, después de recuperarse.

—Cierto —dijo su amiga, apartándole el pelo de la cara manchada de lágrimas—. ¿Funciona?

—Siempre. Por favor, vuelve a la clase.

—Mis padres van a preguntarle a la directora Kim si puedo volver —respondió Margi, dándole unas palmaditas en el brazo—. Engañé a mi terapeuta para que pensara que me vendría bien, lo que demuestra que ir a esos loqueros es tirar el dinero, porque hace dos semanas lo convencí de que la clase despertaba mis instintos suicidas.

—Eres demasiado, Margi.

—Lo sé —respondió ella, sentándose derecha—. Entonces, ¿por qué no tengo una cita para el baile?

—¿Quizá porque eres demasiado?

—Podría ser. La verdad es que Norm Lathrop me lo pidió.

—Norm es simpático.

—Norm es tonto, pero es buen chico. Me grabó un CD de canciones variadas.

—Oh, oh.

—Lo sé, es un signo claro de enamoramiento. Y acertó con algunas canciones que me gustan, algo de Switchblade Symphony y de...

Se calló cuando el autobús se detuvo para recoger a otro pasajero: Colette. La chica se tambaleaba de un lado a otro por el pasillo del vehículo, como si el suelo fuese un mar agitado. Phoebe la saludó con la mano. Colette se detuvo en el asiento delante del suyo y las miró; sus ojos eran como una noche sin estrellas.

—Hola..., Phoebe —dijo. Hizo una larga pausa antes de conseguir formar las siguientes palabras—. Hola..., Margi.

Margi respiró hondo, por lo que Phoebe temió que fuese a hiperventilar.

—Hola, Colette —respondió la chica, aferrada al brazo de Phoebe como si fuese una trampa para osos—. Siento mucho, mucho haber sido tan zorra contigo. Te prometo intentar mejorar.

La antigua Colette, la Colette viva, pareció surgir como un fantasma a través de la carne muerta de su cara durante un breve instante, y una sombra de la chica guapa y feliz con la que habían pasado incontables horas las miró y sonrió.

—No pasa... nada —respondió. Después se dejó caer en el asiento que tenían delante.

Phoebe sintió ganas de volver a echarse a llorar, aunque de felicidad. Margi se volvió hacia ella y se encogió de hombros, como si no le diese importancia a la monumental hazaña que acababa de lograr.

—Cierra la boca, Phoebe —dijo, soltándole el brazo.

—Margi, no... no sé qué decir. Gracias.

Margi le apretó la mano.

Guardaron silencio durante unos momentos, y entonces la cabeza de Colette se levantó como un globo por encima del asiento del autobús, Margi volvió a agarrarse al brazo de Phoebe, y Phoebe hizo una mueca de dolor. Resultaba desconcertante enfrentarse a la mirada inexpresiva de Colette.

—Oye..., Margi..., ¿te gustaría... venir... a... una... fiesta?

Margi se soltó un poco y le restregó el brazo a Phoebe, como si intentase aliviar el dolor que pudiera haberle infligido.

—Me encantaría —respondió.

A Phoebe la mañana se le acabó en un instante, aunque siempre le pasaba cuando tenían que ir después a la fundación. Salían una hora antes, lo que ayudaba, pero también contribuían los nervios por ir a la clase de estudios sobre personas con DFB. Allí podía pasar cualquier cosa, mientras que el resto de sus clases, a pesar de llevar sólo seis semanas de instituto, parecían una rutina aburrida y predecible.

También pasó por el trago de la comida, que solía ser el momento del día que se hacía más corto, pero que se le hizo eterno por culpa de la presencia de Adam a unas cuantas mesas de ella. Estaba sentado con como se llamase, lo que hizo que Phoebe se sintiera culpable, sin saber del todo por qué.

—¿Has hablado ya con él? —le preguntó Margi mientras rebañaba los restos de un pudin de chocolate con una cuchara de plástico.

—¿Con quién? —preguntó Karen. Phoebe había insistido en sentarse con Karen, y Margi no había protestado demasiado, para variar.

—Con Adam. Pheebs y él se pelearon —respondió Margi, chupando la cuchara.

—Oh —dijo Karen, mientras Phoebe le daba un puñetazo a Margi. Karen no se había llevado comida, y a Phoebe le daba la impresión de que casi era la misma persona despreocupada de siempre.

—No fue una pelea —explicó Phoebe—. Sólo discutimos, la gente discute.

Karen asintió y le dio una palmadita en el brazo con sus largos dedos fríos; tenía las uñas pintadas de rojo chillón.

—No perdáis el tiempo discutiendo —le dijo—. La vida es demasiado corta. Créeme.

—Hablando de lo cual —intervino Margi, comiéndose la última cucharada de pudin—, ¿vosotros por qué creéis que volvéis? Hay un montón de teorías: una sustancia en el agua, en las vacunas de los bebés estadounidenses...

—Esporas de moho —respondió Karen—. No olvides la teoría de las esporas de moho.

—¡Sí, eso! —exclamó Margi, apuntando a Phoebe con la cuchara—. ¡Te lo dije!

—Hay ideas todavía más demenciales —repuso Phoebe—, como abducciones alienígenas...

—Señales del Apocalipsis —añadió Karen.

—Demasiada comida basura.

—Lluvia radiactiva de Chernobyl.

—El poder de las plegarias.

—Los juegos de acción en primera persona.

Phoebe y Karen miraron a Margi, que levantó los tintineantes brazos en actitud defensiva.

—Oye, que yo no escribo las noticias, sólo las transmito.

—¿Qué es un juego de acción en primera persona? —preguntó Phoebe.

—Ya sabes, uno de esos juegos de ordenador en los que vas por ahí reventando cosas.

—Normalmente zombis —añadió Karen—. No he jugado a ninguno ni en mi vida, ni en mi muerte. Sin embargo..., podría explicar lo de Evan y Tayshawn. Y lo de Tak. Pero ya está.

—¿Quién es Tak? —preguntó Margi. Karen fingió no oírla.

—Estooo, Karen, como... persona con diferente factor biótico, ¿por qué crees tú que has vuelto? —le preguntó Phoebe.

Karen sonrió y se retrepó en la silla, estirándose. Llevaba un sujetador negro debajo de la blusa blanca semitransparente.

—Bueno, hablando como persona con diferente factor biótico, creo que la razón de mi regreso y del regreso de las personas con diferente factor biótico de todo el mundo es muy sencilla. Sólo hay una respuesta.

—¿Y es? —preguntó Margi, y Phoebe le dio un codazo.

—Magia —respondió Karen, guiñándole un ojo.

—Venga ya.

—Lo digo en serio, Margi —respondió ella, y Phoebe no fue capaz de penetrar lo suficiente en su expresión para decidir si lo decía de verdad en serio o no—. Es magia.

—Bueno, gracias por la información —repuso Margi.

—Lo siento, tú lo has preguntado.

—Karen —dijo Margi—, ¿te importa que te haga una pregunta personal?

—Ajá —respondió ella, inclinándose sobre la mesa para poner la cara a quince centímetros de la de Margi—. Cuando una persona viva quiere hacer una pregunta personal a una muerta, es una de dos: o ¿cómo moriste? o ¿cómo era estar muerta?

Phoebe se puso roja de vergüenza, e incluso su descarada amiga se cortó un poco.

—Iba a empezar con la primera, sí.

—No eres la única con poderes telepatéticos, ¿sabes? —dijo Karen, echándose de nuevo hacia atrás.

—Si he herido tus sentimientos, lo siento mucho.

—Ay, cielo —repuso Karen, acariciando suavemente su cara con la punta de los dedos. Margi consiguió no apartarse—. Algunos dicen que no tenemos sentimientos..., así que no pueden herirlos. Sé que intentas entender, no hacer daño, así que no te preocupes.

—Vale.

—Y voy a responder a tu pregunta, a la primera, pero sólo a ésa, y después se acabó la entrevista, ¿vale?

Phoebe y Margi asintieron, y el rostro de Karen se quedó vacío de expresión. La luz que a veces parecía bailar en sus ojos de diamante se apagó. La transformación fue tan repentina e inesperada que Phoebe se asustó.

—Tomé... pastillas. Un bote... entero. Y me... dormí —respondió, con una voz cada vez más débil, como si se estuviese durmiendo delante de ellas—. Me... suicidé.

—Oh, no —susurró Margi. Phoebe tocó el brazo de Karen, como si intentara amarrarla a la tierra, y Karen dirigió su mirada muerta a ella; la luz regresó poco a poco a sus ojos.

—Ya lo sabéis —dijo. Karen se llevó la mano de Phoebe a los labios y se la besó mientras se levantaba de la mesa—. No se lo contéis a nadie. Nos vemos en estudios zombis.

—Dios mío —exclamó Margi cuando Karen se alejó—. No me lo puedo creer.

Phoebe contempló la huella de color melocotón que habían dejado los labios de Karen en el dorso de su mano.

—¿Te lo puedes creer, Pheebs? Nunca me lo habría imaginado de Karen. Además, creía que los suicidas no volvían.

Phoebe no podía apartar los ojos del beso, que era como un tatuaje sobre su pálida piel.

—Oye, Gee, ¿la has oído decir telepatética? No he usado nunca esa palabra con Karen.

—Ha dicho telepática —repuso Margi.

—No, estoy bastante segura de que ha dicho telepatética. Nuestra palabra.

—Bueno, creo que es la primera vez que tengo una conversación de verdad con ella, así que a mí no me lo ha oído.

—Lo sé —dijo Phoebe, resistiéndose al extraño impulso de llevarse el dorso de la mano a los labios—. A eso me refería.

Por alguna razón, a Phoebe el hecho de que Karen empleara una de las palabras en código que compartía con Margi le resultaba más misterioso que la revelación de su suicidio. Karen era distinta (de un factor biótico realmente diferente) al resto de las personas, ya fueran zombis o no. Meditó sobre ello hasta que el anuncio de la llegada de la furgoneta de la Fundación Hunter la sacó de su sexta clase del día.

Vio que Adam ya estaba en el autobús y que se sentaba en la parte de atrás, fingiendo estar absorto en una novela de pasta blanda. «*Cumbres borrascosas*», pensó Phoebe. Los tres alumnos muertos de Oakvale High (Karen, Tommy y Colette) también estaban ya dentro.

«Colette —pensó Phoebe—, Karen debe de habérselo oído a Colette.» Se alegraba de haber resuelto el misterio, aunque sentía no tener nada más con lo que distraerse de su pelea con Adam.

—El último es un huevo podrido —dijo Thorny, pasando a toda velocidad junto a ella y subiendo los escalones de dos enérgicos saltos. Phoebe suspiró, se metió en el vehículo y se sentó al lado de Tommy, en la parte delantera. Todos los demás estudiantes, salvo Adam, estaban a pocos asientos de distancia entre sí, algo que no se le pasó por alto al siempre avispado Thornton Harrowwood.

—Oye, Adam —le gritó cuando se cerraron las puertas y el conductor se alejó de la acera—, ¿qué pasa? ¿Estás en plan antisocial?

Phoebe se volvió, pero Adam no apartó los ojos de la novela.

—Algo así —respondió.

—¿Pasa algo? —le preguntó Tommy a Phoebe.

—No —respondió ella, volviéndose hacia él—. No mucho.

Evitó mirarlo a los ojos; la mirada de Tommy era penetrante incluso en los días en los que no tenía nada que ocultar.

Cuando llegaron a la clase de DFB, en la sala sólo estaban Kevin y Angela. Al parecer, Sylvia no había terminado su misteriosa «mejora», Margi todavía no había sido readmitida en clase y Evan no regresaría. Phoebe fue a por café antes de sentarse, y Karen la siguió hasta la mesa.

—Oye, ¿dónde está Tayshawn? —preguntó Thorny.

Phoebe volvió la cabeza mientras se preparaba un café con leche y vio que a Angela le costaba meterle vatios a su sonrisa.

—En St. Jude me han dicho que Tayshawn lleva algunos días sin ir por el refugio. No saben dónde está, y no se ha puesto en contacto con la fundación.

Phoebe le dio un trago a su café y se dio cuenta de que Karen la miraba.

—¿Me podrías preparar uno? —le preguntó la chica muerta, señalando el vaso de espuma de poliestireno.

—Quédate el mío —respondió Phoebe—. Me he pasado de azúcar.

—Cómo eres —le dijo Karen; cogió el vaso con las dos manos y le dio un delicado trago.

—Entonces qué, ¿ha desaparecido? —preguntó Thorny—. ¿No sabéis dónde está?

—Me temo que no —respondió Angela.

—Jo, la gente cae como moscas —comentó Thorny. Phoebe se terminó de preparar el café justo a tiempo para ver cómo Adam le daba un capón en la cabeza—. ¿Qué?

—Ten un poco de respeto.

—¿Qué? ¿De qué hablas?

Phoebe se sintió mal por él cuando vio que el chico se daba cuenta poco a poco.

—Oh. Oh, claro —dijo Thorny, mientras Phoebe se sentaba en el sofá entre Colette y Tommy.

Angela se humedeció los labios, que había fruncido.

—Bueno —dijo—, lo primero que me gustaría tratar hoy es

la pérdida de uno de nuestros compañeros. Debo decir que la directora Kim me sorprendió al informarme de que ninguno de vosotros se ha apuntado para recibir apoyo psicológico. Diría que la muerte de Evan tiene que haberos dejado confundidos y apenados, y deberíais saber que la ayuda psicológica de la que disponéis os ayudará a enfrentaros a esos sentimientos.

—Hemos tenido apoyo psicológico obligatorio —respondió Adam.

—Se suponía que era un punto de partida —dijo Angela, que parecía enfadada.

Phoebe miró a su alrededor. Inoportuno o no, Thorny tenía razón: caían como moscas. Nadie dijo nada hasta que Tommy se aclaró la garganta con un extraño resuello.

—Me gustaría que supierais que Tayshawn... está bien —comentó—, pero no... volverá a clase.

—Lo has visto. ¿Sabes dónde está? —le preguntó Angela.

—Sí.

—¿Me lo puedes decir?

—No.

—¿Puedes decirme por qué? Ya sabes que sólo nos preocupa su bienestar, igual que el de todos vosotros.

—Lo sé —repuso Tommy—, pero tiene derecho a... su intimidad.

Angela estaba a punto de responder cuando Thorny la interrumpió.

—¿Puedo hacer una pregunta? Y no estoy intentando hacerme el gracioso. ¿Cómo sabemos que no va a volver?

—¿Tayshawn?

—No, Tayshawn no. Evan.

Adam levantó la mano por encima de la silla y volvió a darle un manotazo en la cabeza a Thorny, gesto que a Phoebe le parecía muy hipócrita después de la poca sensibilidad que había demostrado en la Casa Encantada.

—Ay, para ya —exclamó Thorny, devolviéndole el golpe al otro chico, mientras Angela le pedía a Adam que dejase las manos quietas—. Lo digo en serio, ¿cómo sabéis vosotros que Evan no va a volver otra vez? Ya lo ha hecho antes. ¿Es posible que pase de nuevo?

—Nos pueden... destruir —respondió Tommy—. Sea lo que sea lo que... nos revive... necesitamos el... cerebro... para sobrevivir.

—Oh.

—El cerebro de Evan se... paró. No es posible... arrancarlo de nuevo.

—Ay, lo siento. Siento haber preguntado.

Phoebe cerró los ojos; era demasiado horrible para contemplarlo.

—¿Y el resto de los órganos internos? —preguntó Adam—. ¿Necesitáis corazón?

Karen sorbió su café haciendo ruido, y Angela la miró, enfadada.

—Hay varias teorías al respecto, Adam —dijo la mujer—. Algunas personas con diferente factor biótico no parecen tener problemas sin los órganos internos que tú y yo necesitamos para sobrevivir. En la mayoría de los casos estudiados, esos órganos ya no tienen ninguna función real y, de hecho, no pueden funcionar. Por supuesto, resulta difícil saberlo con certeza, porque no contamos con un grupo de sujetos de estudio lo bastante grande.

—Estudiadme a mí —dijo Karen.

—¿La mayoría? —intervino Phoebe, antes de que Angela pudiera responder.

—¿Perdón?

—Ha dicho «la mayoría». Que en la mayoría de los casos estudiados los órganos no tienen ninguna función.

—Bueno —contestó Angela, echándose hacia atrás en su silla—, es una pena que Alish no esté aquí para comentarlo, porque está más familiarizado con el trabajo que yo, pero hemos tenido unos cuantos casos en los que las personas con DFB parecen tener o haber desarrollado el uso de algunos órganos. Había una chica que tenía un páncreas operativo, si no recuerdo mal.

—Me pregunto si me funcionará la vejiga —comentó Karen, dándole otro trago a su vaso.

Phoebe se dio cuenta de que Angela hacía caso omiso de Karen; la ponía nerviosa que se tomara un café.

—Y... hubo otro chico cuyo corazón empezó a latir de nuevo. Había empezado a fabricar glóbulos sanguíneos.

—¿Cómo mueve esta gente los músculos si no hay sangre? —preguntó Adam—. ¿Eso es lo que hace el proceso de mejora? ¿Regenerar sangre y órganos?

—No, el proceso de mejora no está dirigido específicamente a regenerar órganos. Es más una mejora quirúrgica para que las personas con diferente factor biótico disfruten de mayor funcionalidad.

—Creo que mis papilas gustativas están regresando —comentó Karen—. Puedo saborear el azúcar. —Arrugó el vaso vacío, y un hilo de líquido beis le bajó por la mano—. ¿En qué consiste el proceso de mejora? —preguntó, con sus claras retinas fijas en Angela, mientras se chupaba el café de la piel.

—Tiene... algo que ver con el restablecimiento de las sendas neurales. No tengo muy clara la parte científica; deberías preguntárselo a Alish —respondió Angela, y dejó la carpeta sobre la alfombra, cerca de sus pies—. Vamos a tomarnos un descanso, ¿vale? ¿Diez minutos?

—Si acabamos de empezar —dijo Thorny.

La salida de Angela por la puerta fue rápida y repentina. Phoebe oyó el eco de sus tacones sobre las relucientes baldosas del otro extremo del pasillo.

—¿De qué iba eso? —preguntó Thorny—. ¿Qué le pica?

—Me pregunto si me podrían mejorar —dijo Karen.

Phoebe levantó su vaso y se dio cuenta de que todavía tenía la huella melocotón de los labios de Karen en la piel, desvaneciéndose poco a poco como las imágenes en la pantalla de un televisor.

—Yo... debería... hacerlo... primero —dijo Colette. Kevin, tan inmóvil como un maniquí en el futón, junto a Karen, asintió.

—Me parece que... la ciencia todavía... no ha avanzado tanto —repuso Tommy.

—¿Tú crees? —dijo Karen—. ¿Nos dejarán ver a Sylvia?

—Ya he preguntado —respondió Tommy, sacudiendo la cabeza—. Y Tayshawn también.

—Quizá también tengan una furgoneta blanca en la parte de atrás —comentó Adam, y Phoebe le lanzó puñales mentales a la espalda cuando el chico se levantó para coger un refresco.

Oyeron los tacones de Angela en plan staccato por el pasillo.

—Oye, Thorny —dijo Karen, con ojos chispeantes—. Antes de que vuelva, ¿quieres venir a una fiesta después del baile de bienvenida?

27

ETE VIO A JULIE AL LADO del chico muerto, esperándolo con los libros apretados contra el pecho, mientras el zombi sacaba sus botas de la taquilla, primero una y después la otra. Apoyada en la pared, con los tobillos cruzados, miró a Pete y le sopló un beso. Pete soltó una palabrota y retrocedió un paso.

—Te dan ganas de potar, ¿verdad? —le dijo Stavis al oído—. A mí también.

Pete sacudió la cabeza, como si reaccionase ante un mosquito. Al final no era Julie; claro que no era Julie, porque Julie estaba muerta y enterrada a kilómetros de distancia. Aquélla era la señorita Pantisnegros, y su expresión de entusiasmo mientras esperaba al zombi le daba casi tanto asco como el espejismo de su novia muerta.

Williams le dijo algo a Pantisnegros y la chica soltó una risita coqueta, bajando los ojos con fingida timidez. «Sí, sé dónde encontrarte, Pantisnegros», pensó Pete.

—Tendría que ser ilegal que un chico como ése y una chica como ésa estuvieran juntos.

—¿Por qué te molestas en hablar, Stavis? —preguntó Pete, volviéndose hacia él justo cuando Williams cerraba su taquilla. Pete se dio cuenta de que el zombi rozaba a Phoebe al alejarse juntos por el pasillo.

Había estado buscando patrones, igual que cuando vigilaba la casa de los Talbot. Al final empezarían a surgir. La sexta clase parecía ser su momento de encuentro de la semana; se reunían en la taquilla de Tommy antes de álgebra, iban a clase y después volvían juntos a la taquilla y recorrían el pasillo antes de meterse cada uno en su aula. La información todavía no resultaba útil.

Stavis estaba dolido, o todo lo dolido que podía sentirse un crío gigantesco.

—Pete, yo sólo quería decir que...

—Déjalo, vamos a clase.

Pete compartía casi todas sus clases con Stavis; él era mucho más listo, pero Stavis se esforzaba más, por lo que los dos estaban en clases con un nivel ligeramente más alto que las de apoyo. Iban a lengua, donde compartían aula con unos cuantos inútiles. Pete sabía que podía salir de aquellas clases si lo intentara, pero ¿para qué? Nunca estaría al nivel de los empollones como Pantisnegros y su amiga Rosita McMelones, y había un cómodo trabajo esperándolo en la empresa de su padre cuando acabase la universidad. No tenía sentido esforzarse tanto.

Miró la cara redonda de Stavis, que estaba arrugada en pleno proceso de concentración. Se recordó mentalmente que tenía que ser más blando con el chico; como Harris se había echado atrás, Stavis era la única persona con la que podía contar.

—Entonces, ¿es ése? —preguntó Stavis, con un susurro teatral.

—Sí, o él o la novia cadáver.

—Es del que salimos corriendo por patas en el bosque, ¿no?

—El mismo —respondió Pete, demasiado irritado para meterse con él como se merecía.

Todavía tenía la lista; la llevaba en la cartera a todas partes. Después de echar a Rojo Muerto del barrio, Williams parecía la elección obvia. La zombi guarra podía quedarse para el final; seguro que nadie la echaba de menos. Pete suponía que podía hacerles más daño a los chicos vivos si primero se cargaba a todos sus colegas muertos. Podía darle de leches al enclenque de Harrowwood (cosa que ya había hecho) siempre que quisiera, ya fuese en los entrenamientos o en el vestuario. Pete sonrió, pensando en el bloqueo que había fallado a posta contra Ballouville para que su enorme tackleador pudiera darle una buena al chico. Se había quedado en el banquillo el resto de aquel tiempo.

Había un gran cartel de cartulina sobre el arco del pasillo en el que se anunciaba la fecha y la hora del baile de bienvenida. Se le ocurrió que tendrían que haber esperado una semana para celebrarlo en Halloween, teniendo en cuenta que muchos de los estudiantes venían con los disfraces de serie.

—¿Vamos a ir al baile, al final? —preguntó Stavis.

—No, tengo un plan mejor.

—¿De verdad? ¿Cuál?

—He oído hablar de una fiesta, y vamos a colarnos.

Eso era lo bueno de tener a un gamberro como Harrowwood en los vestuarios, un tipejo que tenía que usar la bocaza para compensar sus deficiencias. Thorny había empezado a parlotear sobre la «fiesta guay» a la que iba a ir después del baile, de que no había mucha gente invitada y bla, bla, bla. Adam le había lanzado una mirada asesina, pero era demasiado tarde.

Pete alcanzó a Harrowwood en el aparcamiento y le sacó la historia completa de dos guantazos.

—¿Qué fiesta? —Guantazo—. No sé nada de una fiesta. —Guantazo—. Los zombis han montado una fiesta porque la mayoría no puede ir al baile. Si ni siquiera van al instituto...

—¿Dónde? —preguntó Pete, pero era la única pregunta que Thornton no podía responder.

—No me lo quieren decir —respondió el renacuajo—. Se supone que tengo que seguir a Layman. Ya ha estado un par de veces.

—Si me mientes, me enteraré, Thorny —lo amenazó Pete—. Te juro que acabarás de fiesta con ellos para siempre.

—No miento. —El miedo en los ojos del chico le dijo a Pete todo lo que tenía que saber—. Lo juro.

La voz nasal de Stavis lo devolvió al presente.

—¿Una fiesta? ¿Qué clase de fiesta?

—Una fiesta de zombis —respondió Pete, imaginándose una casa llena de hamburguesas de gusanos e imaginándose después la misma casa ardiendo.

—No.

—Sí —respondió, viendo cómo ascendían las llamas y el

humo que se rizaba bajo la luz de la luna. Estaba sonriendo cuando llegaron a clase.

Pensaba llegar un poco antes que el resto de la manada, lo que resultaba fácil, ya que a los fracasados no les interesaba mucho la puntualidad. Sólo había otra estudiante en el aula, y estaba contemplando la pizarra mientras la profesora pasaba el borrador por la superficie grisácea; tenía la mirada más vacía que una escuela los domingos.

—Puaj —dijo Stavis.

Pete se rió y le guiñó un ojo. Después lo agarró por uno de sus protuberantes hombros.

—Después hablamos, tío —le dijo, y fue a sentarse con la chica.

—Buenas —la saludó, sonriendo—. He oído que se celebra una gran fiesta después del baile.

Colette se volvió hacia él con la velocidad de un ventilador medio parado y tardó un rato en esbozar una sonrisa, pero a Pete, de repente, le parecía tener todo el tiempo del mundo.

Phoebe dio un brinco cuando un gato chilló como si le hubiesen pisado el rabo. *Gargoyle* saltó de la cama y empezó a ladrarle a todo el mundo mundial.

Aquel sobrenatural sonido era la forma que tenía su ordenador de avisarla de que Margi acababa de entrar en Internet. El nombre Pinkytheghost apareció al lado del avatar de un fantasma rosa al estilo Casper que se agitaba como una sábana tendida, junto con el primer mensaje de Margi de la noche.

«He pillado mi vestido hoy. Tienes el tuyo?»

Phoebe mandó callar a *Gargoyle*, que tenía la cola cortada mirando al cielo y un gruñido grave más simpático que amenazador.

«Sip», respondió Phoebe.

«M prometiste k iríamos d negro. Tu vestido s negro?»

Phoebe suspiró, porque Margi tecleaba como hablaba: deprisa y sin parar. Ella había estado leyendo la última entrega de <supuestamentedead.com> e intentaba decidir cómo le había sentado. Porque, por el contrario que muchos de los temas sobre los chicos con DFB que trataba, aquél era muy personal para ella. El título de la entrada del blog que Tommy había publicado pocas horas antes era *El baile de bienvenida*.

«No», escribió.

«Traidora —respondió Pinkytheghost, y añadió—: L mío tampoco.»

Phoebe sonrió e intentó no hacerle caso durante unos minutos, a ver si su amiga encontraba otro entretenimiento por la red.

«Y k haces?», preguntó Pinky/Margi. La teoría de Phoebe no había funcionado.

Volvió a la entrada del blog y leyó lo que había escrito Tommy.

Voy al baile de bienvenida de mi instituto. Tengo una cita de verdad, y cuando digo de verdad me refiero a una chica de verdad, que respira, de factor biótico tradicional.

Phoebe frunció el ceño y bajó el volumen del álbum de Bronx Casket Company que había estado escuchando en el MP3, por si a sus padres se les ocurría entrar en su cuarto. No quería que leyeran la pantalla.

«Stás ahí?», escribió Pinky/Margi.

«No», respondió Phoebe. Lo de sus padres no importaba; lo que no quería era que Margi leyera el blog. Ni Adam, ni Karen, ni nadie más. Se imaginó a Tommy paseándola por la fiesta, enseñándosela a sus amigos muertos y diciéndoles: «Eh, mirad todos, ésta es mi novia de factor biótico tradicional». Y se le olvidaba el nombre.

«No seas zo*** —escribió Margi—. Stá ahí mi amiguito peludo?»

Phoebe miró al amiguito peludo de Margi, que se había vuelto a colocar en el filo de la cama.

«Saludos de Gar», escribió, y regresó al blog.

El baile no será nuestra primera cita. Ya hemos ido al cine del centro comercial. Ha estado en mi casa y ha conocido a mi madre. A mi madre le gusta mucho..., y a mí también.

«Esto me pasa por escribir poemas», pensó Phoebe, con el corazón acelerado, y no sólo por la música. Quería llamar a Tommy (a Tommy o a Faith) y pedirle que quitara lo que había escrito. ¿Y si las hordas de fanáticos que su padre temía leían aquello? ¿Y si los de la furgoneta blanca anónima vigilaban su blog? No se sentía cómoda con aquello; en cierto modo, era como si un chico se subiera a la mesa en medio del comedor para declarar su amor por una chica a la que apenas conocía. Cutre. Muy cutre.

«Bsitos para mi amiguito peludo», envió Margi.

Phoebe resopló, lo que hizo que el amiguito peludo levantase la cabeza de su almohadita peluda. Ella lo miró y le aseguró que no pasaba nada.

—Pero estaría bien que nuestra amiga se callara de una vez —comentó, entre dientes. *Gargoyle* volvió a su posición de reposo, decepcionado.

¿Qué puede significar que a un chico con diferente factor biótico (a un zombi) le «guste» una chica con factor biótico tradicional? ¿Y qué significaría si a la chica viva él le «gustase» también? ¿Se derrumbaría la sociedad? ¿Caerían las naciones al mar? ¿Se abrirían los cielos? ¿Dejaría el halcón de oír a su cetrero?

Phoebe se restregó los ojos. Aquello era un poco enigmático para Tommy, que solía ser bastante literal, salvo cuando especulaba sobre la conspiración antizombi que veía extenderse por el país.

«K escuchas?», le envió Margi. Cuando Phoebe respondió que BCC, la respuesta de Margi fue veloz, a pesar de haber aumentado el tamaño de la fuente y haberla puesto roja.

«No! Yo tb! Telepatéticas!»

«Sí», pensó Phoebe, no muy emocionada.

No sé qué pasará. No sé si pasará algo. No sé si una muchedumbre de personas con factor biótico tradicional con mentes menos abiertas que la de mi cita sacarán a rastras mi cuerpo del gimnasio y me prenderán fuego. Sólo sé que quiero ir a ese baile con ella y bailar de verdad. Lo sé porque, cuando estoy con ella, hay momentos, aunque sean breves, en los que ya no me siento como un zombi. Hay veces que, por un instante, se me olvida que he muerto, que ya no respiro y que mi corazón ya no bombea sangre por mis venas.

Esas cosas se me olvidan cuando estoy con ella. Creo que, si bailamos juntos una sola vez, quizá vuelva a sentirme vivo de nuevo.

Phoebe notó que se le llenaban los ojos de lágrimas, pero parpadeó para alejarlas y se obligó a respirar a un ritmo regular.

«Qué bien, no me siento nada presionada», pensó, y una gota escapada de su lagrimal cayó sobre la barra espaciadora del teclado. Se rió y se secó los ojos.

Había unos cuantos mensajes en el apartado de comentarios de la entrada del día. El primero era una sola palabra de un lector llamado BRNSAMEDI666, con todas las letras en mayúsculas: «¡VENDIDO!».

«Está claro que los tradicionales no son los únicos que se van a divertir», pensó Phoebe, recordando la rabia pura en la cara del Sonrisas (de Takayuki) cuando Adam y ella entraron en la Casa Encantada.

Como si esperase el momento oportuno, apareció otro mensaje de Pinkytheghost: «Stás todavía peleada con Lelo Man? ☹».

Phoebe frunció el ceño, se desconectó y dejó su ordenador en suspensión antes de sentarse en la cama al lado de *Gar*, que se puso boca arriba con la esperanza de que le rascase la tripa. Parecía más fácil que responder a la pregunta de Margi.

—Llegas tarde —dijo Pete, dejando que Stavis entrase en su cuarto por el garaje. Tenía para él todo el sótano de la casa (un rancho elevado), mientras que su madre y el Calzonazos ocupaban las dos plantas de arriba. En el sótano había tres habitaciones para su uso: el dormitorio, la sala de ejercicios y la sala recreativa, que tenía una televisión de plasma de treinta y seis pulgadas, regalo de su querido papá. Stavis se acercó al pequeño frigorífico de la esquina y abrió una lata de cerveza sin pedir permiso.

Pete levantó el fusil que tenía escondido detrás del sofá y apuntó con él a la cabeza de Stavis, mientras éste se volvía.

El chico soltó una palabrota y retrocedió tambaleándose hasta dar contra el frigo, derramando un cuarto de lata de cerveza.

—Tranquilo, estúpido —le dijo Pete, bajando el arma—. Te has puesto chorreando.

—¡Joder, Pete, casi me matas del susto!

—Tranquilo, disfruta de tu cerveza.

Pete lo vio darle un buen trago e intentó no reírse. Los ojillos de Stavis se habían puesto del tamaño de discos de hockey.

—Pásame una —le pidió, con la intención de distraerlo antes de que se meara encima.

—¿De dónde has sacado eso? —le preguntó TC, dándole la lata a Pete con mucha precaución, como si temiese que cualquier movimiento en falso acabase con él—. ¿Es de tu padrastro?

—Joder, no. El Calzonazos no cree en las armas. Piensa que deberían prohibirlas, ya sabes.

—¿Qué es? ¿De dónde la has sacado?

—Es un calibre 22. Hay un tipo de nuestra calle que lo usa para disparar a los mapaches que salen del bosque y rebuscan en su basura.

—¿Es que te lo ha vendido o algo?

—No sabe que ya no lo tiene —respondió Pete, sonriendo.

—Vaya —comentó TC, tragándose el resto de la cerveza, y Pete le dijo que se tomase otra.

—Esta vez estamos los dos solos —añadió—. Harris se ha rajado.

Stavis se dejó caer en el sofá, apartó la Xbox de la mesa de centro y dejó allí la cerveza.

—El último fue asqueroso —dijo, y Pete vio que se pasaba una de sus recias manos por el pelo, que estaba cortado casi al cero—. No me imaginaba que a esos zombis les quedase tanta porquería dentro. Fue como si aplastases una sandía podrida o algo *asín*.

—O algo así —repitió Pete. Stavis se ruborizó y empezó a sudar por la frente—. Estás conmigo en esto, ¿no?

—Claro que sí, Pete —respondió él, y soltó un eructo lo bastante potente como para quitar el polvo a la pantalla de plasma—. Ya lo sabes.

—Tengo que saberlo, TC, porque voy a acabar con otro de ellos. Williams. Se lo ha ganado.

—Lo sé, tío, lo sé. Estoy contigo.

—No son personas, TC. Lo sabes, ¿no?

—Quién sabe lo que son.

—Nadie, tío. En las noticias dijeron que creen que una especie de parásito se les mete en el cerebro y controla sus cuerpos muertos. Puede que sea peligroso —añadió Pete, bebiendo de su cerveza—. Quedan en una casa al otro lado del lago.

—Como hormigas —dijo Stavis, soltando otro eructo.

—Sí, como hormigas. Estarán todos allí, así que necesito saber que tengo la espalda cubierta. Si Pantisnegros o quien sea intenta estorbarnos, tendrás que encargarte de ellos por mí.

Pete se ponía nervioso con sólo pensarlo. Williams era como el líder extraoficial de los chicos muertos, igual que Pete era el líder extraoficial de casi todo el instituto. Si Williams caía, tendría que ser bastante fácil deshacerse de los otros, y así quizá también se desharía de Julie. No se le iba de la cabeza. Era como si hubiese salido de sus sueños para entrar en su realidad; la había visto dos veces desde el incidente del pasillo.

—Yo te cubro las espaldas, tío —dijo Stavis, acercándose para chocar su lata con la de Pete.

«Perdedor», pensó éste, aunque en voz alta contestó:

—Genial, tío. Ya sabes que te lo agradezco.

Miró a Stavis y bebió de la lata, sopesando la idea de contárselo todo sobre Julie: cómo la había conocido, lo que habían hecho, cómo había muerto. Pensó en contárselo todo, pero entonces Stavis eructó tan fuerte que estuvo a punto de arrancar la pintura de las paredes.

Pete suspiró, perdiendo las ganas de desahogarse contando sus secretos más profundos.

—Guay. ¿Vamos juntos? Te recogeré sobre las siete y media.

—Siete y media —aceptó TC.

—Vas a ir con Sharon, ¿no? —preguntó Pete, sonriendo—. Ya sabes que es una guarra.

—Oinc, oinc —dijo TC, y Pete se rió al ver que se lanzaba a imitar resoplidos cada vez más obscenos.

—Y sabes que no vamos a tener tiempo para eso, ¿verdad? Hay que soltar a las chicas y largarnos a la casa de los zombis antes de que terminen la fiesta, ¿lo captas?

—Buf —respondió TC, todavía sudoroso, con cara de decepción.

—No te preocupes —repuso Pete, quitándole importancia—. Te conseguiré una cita para compensar, puede que con una chica de verdad, una de mis amigas de Norwich.

—¡Sí! —exclamó TC, acercándose para volver a brindar con Pete, que se dejó. El chico aplastó la cerveza con aquellos dedos gruesos y cortos que tenía, y la dejó como un pañuelo de papel arrugado—. Oye, ¿también has robado balas?

—Nah —respondió Pete, entre risitas—. Compré una caja en Wal-Mart.

—En Wal-Mart, qué bueno.

—Sí —respondió Pete, cogiendo el mando a distancia. Había comprado una caja entera de balas, pero sólo pensaba usar una.

28

*E*N EL FONDO, PHOEBE QUE-
ría ir de negro. Margi y ella habían
jurado que nunca asistirían a nin-
guno de los ridículos bailes y acontecimientos sociales que pa-
trocinaba el instituto a lo largo del año, pero, por otro lado, las
dos albergaban el deseo secreto de que, al menos, alguien quisiera ir con ellas. Habían pactado, sin mucho entusiasmo, que si
alguna vez iban sería con vestidos de vaporosa tafetán negra, con
velos y todo; Hermanas Raras hasta el final.

Phoebe dio una vuelta delante del espejo que colgaba de la
puerta de su armario, admirando la forma en la que la lustrosa
tela (de un blanco sedoso, casi brillante) se estrechaba y le marcaba la cintura, para después caer sobre las caderas.

Se volvió para verse de frente, contenta de haber escogido al
final el vestido blanco. El negro le quedaba genial, pero ir a una
cita con un chico muerto vestida de funeral no le parecía lo más
apropiado. Tampoco necesitaba el aluvión de comentarios de
sus padres. Lo peor que había tenido que aguantar hasta el mo-

mento era el de su padre sobre el escote del vestido, que, por supuesto, era más bajo de lo que a él le habría gustado. Menos mal que se había guardado las bromas sobre la novia de Frankenstein que seguramente le zumbaban en la cabeza como avispones inquietos.

Se examinó de pies a cabeza antes de retarse a un duelo de miradas con su reflejo. Tenía la piel pálida, pero no enfermiza; no era ni tan perfecta ni tan uniforme como la de Karen, aunque tampoco ofrecía el tono azulado de la de su amiga bajo ciertos tipos de luz. Phoebe era esbelta y, a pesar de no tener un tipo tan sensacional como el de Karen, como mínimo era atractiva. Perseguir un Frisbee por el patio de la escuela la había ayudado a dar forma a algunas curvas que a ella le parecían peligrosas, y había adquirido una definición en brazos y piernas de la que carecería de haberse pasado todo su tiempo libre escribiendo poemas góticos.

Se miró a lo más profundo de los ojos, que eran de un cálido tono castaño verdoso. Le gustaba pensar que tenían vetas doradas, y, si las velas de su cuarto titilaban de la forma correcta, así era.

Se dio cuenta de que era guapa; puede que incluso muy guapa.

La idea hizo que se le formara un nudo en la garganta. Cuando apartó la mirada de la guapa chica del espejo, fue a por su cuaderno de tapa morada y peluda, y a por el bolígrafo que siempre tenía sobre la mesita de noche; abrió el cuaderno por la primera hoja en blanco y empezó a escribir.

* * *

—La limusina se fue cuando el conductor se dio cuenta de que mi hijo era un chico con diferente factor biótico —les dijo Faith, excusándose—. Al parecer, los chicos tendrán que ir en el PT Cruiser.

Phoebe la oyó hablar en la cocina cuando bajaba las escaleras. Sus padres estaban de pie a un lado, charlando incómodos con Faith y su hijo zombi, que también parecía incómodo en el umbral; llevaba traje azul y corbata. Faith la vio llegar y se le iluminó el rostro.

—¡Phoebe, cielo, estás preciosa! ¡Preciosa de verdad!

—Gracias —murmuró ella. Llevaba tanto maquillaje que no se le notó mucho el rubor, pero no había nada que hacer con el color rojo que notaba extendérsele por el cuello. Al final el vestido había resultado ser una victoria pírrica, como mucho.

—¿A que está preciosa, Tommy? —preguntó Faith; Tommy se limitó a mirar a Phoebe fijamente.

La chica se ruborizó, aunque le devolvió la mirada. El traje le quedaba muy bien, la forma en que le caía sobre los anchos hombros acentuaba la fuerza y la calma que a ella le resultaban tan atractivas. Tommy sonrió.

Por el rabillo del ojo, Phoebe vio que su padre abría la boca y se preparó para avergonzarse hasta las pestañas.

—Yo conduciré —dijo, sorprendiéndose incluso a sí mismo—. Si a los chicos no les importa, claro.

Su hija, pasmada por su repentina generosidad, sacudió la cabeza, y su padre le sonrió.

—Qué maleducados somos. ¿Podemos ofrecerle algo de beber, señora Williams? ¿Café?

—Café, sí, muchas gracias —respondió ella, sonriendo y ofreciéndoles la mano primero al padre de Phoebe y después a su madre—. Soy Faith, y creo que no conocen a mi hijo, Tommy.

—No —respondió el padre de Phoebe—. Aunque sí lo vi jugar un poco al fútbol.

Tommy dio un paso adelante y le dio la mano.

—Señor Kendall —lo saludó, y Phoebe observó el intercambio cada vez más fascinada. Se dio cuenta de que su padre seguramente no había tocado nunca antes a una persona con DFB. Incluso su madre se atrevió a darle la mano.

—Tommy —dijo su padre—. Faith, ¿por qué no entráis un rato?

La obligatoria sesión de fotos resultó incómoda, y Phoebe veía que a su madre le temblaban las manos mientras disparaba la cámara digital. También notó que echaba muy pocas fotos. Sin embargo, Faith se puso a disparar como loca con su cámara hasta que por fin Tommy comentó que era la hora de marcharse.

El padre de Phoebe invitó a Faith a acompañarlos, pero ella se quedó con su mujer para compartir un café con *biscotti*, un dulce que Phoebe odiaba pero que a Margi le encantaba. O, mejor dicho, que a Margi le encantaba dar a *Gargoyle*, que orbitaba alrededor de la mesa de la cocina con cara de glotón. Phoebe le dio un beso a su madre y abrazó a Faith, que le guiñó el ojo cuando se volvió para despedirse desde la puerta.

Los dos chicos se metieron en el gran asiento de atrás del coche del señor Kendall y se rieron educadamente de sus tontos chistes de chófer. La chica se preguntó si, de algún modo, había tenido suerte de salir con un chico con DFB en vez de con uno normal, porque sabía que, de tratarse de uno vivo, su padre lo habría estado machacando sin cesar, interesándose de repente por el linaje del chaval, su dirección, el lugar de trabajo de su padre y lo que le gustaba hacer en el tiempo libre. Con Tommy había un muro de misterio, y su padre era demasiado educado para romperlo.

—Me ha dicho Phoebe que has dejado el equipo de fútbol. Qué pena, se te daba bien.

—Gracias, señor.

—Llámame señor Kendall.

—Gracias, señor Kendall —respondió Tommy, y le guiñó lentamente el ojo a Phoebe, que sonrió.

—Seguro que no te resultó fácil ponerte ese uniforme sabiendo que habría cierta... oposición.

—Quería jugar... Eso hizo que fuese mucho más sencillo.

—Hiciste bien, muy bien —afirmó el padre de Phoebe, y Phoebe deseó que condujese un poco más deprisa para llegar al baile antes de que dijese algo estúpido—. ¿Y por qué lo dejaste, entonces?

«Demasiado tarde», pensó la chica.

—El mundo... no estaba listo para que uno de... nosotros... jugase en un equipo escolar. Al menos demostré... que podía hacerse.

—Creo que es una verdadera lástima y una injusticia. Tiene que resultarte muy frustrante.

—Ser... un zombi... suele resultar frustrante —respondió Tommy.

—¿Así os gusta llamaros? ¿Zombis?

—Oh, mirad —intervino Phoebe—, ¿es eso un ciervo, lo que hay en el terreno de los Palmer?

—Es que, no sé, parece bastante negativo usar ese nombre —siguió su padre, sin hacerle caso—. Zombi. Los zombis nunca han sido los buenos de las pelis, por lo que recuerdo, así que dudo que el término os haga ganar puntos en el terreno político, ¿sabes lo que te digo?

Phoebe cerró los ojos con fuerza. «Conduce más deprisa», pensó, intentando mandarle un mensaje telepatético a su padre. Sin embargo, como siempre, parecía ser inmune.

—No hay cruces ardiendo —dijo el señor Kendall— y no veo fruta podrida. Supongo que es buena señal.

—Gracias por traernos, papá —respondió Phoebe, saliendo del coche como pudo. Había varias filas de vehículos aparcados donde los autobuses solían recoger a los alumnos todos los días. Se veían grupos de estudiantes charlando, chavales con chaquetas deportivas y corbatas nuevas, luciendo zapatos abrillantados y pulidos al máximo.

—Que os divirtáis, chicos —dijo su padre, mientras Phoebe le daba un besito rápido en la mejilla—. Casi se me olvida, ¿cómo vais a ir a la fiesta de después?

A Phoebe se le cayó el corazón a los pies y esperó que no se le notase. Se había olvidado de la fiesta y, como el servicio de limusinas no quería transportar zombis, se habían quedado en tierra. Al contarles lo de la fiesta a sus padres, había omitido el pequeño detalle de que se trataba de una fiesta de chicos con DFB.

Phoebe abrió la boca para responder, pero Tommy la interrumpió.

—He llamado a Adam Layman, señor Kendall. Él nos llevará a la fiesta, espero que no le importe.

—Adam, ¿eh? Vais a estar muy apretados en su camioneta.

—Nos las apañaremos, señor Kendall. Puedo ir en la parte de fuera.

—No te ensucies el traje. Vale, chicos, divertíos.

—Adiós, papá —contestó Phoebe, esperando que no se diese cuenta de lo aliviada que estaba. Puede que Adam fuese el único chico sobre la faz de la tierra del que se fiaba su padre, seguramente porque Adam tenía ataques aleatorios de pura bondad, como limpiarle el sendero de la casa cuando el señor Kendall estaba de viaje y no aceptar más pago que una película con Phoebe y un cuenco de sopa de cebolla de la señora Kendall. Adam era el favorito para el puesto de yerno (a pesar de la obvia naturaleza platónica de su relación con Phoebe); lo único que le disgustaba de la idea era pensar en tener que compartir a sus nietos con el PDT.

—Vuelve a casa antes de las doce, ¿vale? No quiero que te conviertas en calabaza.

—Sí, papá.

—Buenas noches, señor Kendall. Me alegro de haberlo conocido por fin.

Su padre le dio la mano de nuevo, y Phoebe notó que el movimiento le salía de forma natural, sin la vacilación de la primera vez que lo había tocado. Algo era algo.

—Yo también, Tommy. Que os divirtáis.

Lo vieron alejarse, y Tommy, sonriendo, le ofreció el brazo.

—Mi madre tenía razón, estás preciosa.

—Tú también estás muy guapo, Tommy —respondió Phoebe, aceptando el brazo. Caminaron hacia la entrada—. ¿De verdad nos va a llevar Adam?

—Sí, ¿te parece bien?

—Sí, pero quizá se congele el aire de la camioneta. Adam y yo no nos hablamos.

—Algo me comentó. La verdad es que dijo... que eras tú la que no hablabas con él.

Ella apartó la vista; pensar en Adam la ponía triste, y no quería estar triste aquella noche. Le habría gustado enseñarle el vestido a Adam antes de que Tommy llegase, para que él le dijese algo bonito y la mirase sin más. Siempre podía contar con Adam para que la admirase sin complicaciones.

«Para», se dijo. Apretó el brazo de Tommy; parecía de piedra.

Los grupos de estudiantes que se arremolinaban junto a la puerta se volvieron para mirarlos, aunque sin prestarles mucha más atención que al resto de las parejas que llegaban. Phoebe se dijo que estarían más interesados en criticar su vestido que en criticar a su pareja. Entraron en el instituto sin problemas, y Tommy no parecía más incómodo que la mayoría de los nerviosos chicos que se tiraban de las camisas almidonadas y las corbatas apretadas.

Tommy dio sus entradas a uno de los vigilantes en la puerta del gimnasio. El gimnasio a oscuras estaba adornado con serpentinas y globos, y había varios focos de colores que apuntaban a los estudiantes que bailaban en una plataforma baja montada para la ocasión. Unas motas de luz aparecieron sobre los brazos de Phoebe, proyectadas por la gran bola de espejos que habían colgado del techo. El aire cálido del interior olía a colonia.

Era el primer baile de instituto al que iba Phoebe y todo le parecía precioso.

Vieron a la señora Rodríguez hablando con la directora Kim junto a un grupo de padres y profesores que protegían el cuenco del ponche. La directora los vio y se acercó, tras excusarse ante la señora Rodríguez, que los saludó con la mano. Phoebe le dijo hola.

—Karen y Kevin ya han llegado, Tommy —dijo la directora Kim—. ¿Esperas a algún otro amigo?

—Adam... y Thorn ya estarán aquí —contestó—. Si es que han sido capaces de reunir... el dinero... para pagar una cita.

—Lo siento, me refería... —contestó la directora, sonriendo con timidez.

—Se refería a mis amigos muertos —la interrumpió él. Phoebe lo agarró del brazo.

—Tommy, ya lo hemos hablando antes. Sabes que me parece bien que venga cualquier estudiante. Sabes que sólo hago lo que puedo por garantizar la seguridad de todo Oakvale High.

—Lo sé. He visto los... coches de policía... en el aparcamiento.

—Siempre tenemos policías cuando hay un baile.

—¿Estatales?

La sonrisa de la directora no vaciló. A Phoebe le daba la impresión de que Tommy estaba enfadándose, impresión que se confirmó cuando el chico apartó la vista.

—No va a venir ninguno de los... otros.

—Gracias, Tommy. Y, sólo para recordarte algunos de los puntos esenciales de nuestra charla, ya que veo que los has olvidado: si aparecen los medios o algún manifestante, os sacaremos de aquí rápidamente a ti, a tu cita y a todos los demás chicos con DFB que haya en el gimnasio. —Tommy asintió, y la directora Kim sonrió con cariño genuino—. Bien, ahora id a divertiros.

—¿De qué iba eso? —preguntó Phoebe cuando la directora se alejó. Tommy se soltó de ella y le rozó la mano al dejar caer la suya.

—Cuando nos... ayudaron... después del asesinato de Evan —contestó, refiriéndose a las sesiones obligatorias con el psicólogo del instituto, la directora y un par de abogados por las que habían tenido que pasar todos los miembros del grupo de estudios zombis—, me preguntó qué íbamos... qué iba a hacer. Le dije que viviría... mi vida y seguiría trabajando. Le dije que tú y yo iríamos juntos al baile. Le dije que tú y yo... bailaríamos.

Phoebe asimiló sus palabras.

—Pero ella temía que hubiese una protesta, ¿no?

—O algo peor. Prometí... que nos iríamos a la primera señal... de problemas.

—Así que lo de convertirme en calabaza es una posibilidad real —repuso Phoebe, suspirando.

—¿Cómo?

—Da igual.

Phoebe vio a Karen detrás de Tommy; estaba al borde de la pista de baile, moviéndose con una elegancia que cualquier persona viva envidiaría. Llevaba un vestido azul por encima de las rodillas que se le pegaba al cuerpo, con un ancho cinturón amarillo ceñido a la cintura. Cuando giraba, cosa que hacía a menudo, el borde del vestido subía hasta una altura casi indecente y dejaba al aire sus asombrosas piernas. Kevin estaba de pie delante de ella con un traje negro estilo saco y una horrorosa corbata de lana marrón, moviendo y bajando los brazos cada séptima u octava nota. El brazo izquierdo parecía moverse mejor que el derecho.

—Mira, ¡qué mono! —dijo Phoebe, pero Tommy ya caminaba hacia ellos.

—Hola, chicos —los saludó Karen, justo cuando un enjambre de luces plateadas le pasaba por la cara, después de reflejarse en la bola de espejos—. Phoebe, estás impresionante. Y qué buena pareja te has buscado. —Sus ojos parecían más cristalinos, brillaban como estrellas bajo las deslumbrantes luces del salón.

—Gracias, Karen —respondió Phoebe—. Puede que seas la chica más guapa que he visto en mi vida.

Karen se rió, acariciándole el brazo con una mano que se deslizaba al ritmo de la música.

—Eres un encanto. Sólo intento devolverle la vida a mi pareja. —Apartó la mano de la piel de Phoebe, que notó un cosquilleo donde la había tocado. Después hizo un gesto lánguido que abarcaba al resto de los bailarines—. Y a todos estos chicos intento dejarlos muertos.

—Bueno, la verdad es que estás divina... de la muerte —repuso Tommy.

—Muy gracioso —respondió ella, batiendo las pestañas—. Tú tampoco estás nada mal.

La experiencia de Phoebe en tales asuntos era bastante limitada, pero le daba la impresión de que estaban coqueteando delante de ella.

—Para morirse —añadió Kevin, y todos se rieron.

Karen cogió a Phoebe de la mano.

—Baila conmigo —le pidió, y ella lo hizo.

Margi llegó unos veinte minutos después con un vestido rosa con adornos negros: lazos negros por delante y por detrás, un cinturón negro ancho y zapatos negros. Llevaba una gran flor negra enganchada en su nido de pelo rosa.

El vestido era ceñido y favorecedor, y si al padre de Phoebe le había parecido atrevido su escote, a Margi no la habría dejado salir de casa con lo que llevaba puesto. A Phoebe le parecía que estaba genial, y también a Norm, a juzgar por la forma en que se secaba el sudor de la frente con la mano cada dos por tres.

—El coche de Norm no quería arrancar en casa —explicó Margi—. Mi padre ha tenido que meterle caña. —Norm Lathrop parecía desgarbado y nervioso detrás de ella; nadaba dentro de su traje y tenía los ojos muy abiertos detrás de las gruesas lentes de las gafas.

Phoebe abrió la boca para contestar, pero Margi fue más rápida y aguda.

—¡Nada de bromas, por favor! ¡Tengo el resto de mi vida para aguantarlas! —Phoebe se rió y la abrazó—. Norm, éstos son algunos de los amigos que te conté. Ya conoces a Phoebe. Tommy, Karen y Kevin; están todos muertos.

Phoebe se quedó pasmada, pero Kevin saludó y Karen le lanzó un besito, sin dejar que la brusca presentación de Margi los incomodase. Tampoco dejaron de bailar.

Norm devolvió el saludo con la mano y dio un paso adelante para aceptar la mano de Tommy y sacudirla como si fuese una serpiente a la que intentase matar.

—Con cuidado, Norm —le dijo Tommy—, que nos rompemos... con nada.

—Dios mío, ¡lo siento mucho! —exclamó Norm, soltando la mano como si le hubiese mordido. Margi le dio una palmadita en el hombro.

—Son bromistas, Norm, relájate.

Entonces pusieron una conocida canción de baile, y Margi empezó a contonearse, rozando a Phoebe con las caderas y después al pobre Norm, que parecía a punto de derretirse a sus pies.

—Recuerda lo que te dije, Normie: cuando estés conmigo, tienes que bailar.

Norm hizo lo que pudo y consiguió meterse en el irregular círculo de amigos para practicar sus movimientos al lado de Kevin, seguramente porque suponía que no podía parecer torpe a su lado. Phoebe sonrió al pensar en lo equivocado que estaba.

Media hora después, ella estaba sin aliento y sudorosa, mientras que sus acompañantes zombis parecían tan frescos y activos como siempre; en el caso de Kevin, no era mucho decir, pero a Karen y Tommy les iba estupendamente.

Se excusó y fue en busca de una silla con el resto de los pasmarotes. El DJ puso una canción de rap muy popular con un ritmo agresivo, así que la chica se alegró de haber escogido aquel momento para sentarse un rato. Encontró una silla, y observó cómo Tommy y Karen compartían una broma, moviéndose casi, aunque no del todo, al compás de la música..., igual que la mayoría de los estudiantes vivos. Kevin, sonriendo de oreja a oreja, hacía lo que podía, aunque recibía algún que otro empujón de Norm, que cada vez bailaba con más atrevimiento... o con más espasmos, según como se mirase. Margi saludó a Phoebe con la mano y se rió de algo que decía Karen, mientras esta última ejecutaba un sinuoso movimiento que, sin duda, podía devolverle la vida a los muertos.

No sabía si estaba alegre o triste en aquellos momentos, así que decidió que un poco de las dos cosas. Al menos llevaban allí casi una hora y nadie les había echado sangre de cerdo encima.

Miró a su alrededor en busca de Adam, sorprendida por no haber visto todavía su enorme cuerpo erguido sobre el resto de los enclenques estudiantes. Tampoco había ni rastro de como se llamara. Adam era demasiado bueno para perder el tiempo con una tonta devoradora de chicle como aquélla.

Hablando de tiempo perdido, deseaba no haberse peleado con él. No estaba siendo justa. Además, apenas había pasado una semana de su arrebato y ya lo echaba de menos. No le gustaba estar en un baile y ni siquiera verlo para compartir una broma juntos.

—Hola, Phoebe —le dijo una voz grave a través de las notas del bajo y de sus pensamientos. Era Harris Morgan, el colega de Martinsburg, el chico al que había hecho sangrar la nariz en el bosque. Dio un paso hacia ella—. Hola —repitió.

—Déjame en paz —respondió Phoebe. Intentó levantarse, pero él se puso delante de su silla, así que tenía que pasar rozándolo si quería levantarse. La silla estaba contra la pared y no podía ir a ninguna parte.

—No es eso —le dijo él.

—Entonces, ¿qué es? —Si llamaba a Tommy, ¿la oiría por encima del sonido de la risa de Karen? Quizá estuviera demasiado entusiasmado con aquella música, que parecía darles a él y sus amigos mayor rapidez de movimientos. O quizá estuviera observando a Karen con demasiada intensidad, embriagado por el sutil aroma a lavanda que desprendía el pelo de la chica muerta cuando giraba.

—Sólo intento hablar contigo para advertirte.

—Vete.

—Creo que Pete y TC traman algo.

—¿De verdad? ¿Están mangándoles la paga a los de primero en el servicio? —Su tono era denigrante, aunque estaba segura de que Martinsburg (y seguramente el imbécil que tenía delante) era el responsable de la destrucción definitiva de Evan Talbot.

Decidió que no llamaría a Tommy, pasara lo que pasara. Si Harris intentaba algo, se levantaría y le daría un empujón con todas sus fuerzas.

Morgan sacudió la cabeza y levantó los brazos.

—No, no, creo que están planeando algo serio. Le harán daño a alguien. A ti y a tus amigos.

—¿Y a ti qué te importa? —preguntó ella, levantándose y apartándolo con su cuerpo. Lo había derribado antes y podía volver a hacerlo, con vestido bonito o sin él. Después se iría y dejaría que todos los zombis vivos y muertos se divirtiesen como quisieran.

—Sólo quería decírtelo, nada más —repuso Morgan, sacudiendo la cabeza. Después se volvió para marcharse.

—Oye, ¿está aquí? ¿Pete y el grandote? ¿Están en el baile?

—Van a venir.

Se quedaron mirándose un rato, hasta que Harris apartó la cara y volvió al grupo de estudiantes que daban vueltas alrededor de la pista de baile.

Phoebe se quedó sentada y no se dio cuenta de que habían puesto unas luces azules más tenues para la primera canción lenta del DJ.

—Phoebe —la llamó alguien. Era Tommy, y parecía incómodo por primera vez aquella noche, abriéndose paso entre los chicos que huían de la pista de baile mientras otros entraban—. ¿Quieres... bailar conmigo?

Phoebe sonrió y aceptó su mano.

—Qué asco —dijo Holly. Adam vio a qué se refería: a Tommy Williams llevando a Phoebe a la pista para bailar una lenta, una canción antigua de Journey. La reacción de Adam fue distinta, pero no la compartió con ella—. ¿Y qué le pasa a tu amiga? —preguntó Holly. Adam pensó que si se trataba de una estratagema para que la sacase a bailar se lo estaba montando muy mal. Ni siquiera se molestó en contestar. Observó a Thorny sacar a su chica, que no paraba de soltar risitas, a la pista. Aunque Haley Rourke era de tercero, ya le sacaba treinta centímetros a Thorny.

La chica era la alero estrella del equipo de baloncesto de los Lady Badgers, y a Adam le daba la impresión de que los dos hacían una pareja estupenda, al menos por personalidad. Ella era muy atlética, aunque tímida, mientras que Thorny hacía todo lo posible por ser atlético y era una de las personas menos tímidas que conocía.

Thorny había intentado acercarse a Adam, pero Holly se lo ponía difícil, porque no lo aprobaba, ni tampoco a su pareja. La chica habría preferido estar con gente como Tori Stewart y Pete Martinsburg, que acababa de llegar al baile hacía cinco minutos.

Adam vio cómo Phoebe colocaba las manos sobre los hombros de Williams y cómo el chico muerto apoyaba las suyas en las caderas de Phoebe. Quería apartar la mirada, pero no podía quitarles los ojos de encima.

«Parece contenta», pensó.

—¿Y por qué iba a querer bailar esa chica con un chico muerto? —preguntó Holly, que era perfectamente capaz de mantener una conversación consigo misma, como bien sabía Adam—. Y me sorprende que dejen entrar aquí a los muertos, es asqueroso. Ese chico baila como un bicho después de pegarle un pisotón. Y la chica...

—Oye, Holly.

—¿Sí, Adam? —preguntó ella, levantando la vista. Al ver que estaba expectante, Adam se sintió un poco culpable, aunque no lo suficiente para cambiar de idea.

—¿Crees que Tori o quien sea podría llevarte a casa? No me siento muy bien, creo que me voy a largar.

No esperó a la respuesta; simplemente se volvió y la dejó allí de pie, con su bonito vestido amarillo, boquiabierta y muda.

—Bueno, ya hemos hecho acto de presencia. Vámonos —dijo Pete.

—Oye, ¿y qué pasa con el zombi? —le preguntó TC, dándole un codazo en las costillas.

TC señalaba a Williams, que daba vueltas lentamente por la pista con Pantisnegros. Sharon la Guarra y Tori soltaban risitas detrás de él, y Pete se arrepintió de haberles dado la botella de licor para el viaje.

—¿Quieres ir a tocarle las narices? —preguntó TC lo bastante alto para hacerse oír por encima de la música.

—Ahora no, pronto.

No era sólo Williams. A su lado estaba la zombi zorrilla y el otro chico zombi de la lista, que se movía como un bicho retorciéndose.

—Vale, chicas —dijo, volviéndose hacia Tori, porque Sharon no tenía muy buena pinta—, TC y yo tenemos que hacer la paradita que os contamos. Nos vemos después en la fiesta de Denny.

Tori puso morritos, tambaleándose un poco cuando fue a que le diese un beso. Pete se lo dio y notó el sabor a licor de menta en sus labios. TC y Sharon se engancharon como un par de pulpos haciendo lucha libre. Pete se preguntó si habrían acabado con toda la botella.

—¿Adónde vais, chicos? —preguntó Tori.

—Misión especial —contestó él.

—Tenemos que gastar una broma a alguien —añadió TC, achuchando a Sharon—. Vamos a...

—Por más bebida —dijo Pete, y le echó una mirada a TC lo bastante dura como para que se le pasara la borrachera de golpe. El otro cerró la boca y soltó a Sharon—. Nos vemos después —concluyó Pete, dándole otro beso a Tori.

Cuando se iban, Pete vio a Adam al otro lado de la sala, acercándose a ellos; Adam los vio y se paró en seco.

Pete sonrió y apuntó a Layman con el dedo, como si fuese una pistola, lo que hizo que el grandote pusiera cara de haber recibido un puñetazo en el estómago. Pete le guiñó un ojo y apretó el imaginario gatillo, fingiendo que le disparaba en la cabeza; después salió de allí con TC.

29

L PLAN ERA REUNIRSE CON
Adam en la calle a las diez, pero
Phoebe no lo había visto en toda
la noche. Como se llamase estaba allí, en una esquina, con otras
dos arpías animadoras. ¿Qué estaría pasando?

—¿Qué hacemos si no viene Adam? —le preguntó a Tommy,
que bailaba a su lado en un círculo compuesto por Karen, Kevin, Margi y Norm.

—Ya ha venido. Lo vi antes, hablando con su pareja.

—No lo he visto en toda la noche. Es difícil pasarlo por alto.

—De hecho, no lo pasaba por alto en absoluto. Había estado
echándolo de menos toda la noche, deseando que estuviese allí,
bailando a su lado. No se lo imaginaba bailando, pero le habría
gustado verlo.

—Norm tiene... coche —respondió Tommy—. Thorny también. O su chica, no me acuerdo.

—Voy a ver si Adam está fuera —repuso ella—. Ahora
vengo.

Oakvale seguía a rajatabla la norma de no volver dejar entrar a nadie que saliese de la sala, para evitar malas conductas de diversa índole en el aparcamiento, pero a la directora Kim le encantaban los chicos tan bien educados y empollones como Phoebe, así que logró que hiciera una excepción tras cinco minutos de negociaciones. Salió corriendo de allí. Había una chica sentada en los escalones de piedra, llorando bajo la atenta mirada de los dos policías que vigilaban desde la acera. Vio unos cuantos coches aparcados en la curva, y uno de ellos era la camioneta del PDT. Adam estaba retrepado en el asiento, mirando al cielo nocturno. Encontrarlo allí sentado, tan firme y fiable, hizo que dejara de estar enfadada con él.

Corrió a la camioneta lo más deprisa que pudo con los tacones, llamándolo.

Él bajó la ventanilla y el volumen de su CD de Van Halen.

—Hola, Pheeble —la saludó, sin entusiasmo.

—¿Qué pasa?

—Me quedé sin pareja.

—¿De verdad?

—De verdad. Me gusta tu vestido, parece de luz de luna. Fantasmal. Puede que hasta espectral. Reluciente.

—Adulador —respondió ella, sonriendo—. Gracias.

Se miraron en silencio durante un instante, y a Phoebe le resultó extraña la distancia que notaba entre ellos. Casi se le había olvidado lo dura y estúpida que había sido con él.

—Mira, Adam...

—Lo siento, Phoebe —la interrumpió él; Phoebe nunca se había dado cuenta de lo infantil que podía volverse la expresión de su amigo. Adam era tan grande, tan seguro de sí mismo y tan maduro, que siempre le había parecido mucho mayor que ella. Sin embargo, en sus ojos percibía algo, un punto vulnerable que no había visto antes.

—No, Adam, he sido..

—Olvídalo —dijo él, sacudiendo la cabeza—. Y no te preocupes. Pero será mejor que vayas a por tus colegas muertos, porque estos polis han intentado hostigarme unas cuantas veces.

—¿Hostigarte? —repitió Phoebe, riéndose; era como si los fuertes brazos de su amigo le hubiesen quitado un peso de encima—. ¿De verdad te han hostigado?

—Sí, señora, hostigado, como he dicho.

—Tienes un vocabulario bastante bueno para no haber sido ni siquiera capaz de terminar *Cumbres borrascosas.*

—Acabo de hacerlo —repuso él, enseñándole el libro manoseado que tenía en el asiento—. Soy un hombre distinto.

—Bien por ti.

—Sin duda. Y, oye, lo del hostigamiento era coña. Quedaos lo que queráis. Me ha parecido que te lo estabas pasando bien.

Había algo raro en su comentario, pero Phoebe no conseguía identificarlo. La había visto, ¿y ella a él no?

—Sí, es verdad, y los chicos muertos también. Tendrías que ver cómo baila Kevin.

—Lo he visto. Lo hace mejor que yo.

—Lo dudo. Sobre todo después del kárate y *Cumbres borrascosas.* ¿Elegancia y prosa romántica? Serás el terror de las nenas si sales a la pista de baile.

—Ya.

Algo lo preocupaba, actuaba como la noche en que le había pedido que fueran a jugar con el Frisbee y no había querido compartir lo que lo incordiaba. Sin embargo, ella lo conocía lo bastante bien para darse cuenta de que, por mucho que lo pinchara, no lograría que soltase prenda; se lo contaría a su tiempo..., si es que lo hacía alguna vez.

—Vale —dijo ella, y dio dos palmadas a la puerta de la camioneta—. Iré a hostigar un poco por ahí y a empezar la fiesta.

—Genial, nos vemos ahora.

—Hasta ahora.

Estaba subiendo los escalones cuando sus amigos salieron en masa del edificio. Los hombros de Kevin todavía se movían y agitaban como si el ritmo se les hubiese metido dentro para siempre. Tommy se adelantó para hablar con ella.

—Margi dice que a Norm le gustaría llevarnos. Dice que Norm... tiene incluso... menos aptitudes sociales que la mayoría de los zombis —explicó el chico, imitando en la última parte la veloz forma de hablar de Margi.

—Que Dios la bendiga —comentó Phoebe, mirándola tomar el pelo con Karen al pobre Norm por algo que el chico había dicho—. Pero Adam está ahí.

—Oh, ¡yo voy con Adam! —exclamó Karen, saludándolo con la mano—. Os veo en la Casa Encantada..., o no.

A Kevin no pareció importarle; era como si intentase hacer la perfecta versión zombi del baile del robot, un espectáculo muy extraño sin música, así que Phoebe siguió a Tommy y los demás al coche de Norm.

Phoebe miró atrás una vez y vio a Karen entrar prácticamente dando brincos en la camioneta.

«Será bueno para él», pensó, aunque, en realidad, no estaba segura. No estaba nada segura de lo que pensaba al respecto.

Norm era un conductor mucho más precavido (y mucho menos hábil) que Adam, y quizá llevar en el asiento de atrás a un par de zombis lo pusiera más nervioso aún, pero no solían invitarlo a fiestas, así que consiguió llevarlos a la casa de una pieza. Llegaron justo cuando Adam y Karen subían las escaleras del porche.

Phoebe fue la primera en subir y vio a Mal, cuyo enorme cuerpo tapaba el umbral de la puerta, saludándolos con su absurdo movimiento de cuatro dedos.

—¿Qué... tal... el... baile? —lo oyó preguntar.

—Genial —respondió Karen, agarrando la mano de Adam para meterlo dentro—. Nadie nos lanzó botellas, ni rocas, ni siquiera nos insultaron. Es posible que Kevin le... pisara el dedo gordo a una chica, pero eso ha sido lo más violento de la noche.

En el interior, los muertos bailaban al ritmo de una mezcla de baile a máximo volumen que atronaba en toda la casa. Phoebe nunca había visto antes a tantos zombis juntos. Debía de haber al menos dos docenas de chicos balanceándose y sacudiéndose bajo los adornos y las luces, y eso sólo en el vestíbulo y el salón.

—¿Os gusta? —preguntó Karen, soltándose de Adam por un momento—. Pedí a mis padres que compraran las luces. Y mira la bolita de discoteca. ¿A que es... monísima?

—Un gran trabajo, Karen —respondió Phoebe. Vio a Colette bailando sola en una esquina. Le recordaba a las hippies extasiadas de la película de Woodstock que su padre la había obligado a ver hacía unos cuantos años. Karen no había esperado a la respuesta, sino que había agarrado a Adam para llevárselo al centro del Club Muerto y daba vueltas a su alrededor, haciendo que el dobladillo de la falda corta se elevase en una provocativa flor de tela sedosa. Para sorpresa de Phoebe, Adam empezó a mover brazos y piernas.

—Madre mía —dijo Norm, que estaba tan pálido como los chicos muertos de la sala.

—Respira hondo —le aconsejó Tommy—. Te presentaré... a todos.

Tommy les presentó a unas cuantas de las personas que estaban por el vestíbulo, la mayoría inexpresivas y, al parecer, poco interesadas en ellos. La música era incesante, pero la luz estroboscópica recorría el lugar en olas intermitentes, lo que hacía que los bailarines pareciesen todavía más torpes y extraños. La imagen confundía a Phoebe. Saludó y estrechó un par de manos frías, aunque le daba la impresión de que algunos de los zombis no estaban muy contentos de verla. Por otro lado, Tommy sí que parecía demasiado contento, presumiendo de ella.

«Quizá sean las luces y la música», pensó.

Alguien cogió a Tommy del hombro por detrás.

—¡Tayshawn! —exclamó Phoebe—. ¿Cómo estás?

En vez de responder, el chico habló directamente con Tommy.

—Takayuki... quiere hablar... contigo —dijo—. Cada día... llegan... más.

Phoebe vio que Tommy pasaba de festivo a serio en una milésima de segundo.

—¿Dónde está? —preguntó—. ¿Arriba? —Tayshawn asintió, y Tommy se volvió hacia ella—. Ahora mismo vuelvo.

Phoebe lo vio subir las escaleras a oscuras, imaginándose a Takayuki colgado bocabajo del techo dentro del armario de una de las habitaciones.

«Brrr», pensó, y volvió a contemplar a los bailarines, entrecerrando los ojos cada vez que llegaba la luz brillante. Casi todos se movían, aunque era difícil saber si se divertían, porque la mayoría de ellos mantenían su expresión imperturbable mientras se retorcían y sacudían. La excepción era Colette, que cada vez sonreía con mayor naturalidad. Estaba charlando en una esquina con Margi y Norm.

Thorny llegó con su cita justo cuando Tayshawn bajaba las escaleras, solo.

—¡Tayshawn! —exclamó, levantando la mano para chocársela—. ¿Cómo te va, tío?

Tayshawn le dejó la mano colgada y siguió andando por la pista de baile hacia el otro cuarto, donde lo esperaba el equipo de sonido.

—No veas —dijo Thorny, justo antes de ver a Phoebe—. Hola, Phoebe, ¿conoces a Haley Rourke? —preguntó, conduciendo a Haley al interior de la habitación. La chica parecía aterrada; Phoebe le dijo hola, pero ella no movió ni un músculo.

—Thorny —le dijo Phoebe al oído—, ¿le habías dicho que aquí habría un montón de chicos con DFB?

—¿Eh? —repuso él, moviendo los brazos al son de la canción que empezaba a sonar—. ¿Tenía que haberlo hecho?

La chica se disponía a responder, pero vio a Tommy y Takayuki bajando las escaleras. Tak siguió caminando hacia la puerta principal.

—¿Va todo bien? —le preguntó Phoebe a Tommy.

—Sí, han llegado... más chicos. Algunos... para la fiesta. Otros... para quedarse.

—Eso es bueno, ¿no? Cuantos más, mejor. —Quería preguntarle por Takayuki, pero no lo hizo.

—Sí, aunque podría hacer que se... fijasen en nosotros.

—¿No es eso lo que quieres? ¿Que se fijen?

—¿A qué te refieres?

—Al blog. A jugar al fútbol y demás. ¿No intentas llamar la atención sobre tu causa?

Estuvo a punto de añadir «a salir con una chica tradicional», pero no hacía falta, porque el sentimiento resultaba obvio; parecía flotar entre ellos durante todas sus conversaciones.

—Es... importante que... la gente entienda nuestra situación —respondió él, al cabo de un rato—. Lo que nos pasa.

—¿Y esto no ayudará?

—Quizá, pero no todos ven... las mismas oportunidades que yo.

—¿Tak?

—Sí. Y Tak... no está solo.

En aquel momento empezó una balada, y muchos de los presentes, zombis o no, se dividieron en parejas. Phoebe vio a un par de zombis, uno de ellos el chico del traje demasiado grande, juntarse en un torpe abrazo. Norm estaba un poco inclinado para apoyar la cabeza en el hombro de Margi, de modo que algunas de las puntas rosa del pelo de la chica asomaban por detrás de los cristales del chico y se le metían en los ojos cerrados. Haley Rourke se aferraba a Thorny, que era mucho más bajo, como si fuese la última roca libre en un mar tormentoso.

Miró a Tommy, que examinaba la habitación viendo cómo su gente se abrazaba bajo la luz apagada de la bola de discoteca que tenían encima. La invitó a bailar como si se le ocurriese en el último momento.

—¿Y si mejor vamos a algún sitio para seguir hablando?

—Esta casa... está llena de zombis —repuso él, consiguiendo fingir una expresión de asco que la hizo sonreír.

—Cierto.

—¿Un paseo por el bosque? ¿Como cuando nos conocimos?

—Como cuando nos conocimos. Buena idea, aunque hace un poco de frío.

Tommy le dio su chaqueta, en la que notó el sutil aroma que al principio le había costado reconocer, pero que era Z, la colonia de la que se habían reído en el centro comercial... El perfume «para el hombre muerto activo».

Salieron por la puerta de atrás, en dirección al bosque.

Adam le dio la vuelta con delicadeza a su pareja de baile para poder mirar por la ventana del salón y ver a Tommy y Phoebe entrar en el bosque de Oxoboxo. Karen lo agarraba con fuerza.

El chico contuvo el aliento cuando desaparecieron tras los

árboles, tragados por la oscuridad. Se preguntó si aquello era lo que se sentía al estar muerto.

«Espero que sepas lo que haces, Pheeble —pensó—. No, espera, espero que no tengas ni idea de lo que haces. Espero que...»

—Ella no lo sabe, ¿verdad? —preguntó Karen, rompiendo el hilo de sus pensamientos.

—¿El qué?

Los ojos de diamante de Karen brillaban como estrellas.

—Phoebe —contestó—. No sabe lo que sientes por ella, ¿verdad?

—No, ¿cómo lo sabes tú?

—Soy telepatética —respondió la chica, encogiéndose de hombros. Bajo las ásperas manos de Adam, su cuerpo parecía vaporoso y frágil, y sus huesos como los de un pájaro. Karen apretó la cara contra el pecho de Adam—. En realidad es por una combinación de factores: tu lenguaje corporal; la forma en que la miras cuando estás con ella; la forma en que la miras cuando ella no sabe que lo estás haciendo; tu expresión cuando no estás con ella; cómo se te suavizan esa cara tan seria que tienes cuando te habla. Esas cosas.

—Ah, mi seria cara. Siempre me traiciona.

—Lo siento, lo que quería decir es: «esa cara tan mona y seria que tienes».

—Vale, eso está mejor.

—Adam, escucha —insistió ella, mirándolo fijamente con aquellos ojos capaces de cortar diamantes—. Hazme caso, no esperes a morir para amar.

—Gran consejo. ¿Qué quiere decir exactamente?

—Quiere decir que tienes que encontrar el momento oportuno para decirle lo que sientes.

—¿El momento oportuno para ella o para mí?

—El momento oportuno, en general —respondió ella, y Adam notó el sutil movimiento de su delicada estructura ósea bajo las manos. Miró por la ventana, donde las sombras parecían moverse entre los árboles.

—¿Y Tommy?

—Tommy es Tommy —respondió ella rápidamente—. Y lo que tú sientas no es problema de Tommy, ¿no? —añadió Karen. A Adam le pareció notar algo raro en su voz.

—¿Y tus sentimientos? ¿Sientes algo por Tommy?

—Siento algo por mucha gente —respondió ella, riéndose y abrazándolo de nuevo—. Gente muerta, gente tradicional, de todo...

—Eres una chica especial, Karen —dijo Adam, riéndose y acariciándole el cabello. Y, sin pensarlo, le puso un mechón de pelo detrás de la oreja con la punta de los dedos y se inclinó para darle un beso en la mejilla. Fue un acto impulsivo del que apenas fue consciente hasta notar la fría suavidad de su piel en los labios, lo que le recordó quién era él y qué era ella.

—Oh —dijo Karen—. Oh, gracias, Adam.

Las relucientes estrellas de sus ojos se volvieron novas, como si no se limitaran a reflejar la luz, sino que, en realidad, la proyectaran.

—No, gracias a ti —respondió él, dándole un abrazo y soltándola.

La canción se convirtió en algo más frenético, y él se abrió paso entre los muertos en dirección a la puerta de atrás.

30

ETE NO SE CREÍA SU BUE-
na suerte. Aunque TC estaba
medio borracho y apestaba a
licor de menta, habían conseguido encontrar el lugar después de
un corto paseo por el bosque, tras dejar el coche escondido en
uno de los sitios donde antes solía ir a enrollarse con las chicas.
Las carreteras que rodeaban el Oxoboxo estaban repletas de des-
víos sin salida, y él los conocía todos.

Acababan de llegar cuando apareció la camioneta destrozada
de Adam y el segundo coche, en el que iban Pantisnegros y Williams. Por divertirse, había sacado el fusil y había apuntado al
zombi grande del porche; a su cabeza, para ser más exactos, que
parecía un trozo de cera de vela derretida sobre los anchos hombros.

«Pop», pensó Pete; después apuntó a Karen y a Adam mientras subían las escaleras. Entonces, TC estuvo a punto de dela-
tarlos con un fuerte estornudo.

—Cállate, idiota —le soltó Pete, entre dientes.

—¿Qué? —preguntó TC, sonriendo—. La música está a tope y, de todos modos, tampoco es que oigan muy bien.

A Pete le daban ganas de romperle la cabeza con la culata del fusil, de darle en toda su sonriente cara de pan. Se volvió y vio que Tommy ya había recorrido la mitad de los escalones y estaba en el centro de un grupo de gente. Pantisnegros estaba con él, junto con los chicos de siempre. También un atontado al que recordaba vagamente haber sacudido en un par de ocasiones.

Apuntó a Tommy. Mientras los demás soñaban despiertos con lo mucho que se iban a divertir en el gran baile del instituto, él se había pasado la semana disparando a latas y a distintos bichos del bosque detrás de su casa. Incluso le dio a la chimenea de los Talbot, sólo por reírse un rato. Tenía el dedo sobre el gatillo, sin apretar.

«A la cabeza», pensó, entrecerrando los ojos.

—¿Por qué no le has disparado? —le preguntó TC cuando Williams entró en la casa.

Pete sudaba; notaba humedad en las axilas y en el cuello. TC y él se habían quitado la ropa de vestir y llevaban jerseys y zapatillas oscuras para la misión.

—No tenía un blanco limpio, estúpido —respondió, apoyando la espalda en un árbol.

—Entonces, ¿qué hacemos?

—Esperar.

—Pero tengo que mear —repuso TC, gimoteando.

—¡Pues ve a mear! ¡Pero no hagas ni un ruido!

TC se alejó arrastrando los pies con la elegancia de un alce.

Después esperaron, vieron llegar al renacuajo de Harrowwood y a su chica jirafa, y después a un tío con pinta de heavy y una exagerada sonrisa de felicidad salir y meterse en el bosque en dirección opuesta. A Pete le resultaba familiar.

—¿Era eso un zombi? —preguntó TC.

—No sé, quizá.

—¡Mira! —exclamó TC, levantándose de un salto.

—¿Qué?

—¡Acaban de salir! ¡Por la puerta de atrás!

—¿Quién? ¿Williams? —preguntó Pete, cogiendo el fusil del suelo antes de levantarse.

—¡Sí, y la chica gótica! Se han metido en el bosque.

—Vale, tiene que haber un sendero por ahí. Nos moveremos entre los árboles hasta que lo encontremos. Cuando los alcancemos, tú coges a Julie y yo le reviento los sesos al chico muerto.

—No hay problema —respondió TC, pero Pete ya estaba en marcha, mirando a la casa cada dos o tres pasos, por si más amantes de los zombis decidían salir a dar una vuelta a la luz de la luna.

—Oye —le preguntó TC mientras daban la vuelta—, ¿quién es Julie?

A Pete le tembló el músculo de la mandíbula, pero no respondió.

La luna no ayudaba mucho, porque su luz reflejada proyectaba una tenebrosa penumbra a través de las ramas desnudas de los árboles, pero Phoebe no quería pedirle a Tommy que le diera la mano. No sabía qué señales debía enviarle. Ya llevaba puesta su chaqueta, perfumada con Z, y con esa señal le bastaba, a pesar de que, en realidad, sólo significaba que tenía frío.

—Los tacones no están pensados para el bosque —dijo, parando a quitarse los zapatos.

—Tampoco las medias —repuso Tommy; ella estaba de acuerdo, pero no le pareció buena idea quitárselas. El chico emitía un tenue brillo—. ¿Te he contado alguna vez cómo morí? —Phoebe sacudió la cabeza, aunque no estaba muy segura de si él podía verla—. En un accidente de coche. Mi padre conducía. Un conductor borracho se saltó un semáforo en rojo y... se estrelló contra nosotros. El borracho sobrevivió, pero mató a mi padre. —Hizo un ruido que debía de ser una risa seca o un suspiro; difícil saberlo a oscuras—. Y a mí también.

—Lo siento.

—Mi padre murió al instante. Yo tardé un poco más. Una de mis costillas había perforado un pulmón, así que acabé... ahogándome en mi propia sangre.

—Tommy, eso es horrible.

—No fue un paseo por el campo, no —respondió él. La cogió de la mano y la llevó hasta un banco de piedra que había junto al camino. Ella dejó que la guiase—. Fue de noche, en un... cruce delante de una gran iglesia. Veía el campanario a través del parabrisas destrozado. Dimos varias vueltas de campana y acabamos delante de ese campanario. Levanté la mirada y... recé para que mi padre siguiera vivo. Recuerdo rezar por eso porque sabía que yo no tenía esperanzas y no quería que mi madre se quedase sola. —Phoebe le apretó la mano, sin importarle las señales que pudiese enviar. Tommy nunca le había parecido tan vulnerable—. Lo primero que pensé cuando... regresé fue que Dios se había equivocado. Pensaba: «No, Dios, yo no, mi padre. Te pedí que salvaras a mi padre».

—Faith tuvo que alegrarse mucho de que volvieras —repuso Phoebe.

—El nombre... le pega. Dallas Jones ya se había hecho... famoso, y ella dice que sabía que yo... volvería.

—Faith tiene fe —dijo Phoebe—. ¿Y tú?

—Volver explica... ciertas cosas. Y convierte otras... en un misterio. Algún día... intentaré... contártelo.

Phoebe se sintió acalorada. Apartó la cara para mirar hacia el oscuro bosque, pero él le apretó la mano con más fuerza.

—¿Por qué crees que los... zombis... como Karen y tú son tan distintos de los demás? Quiero decir, ¿por qué puedes correr y jugar al fútbol, y Karen puede bailar y beber café, mientras que a la pobre Sylvia le cuesta hasta andar? Tu muerte fue tan violenta como la de cualquiera.

—Creía que resultaba obvio.

—Pues supongo que soy un poquito corta. ¿Por qué?

—Por amor.

—¿Por amor? —repitió ella, deseando poder verle la cara mejor; sólo le llegaba el tenue brillo de sus ojos.

—Por amor. Vivo con mi madre, que me quiere. Karen tiene a sus padres y a su hermana. Los padres de Evan lo querían... de manera incondicional. Es la única diferencia entre nosotros y los chicos como Colette. Sus padres huyeron de la ciudad cuando regresó.

—Sí —dijo Phoebe, sorprendida y avergonzada por no haber visto nunca el vínculo—. ¿Sylvia? ¿Tayshawn?

—Sylvia estaba en St. Jude, junto con Colette y Kevin, y ahora están mejorándola en la fundación. En St. Jude cuidan de ellos, pero yo no lo llamaría amor. Tayshawn se quedó... un tiempo con su abuela en Norwich, pero no funcionó.

A Phoebe el pulso le iba a mil por hora mientras buscaba la respuesta correcta. Aunque quería decirle algo, algo que lo aliviase, la única respuesta que se le ocurría era la única que no estaba preparada para dar. Tenía la impresión de que Tommy era consciente de ello.

—Sólo... creía —empezó—. Creía que... si... si conseguía que una chica... una chica de verdad... me amara..., me besara..., mejoraría... todavía más.

«Allá vamos otra vez», pensó Phoebe, volviéndose hacia él. Había dicho «una chica», no «Phoebe», sino «una chica».

—Tommy...

—Lo sé. Créeme... sé... lo que te pido.

Se volvió y la miró con sus extraños ojos, y ella pensó que podía ver todo el dolor y el sufrimiento en lo más profundo de su mirada. Todo el dolor y el sufrimiento de alguien que había muerto demasiado pronto, antes de experimentar las cosas que experimentan los jóvenes.

—Creía —repitió, acercándose más a ella— que si te... besaba...

Phoebe abrió la boca para responder, pero oyeron un crujido en el bosque, detrás de ellos, y notó que alguien la levantaba en volandas del banco.

«Estaba a punto de besarlo —pensó Pete—. La muy zorra de Julie estaba a punto de entregarse a este cadáver infestado de gusanos.»

—¿Cómo has podido, Julie? —susurró cuando salió al sendero, a pocos metros de ellos. Había enviado a Stavis por detrás, de modo que se dirigieran al escondite de Pete si lo oían dando tumbos. Pero Williams y Julie estaban tan metidos en su charla íntima que ni siquiera se habían dado cuenta hasta que fue demasiado tarde.

—Pete —dijo ella, con voz aguda y asustada, forcejeando con Stavis. El chico vio cómo intentaba darle una patada en las espinillas o más arriba, pero Stavis le metió la rodilla en la espalda.

Pete levantó el fusil y apuntó al centro de la frente del zombi, que se quedó allí plantado, mirándolo con sus ojos vacíos.

—Pete, por favor —dijo la chica—. Estábamos...

—Calla —le ordenó Pete.

—Pete, por favor, eso es...

—¡Te he dicho que te calles! —gritó Pete, apartando el fusil del zombi para dirigirlo a ella. La chica abrió mucho los ojos y dejó de moverse.

—Oye, Pete —dijo Stavis—, el zombi... Creo que el zombi...

—Tú también, Timothy Cole —lo interrumpió Pete. Sólo usaba el nombre completo de Stavis cuando quería obediencia instantánea—. Bájala y cierra la boca de una vez. Ven aquí, no quiero que te pringues.

Stavis obedeció rápidamente, tropezando con las ramas caídas.

Pete la observó mirar a su amante zombi, el insulto definitivo. Estaba cansado de que se rieran de él en sus sueños, de que se rieran de él cuando despertaba. Seguramente ya estaba infectada con la enfermedad zombi y, si la dejaba marchar, infectaría a más gente.

El cañón del fusil tembló, pero lo obligó a permanecer firme. Ella lo miró, aterrada.

«En la cabeza», pensó. Era la única forma de acabar con los muertos vivientes.

—Yo te quería —susurró. Y apretó el gatillo.

Adam daba vueltas por la hierba muerta del patio trasero, intentando decidir si era el momento oportuno y qué debía decir.

«Oye, Pheeble —pensó—, antes de que beses a ese tío muerto de ahí, deberías saber una cosa: para mí eres algo más que los juegos con el Frisbee y las bromas tontas sobre mi vocabulario. Significas más para mí que mil como se llamen, aunque pasara de ti en los pasillos durante casi todo el tiempo que hemos estudiado juntos. Y, Pheeble, si tengo que hacerlo, escucharé a los Restless Dead, Zombicide, los Drumming Mummies o lo que sea, me vestiré de negro y quemaré incienso, en caso necesario. Iré a que me echen las cartas del tarot y le prestaré atención a Daffy como si fuera una eminencia increíblemente interesante e inteligente, en vez de un loro loco. Puedo hacerlo, Pheeble..., Phoebe...»

Entonces oyó un golpe en el sendero y el chillido de Phoebe. Corrió por el camino llamándola a gritos. Al principio creía que Tommy había hecho algo que no debía, pero entonces vio a Phoebe de pie con Tommy y a Pete Martinsburg frente a ellos, apuntándolos con un fusil.

Apuntando a Phoebe.

Corrió, llamándola a gritos. Corrió tan deprisa como le permitieron sus piernas.

Oyó la tranquila voz del maestro Griffin en su cabeza: «Céntrate —decía—. ¿Qué harás con ese poder?».

Llegó hasta Phoebe justo cuando Pete apretaba el gatillo.

Cuando todo terminó y Phoebe se encontró de nuevo rodeada de gente que la quería, recordaría el momento de vacilación de Tommy. Puede que sus extremidades muertas no tuvieran el tiempo de respuesta necesario para correr a ayudarla, pero, cuando lo miró, Tommy Williams, el líder del movimiento zombi clandestino, había vacilado.

Pete Martinsburg vaciló lo que tardó en apretar el gatillo.

Adam no vaciló en absoluto, y por eso cayó.

31

EL DISPARO ROMPIÓ EL SILENcio del bosque. Pete vio que alguien se ponía delante de Julie y se doblaba por la mitad como si lo derribase un equipo de tackleadores invisibles.

Adam. Había disparado a Adam Layman.

—¡Dios mío, Pete! —chilló Stavis, mirándolo, con la sorpresa y el miedo pintados en su gordo rostro. Salió corriendo hacia el bosque.

Pantisnegros gritó el nombre de Adam y se dejó caer a su lado.

Pete volvió a apuntarla, pero después lanzó el fusil a los arbustos y echó a correr. Corrió sin pensar, tropezando y casi rompiéndose el tobillo en un tocón bajo; corrió hasta descubrir uno de los muchos senderos sinuosos que recorrían el bosque de Oxoboxo como serpientes borrachas. Con la respiración entrecortada, frenó un poco sin dejar de trotar, devanándose los sesos para averiguar cómo llegar hasta el coche. No tenía ni idea de dónde estaba.

—¿Ya... te vas... de la fiesta? —preguntó una voz detrás de él.

Se volvió; era el tío que había salido antes de la casa, y Pete por fin recordó dónde lo había visto: era el zombi del día en que había dejado marchar a la zorra muerta. El tipo feliz, el heavy. Vio el brillo de las cadenas que le colgaban de la chupa de cuero.

—Que te... jodan —respondió Pete. El otro se limitó a sonreír mientras se acercaba.

Pete se volvió y tropezó con una roca. Rodó para ponerse boca arriba, y el zombi se inclinó sobre él, haciendo que se le quedase grabada en el cerebro la imagen de su cara destrozada.

—¿Creías que te iba a... matar? —le preguntó el zombi con su voz ronca de reptil; el pelo oscuro le colgaba como los tentáculos de una medusa—. La muerte... no es para ti. La muerte es... un regalo.

Pete vio que no sonreía, aunque podía verle todos los dientes. Ahí fue cuando empezó a gritar.

Phoebe cayó de rodillas en la tierra junto al cuerpo de Adam, rompiéndose el borde del bonito vestido blanco al hacerlo. Adam se había derrumbado como si se le hubiese lanzado encima un tackleador invisible. Se había quedado sin aliento y su gran cuerpo pareció desinflarse al dar contra el suelo.

—¿Adam? Oh, Dios mío. Adam, ¿estás bien?

Le había puesto las manos encima, y le palpaba brazos y hombros en busca de heridas, pero, cuando llegó al pecho, vio que una flor rosada se le extendía por el centro de la camisa.

—¡Adam! —gritó—. Adam, ¿me oyes? —Tommy estaba arrodillado a su lado, con una mano en el hombro del chico, que había empezado a temblar. Adam abrió y cerró la boca, y se le pusieron los ojos en blanco. Tosió, y un fino hilo de sangre le apareció en la comisura de los labios. Phoebe apretó la mancha de la camisa con manos temblorosas y pidió a Dios que la ayudara a mantener la vida de Adam dentro de su cuerpo hasta que llegase ayuda.

—Ha entrado en estado de shock —dijo Tommy.

Phoebe sentía cómo la vida de su amigo se le escapaba entre los dedos.

—¡No, Adam! ¡No te vayas! Por favor, Dios; ¡no te vayas, Adam!

Entonces los ojos de Adam se centraron, la miraron y abrió la boca para hablar. Intentaba decir algo, pero se ahogaba, y ella lo detuvo:

—Chisss, la ayuda está a punto de llegar.

Él sonrió, y Phoebe vio que la luz abandonaba sus ojos; una convulsión enorme le recorrió el cuerpo, y Adam murió.

Phoebe contuvo el aliento. Adam no se movía.

—No te vayas —se oyó decir, entre sollozos, aunque era como si estuviese viéndose desde fuera, como si hubiese abandonado su cuerpo a la vez que Adam el suyo. Se miró, derrumbada sobre él, estremecida por el llanto. Tommy se arrodilló a su lado, con el rostro oculto por las sombras.

Miró a su alrededor, pero Adam (su espíritu) no estaba por ninguna parte.

Entonces Tommy le tocó el brazo y volvió a su cuerpo. La

mancha seguía extendiéndose por la camisa blanca, y todavía notaba cómo la vida del chico se le escurría entre las manos.

Oyó voces que se acercaban por el sendero, pero era demasiado tarde: Adam se había ido.

Los muertos se reunieron alrededor de Phoebe. Karen, Colette, Mal y Tayshawn, y los que no conocía (la chica quemada y la chica con un solo brazo) habían formado un círculo alrededor de Tommy y ella, que seguían arrodillados al lado del cuerpo sin vida de Adam. Era como un funeral, pero al revés, ya que los que lloraban estaban todos muertos y ella, la única persona viva, estaba a punto de acabar bajo tierra.

Al verlos allí, tan quietos y silenciosos como los árboles, quiso gritarles que la ayudaran, que usaran todos los extraños poderes que tuvieran para traer de vuelta a Adam.

Vio a Margi entre los muertos, marcando un número en el móvil con manos temblorosas.

—¿Cómo podéis quedaros ahí parados? —preguntó Phoebe, mirando a Colette, a Mal. Intentó levantar a Adam poniéndole el brazo bajo el cuello, pero pesaba demasiado—. ¿Por qué no me ayudáis? ¡Karen, por favor!

Oyó a Margi hablar por teléfono y tiró del brazo de Adam con esperanza renovada, recordando que había muchos policías allí al lado, en la puerta del instituto. El departamento de bomberos de Oakvale siempre respondía a las emergencias a toda velocidad. Volvió a suplicar, levantando la vista, cuando Takayuki se metió entre sus colegas muertos.

—¡Por favor! —repitió, tambaleándose mientras Tommy intentaba ayudarla a sentar a Adam—. ¡Por favor, ayudadme!

—Ya vienen —dijo Margi, entre lágrimas.

Karen se acercó y se arrodilló, poniendo una mano sobre el hombro de Phoebe. Sus ojos de diamante brillaban como estrellas lejanas al poner la otra mano sobre el centro de la mancha roja de la camisa de Adam.

—Seguro que puedes hacer algo, Karen —le suplicó Phoebe—. Puedes, ¿verdad? ¿Puedes ayudarlo?

Karen parpadeó, apagando por un instante las estrellas, y sacudió la cabeza.

—Lo siento, Phoebe. Lo siento de corazón.

Por la cabeza de Phoebe pasaron mil respuestas: la rabia fue la primera; quería golpear a Karen, darle una bofetada, llamarla mentirosa; después quiso abrazarla y aferrarse a ella hasta que llegara la policía y se llevaran el cadáver de Adam.

—Lo... tengo —dijo Tommy, y Phoebe dejó que lo depositara de nuevo sobre la tierra con mucha delicadeza.

—No —repuso. Tenía que haber alguna esperanza. La policía estaba de camino, podrían reanimarlo.

Sin saber qué otra cosa hacer, abrazó a Adam, intentando mantenerlo caliente.

Adam abrió los ojos.

Le parecía notar la lluvia en las mejillas, pero cuando se le aclaró la vista y pudo observar mejor, incluso en la penumbra, comprobó que era Phoebe, que lloraba sobre él.

La observó, y ella contuvo el aliento.

—¿Adam?

Él se rió y soltó una broma tonta sobre lo mal héroe que era: dos viajes al bosque para rescatarla y las dos veces acababa de culo en el suelo. Phoebe sonrió y se puso a llorar con más fuerza. Adam se dio cuenta de que estaba un poco mareado por el golpe, porque lo que intentaba decir y lo que acababa saliendo eran dos cosas completamente distintas.

Ella lo mandó callar y le puso un dedo en los labios. Era curioso lo cálido que resultaba su dedo comparado con la mejilla de Karen. Intentó hacer otra broma, pero todavía no había recuperado el aliento, así que sólo pudo dejar escapar algunos jadeos entrecortados. No pasaba nada, lo habían dejado sin aliento muchas veces en el campo. Tenía que esperar y relajarse.

Sin embargo, no le gustaba ver llorar a Pheeble. Levantó la mano derecha con la intención de limpiarle las lágrimas y, curiosamente, se movió la izquierda. Contempló cómo su mano se estremecía y volvía a quedarse quieta sobre el pecho.

El pecho húmedo.

El pecho empapado. Intentó apartar la mano de la humedad, pero no le obedecía. Phoebe le apartó las manos en un gesto que, seguramente, pretendía reconfortarlo, aunque al ver las manos de su amiga cubiertas de sangre, de su sangre, el efecto no fue el deseado.

«Pete —pensó—. El muy imbécil.»

Phoebe seguía llorando; Adam se dio cuenta de que había más gente alrededor. Tommy y Karen estaban a su lado. Daffy estaba con el móvil; al parecer no era capaz de callarse ni un minuto.

Vio que Daffy también lloraba, y Karen, quizá. Karen Ojos de Estrella, ése sería su nuevo apodo. Sus ojos parpadeaban como pequeñas linternas en la oscuridad del bosque de Oxoboxo. Por supuesto, no podía llorar de verdad, aunque Phoebe insistiera en que la había visto soltar una lágrima en el funeral de Evan. «Pobre Evan», pensó, porque aquel crío le había caído muy bien.

Entonces, Adam supo por qué lloraban todos y abrió la boca para decirles que no hacía falta.

—Estoy bien —dijo..., o lo intentó decir, ya que eso no fue lo que los demás oyeron.

—Chisss —repuso Phoebe, y se inclinó sobre él para abrazarlo. Habría sido fantástico de no tener entumecido todo el cuerpo—. No intentes hablar —susurró ella, acercándole los labios al oído.

Lo intentó de todos modos antes de que pudiera decir lo que sabía que iba a decir, pero el ruido que le salió era como un largo resuello ahogado.

—Estás muerto, Adam —susurró Phoebe.

Aunque el chico intentó volverse, su carne no estaba dispuesta a permitírselo.

Oyó que a ella se le entrecortaba la voz al intentar decir las siguientes palabras.

—Te ha matado Pete.

La verdad lo golpeó con la misma fuerza de la bala. Primero pensó en protestar, en decirle que se equivocaba, aunque en el fondo de su corazón lo sabía; en el fondo de un corazón que ya no latía, sabía que ella tenía razón.

—Te quiero, Phoebe —dijo, mientras ella lloraba, pero lo único que le salió de la boca fueron unos ruidos extraños, ahogados, nada parecidos al lenguaje humano.

Phoebe se quedó con él hasta que llegó la policía. Su bonito vestido blanco ya no era ni blanco, ni bonito; el dobladillo estaba hecho trizas y sucio, y la sangre de Adam lo cubría por completo. Adam había recibido el balazo en el pecho porque Pete apuntaba a la cabeza de Phoebe. La idea tendría que haberla aterrado, pero sólo podía pensar en Adam y en lo distinto que sería todo entre ellos a partir de aquel momento.

Mientras lo veía allí tirado, sin parpadear, intentando en vano formar palabras que ella pudiera comprender, lo único en lo que pensaba era en lo malos que habían sido los días que se había pasado sin hablarle. Lloraba, no podía parar y, aunque resultara absurdo, sabía que algunas de sus lágrimas eran por aquellos días perdidos. Deseaba poder rebobinar hasta el último momento juntos en la Casa Encantada y no haberle dicho las cosas que le dijo. Deseaba que la hubiese dejado terminar de disculparse.

La mayoría de los zombis se dispersó por el bosque, fundiéndose en el paisaje como fantasmas en cuanto las luces de las sirenas de policía iluminaron la oscuridad. Phoebe los vio desaparecer, recordando la noche en que la habían rescatado, después de surgir de la oscuridad y los bosques como si formaran parte de ellos.

Tommy y Karen se quedaron hasta que llegó la policía, como

todos los chicos de factor biótico tradicional. Colette se quedó con Margi, y las dos se abrazaron cuando Margi terminó de llamar por el móvil. Haley dijo que sabía algo de primeros auxilios y reanimación, pero todos sabían que no serviría para nada: Adam ya había muerto y revivido.

Aunque no estaba segura, a Phoebe le daba la impresión de que casi ningún chico con DFB había regresado tan deprisa. Sólo había estado muerto unos cuantos minutos, los minutos más largos de la vida de Phoebe, pero quizá aquello fuera motivo de esperanza. Quizá su veloz regreso de las fauces de la muerte significara que lograría controlar su voz y su cuerpo más deprisa que algunos de los otros. Quizá.

Tommy intentó consolarla, pero ella no quería que la consolaran. Margi y Karen intentaron hablar con ella, pero tampoco quería hablar.

Adam había acudido corriendo para salvarla, y no una, sino dos veces. Al verlo allí tirado, mirándola e intentando hablar, supo que había llegado su turno, que le tocaba a ella salvarlo. Respiró hondo y se secó los ojos en la ensangrentada manga del vestido, el vestido que a él le parecía hecho de luz de luna.

Poco después llegó la ambulancia y los paramédicos le quitaron a Adam, que se retorcía y tosía sonidos ininteligibles, para tumbarlo en la camilla. Durante todo el proceso, Phoebe sólo podía pensar en una cosa: en traerlo de vuelta. En traerlo de vuelta todo lo que fuera posible.

AGRADECIMIENTOS

Me gustaría dar las gracias a las personas que han ayudado a que *Generación Dead* llegase a la imprenta:

Por sus valiosos consejos, ayuda y guía: a Al Zuckerman, por absolutamente todo; a Alessandra Balzer, con la que compartí un maravilloso vínculo «telepatético» durante todo el proceso editorial; a F. Paul Wilson, Rick Koster, Elizabeth y Tom Monteleone, y a todos los instructores y estudiantes del Borderlands Boot Camp; a mi primera lectora, Rosina Williams; a Robin Rue, Matthew Dow Smith, Tom Tessier, Scott Bradfield y Doug Clegg.

Por su amor y apoyo continuos: a mis padres, Elaine y Jeff Waters; a mi hermano Mark Waters y a su familia; a todo el linaje Pepin; a Linda Waters, Sandra y Ted McHugh, John Fedeli, Mark Vanase, Dan Whelan y al personal de P.G.'s por el espacio de oficina; a todos mis amigos de SM; a Thor y a Bonny.

Y por el simple hecho de existir: a Kim, Kayleigh y Cormac.